幼児と児童の道徳教育の革新

広瀬俊雄
松崎行代
広瀬綾子
本間夏海
広瀬悠三

新曜社

まえがき

充実した人生を送りたい。人間らしい豊かな生活を享受したい。満ち足りた日々を送りたい。こうした願いを、みな心に抱いて生きる。その願いをかなえるのに必要なものは何か。

この問いに対する答えとして誰もがあげるのは、経済的な生活、つまり、お金を十分に得る生活である。たしかに充実した生涯・豊かな人生を送るうえで、お金は、不可欠であり、必要である。お金があれば何でもでき、幸せな生活ができると思い込んで、お金を得ることを生活の第一とする人たちは多い。

しかし、豊かな人生を築き、充実した生涯を送るうえで、この上なく大切な生活があることを忘れてはならない。その生活とは、道徳性をもとにして生きる生活、つまり「道徳的な生活」のことである。どれほど多くお金を持ち、豊かな経済的な生活を手に入れているとしても、道徳的な生活が歪んでいる場合、人は、充実した人生を送り、人間らしい豊かな生涯を享受することは難しい。

道徳的な生活を営むうえで大切な道徳性とは、「感謝の心」「悪を憎み、善を実行しようとする心」「分けへだてなく誰をも愛する博愛の心（友情）」「真理を意欲的に探究する心」「利己欲にとらわれずに他人と協調して生きる心」および「他律的にではなく、自律的に義務を遂行する心」などである。

これらの道徳性が健全にしっかり育っているとき、人は、道徳的な生活を根本に据えて、人間らししい豊かな人生の道を歩むことができ、充実した生涯を送ることができる。

学校生活の修了の後に、生の根本をなす道徳的な生活を具備できるためには、それ以前の幼児期および児童期に適切な優れた「道徳教育」を受け、揺るぎない道徳性を身につけておかなくてはならない。もしそれらの時期に適切な道徳教育によって、道徳性が十分に成長しないならば、学校修了後の道徳的な生活は、堅固さを失い、歪みを招来する。そして、充実した人生・生涯を送ることは、難しくなる。それゆえ、教育者・教師は、真の意味での「道徳教育」を幼児教育施設および小・中学校・高校等の教育の場で力強く展開しなければならない。

思えば、教育の歴史が示すように、戦前のわが国の道徳教育は、誤りだった、と強く批判されるほどの不適切なものだった。

戦後の、今日までの道徳教育はどうか。適切な、世界に誇れる道徳教育になっているだろうか。誤解を恐れずに言えば、「いな（否）！」である。ほころびが目立ちはじめ、欠陥・不備が指摘されるまでになっている。いまのままの道徳教育でよい、と言う人は、どれだけいるだろうか。

いまの道徳教育では、増え続ける、いじめや不登校の問題の克服は期待できない、との声は、あちこちで上がっている。とはいえ、革新を、とまで声を大にして叫ぶ論調は、か細い。

本書は、今日のわが国の抱える道徳教育の問題点を明らかにし、その克服には、思想・理論および教育実践の革新が必要である、との立場に立って、革新の道を示した道徳教育書である。

もとより、問題点を解明し、革新の道を示すことは、容易なことではない。思いつきや独断に陥る危険性があり、それには十分気をつけなければならない。ここで重要なことは、しっかりした拠り所をもつことである。本書は、ヨーロッパの傑出した人物、とりわけノーベル賞を受賞した哲学者・社会改革者であるB・ラッセル、世界の教育の発展に多大な貢献をなし、社会変革に生涯を投じた思想家・教育家R・シュタイナー、大哲学者カント、および世界の教育の歴史に注目すべき足跡を残した教育実践家・思想家ペスタロッチーに拠り所を求めて記された書である。

本書が依拠した人物のなかで、特にシュタイナーの思想と教育実践は、問題の解明と革新の道の開拓へと進もうとする私たちを力づける大きな導きの星になった。

言うまでもなく、道徳教育は、幼児・子どもの本性に備わる気高い道徳性を適切な方法によって育てる教育であるが、本書が取り上げた道徳性は、主として、先に触れた六つの道徳性、すなわち「感謝の心」「悪を憎み、善を実行しようとする心」「分けへだてなく誰をも愛する博愛の心（友情）」「真理を意欲的に探究する心」「利己欲にとらわれずに他人と協調して生きる心」および「他律的にではなく、自律的に義務を遂行する心」などである。本書があえてこれらの道徳性の育成を取り上げるのは、わが国の道徳教育では、その育成が、きわめて問題視されるべき状態にあるからである。

シュタイナー（1861～1925）

本の出版の現状を見れば分かるように、道徳教育の革新を表題に掲げた書物の出版は、皆無に等しい。革新を前面に掲げるには、勇気と力量が要る。執筆者たちは、各々の研究分野のエキスパートであり、相互に連携をとりつつ、担当の章を自信をもって書き進めた。革新への意欲は、人一倍熱く大きい。

本書は、書名に明記されるように、「幼児」と「児童」の道徳教育を真正面から取り上げた書である。両方を取り上げたのは、道徳教育は両方の連携・連結で行われてこそ実り豊かなものになると考えるからである。思えば、わが国では、両方の道徳教育は、分離されて論じられ、とり扱われてきた。その分離の背後には、小・中学校の道徳教育を幼児の道徳教育との連携・関連で広く大きくみる見方の不足・欠落があるように思われる。

もとより児童の道徳教育を研究する者は、同時に幼児の道徳教育をも研究しておかなければならない。また幼児の教育・道徳教育の研究をする者は、同時に児童の教育・道徳教育の研究をもしておかなくてはならない。両方にまたがる教育研究こそは、実り豊かな道徳教育のための必須のことがらだが、わが国ではこれまでそうした研究は、おろそかにされてきた。だが、これでは、教育の真理の究明は難しいし、その成果も期待できない。執筆者たちは、このことを意識するがゆえに、長い間、両方の分野にまたがりつつ、研究を進めてきた。なお、執筆者たちは、楽器作りと演奏、人形づくりと上演、絵画、演劇などの「実技」にも長けており、革新を担うにふさわしい研究者である。

本書を一人でも多くの方がたに読んでいただきたいと思う。

二〇二四年九月

執筆者を代表して
広島大学名誉教授
広瀬俊雄

目次

カバー絵＝江副公子
装幀＝新曜社デザイン室

序章　いまこそ道徳教育の革新が必要である

1　幼児期の道徳教育を軽んじてよいのか

道徳教育を話題にすると、これは、小学校以降の教育である、と思っている幼児教育関係者や小・中学校の教師、そして道徳教育関係者がこの上なく多い。誤解を恐れずに言えば、ほとんどの人たちがそう思っている、と言ってよいだろう。

この考え方に染まっているからであろう。「幼児期の道徳教育」の書名で本を出版する人は、まれである。新聞、雑誌、テレビ等で幼児の道徳教育が話題になることは、ほとんどない。

たしかに『幼稚園教育要領』・『保育所保育指針』・『幼保連携型認定こども園教育・保育要領』には、幼児の「道徳性の芽生えを培う」ことが明記され、幼児期における道徳性の育成が取り上げられている。[1]だが、その取り上げ方は、トーンがきわめて低く、小学校以降の道徳教育のトーンの高さから見たら、見過ごしてしまうほど弱い。そのせいであろう、幼稚園や保育所等の保育現場で、「幼児の道徳性の育成」を大きく掲げることは、めったにない。手抜きと言ってよいほど、その育成は、おろそかにされ、軽視されている。その軽視を明白に示しているのは、保育士と幼稚園教諭の資格要件である。小・中学校教諭の資格要件には「道徳教育」に関する科目が必修になっているのに、保育士と幼稚園教諭の資格要件には、それが不要となっているのである。幼児教育従事者に「道徳教育」の勉強は必要ないというのは、あまりにひどい話ではないか。

思えば、幼児期の道徳性の育成は、それ以後の時期の道徳性の育成の基礎工事に相当する。もとより建物を建てるとき、基礎工事は念には念を入れて強固にしておかなくてはならない。そうでなければ、その上に建つ建物は倒壊してしまう。いま、幼児期の道徳教育は、きわめて重要な基礎工事に相当するものであるにもかかわらず、軟弱な状態にある。それを最も明確に示すのは、幼児教育施設での教師・保育士たちによる「園児虐待」という不道徳的な言動の存在である。「園児虐待」は、松井和著『ママがいい！』（二〇二二年）に示されるように、これまでもあちこちであった。この書では、『保育士の虐待？』を訴える親のネットでのQ&A」の見出しのもとで、その虐待の問題が取り上げられている。[2] 一昨年の末には、朝日新聞紙上（二〇二二年一二月七日）で「……園児への暴行容疑で保育士3人が逮捕された事件」が取り上げられ、「園児虐待、見えない全容」「国が全国調査へ」等の見出しで、虐待がクローズアップされた。これらは、幼児教育施設で、適切な道徳教育どころか、不道徳的な教育が、多い少ないは別として、とにかく厳として存在することを示すものである。これに不安を感じる親・保護者は、きわめて多い。その問題は「保育の質」にかかわるものだが、今年の二月一七日、朝日新聞は、この「保育の質」の問題を大々的にとり上げた。保育園等における不道徳的な教育は、ことのほか重大なことがらだと言わなくてはならない。そのような教育を受けたため、小・中学校で、級友への「いじめ」をひき起こす子どもが出てくるからである。

もし子どもが幼児教育施設で、なぐる、ける、暴言その他の仕打ちを受けて育った場合、その仕打ちを「模倣」で受けとり、心身全体にしみ込ませる。そして後年、小学校に入学後、ささいなことで不和が生じたとき、模倣で学んだ仕打ちを再現・拡大するようになる。つまり、なぐる、ける、暴言をはくなどの不道徳的な「いじめ」を行うようになるのである。もちろん、「いじめ」の原因には、家庭の複雑な事情、学校生活への不満その他がある。だが、幼児教育施設での歪んだ道徳的な教育がその大きな原因の一つになっていることは、見過ごすことのできない現実である。

わが国では、幼児教育施設でのずさんな道徳教育を考慮しつつ、道徳教育の大切さを指摘する関係者はほとんど見当たらないが、海外・世界には、少なからずいる。幼児期の道徳教育の重要性を指摘した、そうそうたる人物として、二人をあげることができる。そのうちの一人は、イギリスのノーベル賞受賞者で二〇世紀を代表する哲学者B・ラッセル（一八七二〜一九七〇）である。かれの考え方は次のようなものである。「道徳教育は、六歳までにほぼ終えていなければならない。……後年になって学校で、道徳教育が必要となるのは、幼児期の道徳教育がなおざりにされたからか、不適切なものだったからである」[3]。このラッセルの言葉は、普遍妥当性を備えた迫力満点の見解である。

ラッセル（1872〜1970）

もう一人はドイツやスイス等で活躍し、世界的な幼稚園の基礎をつくり、革新的な学校を創設した教育思想家・実践家R・シュタイナー（一八六一〜一九二五）である。かれは、道徳教育をこの上なく大切にしてこう言い切った。「幼児・子どもの道徳教育をないがしろにするとすれば、それは、人類に対する罪悪であろう」[4]。このシュタイナーもラッセルと同じように、幼児期に受けた道徳教育が、小学校以降の教育に大きな影響を与えることに注視して、幼児教育施設での道徳教育の重要性を主張したのであった。かつて筆者は、このシュタイナーの思想・理論で創立され、それが実践に具体化されているウィーンのシュタイナー幼稚園で保育・道徳教育を学んだ。その実践は、日本では見たこともない見事なものだった。ひと言でいえば、「子ども一人ひとりがこの上なく大切にされている保育！」であった。快活で満ち足りた表情の園児たち、気高さと豊かさを備えた保育士の先生たち、生まれたその日に催される誕生日会、手作りの人形による人形劇、毎日行われるストーリーテリング（お話）……先生たちの魂のこもった保育を見て、日本での「革新」の道は、この保育を学ぶことから拓けると確信したのであった。

2　児童期の道徳教育で大切なものは何か

いまわが国の親・保護者・一般市民、そして子どもたちが、憂慮すべき大きな問題の一つとしてあげるのは、「いじめ」問題である。新聞の読者の声を読むと、学校ではこの問題がかなり深刻な域にまで来ていることが分かる。一昨年一月の朝日新聞の声の欄には、一一歳の小学生による「いじめ相談室を作ってください」とのタイトルの声が掲載されていた。[5] またその二日後には、四七歳の主婦が「いじめる側こそ隔離すべきだ」と主張する意見が載っていた。[6]

「いじめ」は、二〇一三年に「いじめ防止対策推進法」が成立した以後も増え続けており、いじめによる自殺もあとを絶たない。いじめは、子どもを死へと追いやるほど危険な凶器とも言うべき行為である。これが安全であるはずの学校に存在することは、この上なく重大な事態だと言わなくてはならない。「いじめ」は小中高校で七三万二五六八件にのぼる（二〇二三年度、文部科学省）。

学校で「いじめ」が頻発している現実は、私たちをいやおうなしに「道徳教育」のあり方の問題へと向かわせる。その問題とは、子どもたちをいじめへと走らせるのは、道徳教育で、道徳性のうちで大切な友情・友愛、感謝、悪を憎む悪への反感、正義感、真理への探究などを十分に育てていないからではないか、という問題である。

たしかに、子どもたちのうちに、友情・友愛、感謝、悪を憎む悪への反感、正義感、真理への探究などの道徳性が十分に育っていれば、「いじめ」問題など起こらないだろう。「いじめ」が起こるのは、これらの大切な道徳性が育っていないからだ、と見るのは、妥当である。いじめ問題は、私たちに「道徳教育」の不振・不十分さを、有無を言わせずつきつける。

その不振・不十分さを前にするとき、私たちの心に浮かぶのは、「革新」である。「道徳教育は今のままではよくない。革新が是非とも必要である」。いじめの頻発を見て、こう思う教育関係者は多い。いじめ問題をひき起こす根本原因が、子どもの道徳性の成長不全にあるとすれば、教師は、その育成に、全力で取り組まなくてはならない。こう思い、全国各地の教師がその育成に取り組んでいる。

だが、教師の懸命な努力にもかかわらず、空振りに終わり、良い成果に結びつかないことが少なくない。「道徳の授業」で教師の話にうなずいていた子どもが、放課後、級友に悪質ないたずらをしていることもよく見られる。ネット上に心ない悪口を書き込む子どももいる。

道徳性の育成への教師の努力の傾注にもかかわらず、その成果が上がらないのはなぜであろうか。この問題を突き詰めて考えるとき、そこに四つの起因があることが分かる。

一つ目は、子どもの教師に対する深い尊敬・敬愛の念の欠落あるいは子どもと教師との厚い信頼関係の欠落ということである。子どもが教師に深い尊敬・信頼の念ももたないがゆえに、道徳の授業で教師がどれほど力強く道徳的な生き方の話をしても、その話は、子どもの心に響かないし、子どものうちで頭をもたげる悪玉菌の抑止力にはならない。道徳の授業で最も大切なのは、「考え、議論する」活動をどのように組み立て活発にするか、の方法の構築ではなく、子どもの教師への尊敬・信頼の構築である。

二つ目は、楽しい授業・楽しい学校生活の欠落による不満の増大である。教師の魂のない市販の教材・教科書にもとづくありきたりの授業。知育中心、くり返し行われるテスト、「競争」で勉強へと追い立てる非情な教育、多すぎる宿題。……これらに子どもたちは、大きな「不満」を感じている。不満が我慢できないほど大きくなると、教師の指示に従わず、勝手な言動をとって、授業にそっぽを向く事態、つまり「学級崩壊」が起こる。「不満」の増大によって、子どもの心に宿る「悪玉菌」が活発になり、ささいなことで子ども同士に不和が生じ、「いじめ」が起こる。学ぶ意欲を失い、不登校の挙に出る子どもがあちこちで現れる。業者の作った教科書による授業を楽しいと思う子どもは、どれほどいるだろうか。心のこもった手料理で食事をするのと同じように、教師の心尽くしの教材で授業を受けるならば、子どもたちは、楽しく学ぶことができ、不満は解消されるだろう。

三つ目は、道徳性の大切さにかかわる子どもの体験不足であり、その体験へと子どもを導く教師の力量不足あるいは実技力の欠乏である。そのことは、たとえば、「手助け」「協調性」の育成を考えるだけで分かる。実際に手助け・協力を深く体験したことのない子どもに、その大切さを、言葉でどれほど考え議論させても身につくものではない。その大切さをしっかりと身につけるには、体験がなければならない。そしてその体験へと子どもを導くには、教師がその体験の活動を組み立てる力量をもたなくてはならない。たとえば、演劇の活動でクラスの子どもたちに、助け合い・協力の大切さを体験させるとしよう。ここで最も大事なのは、演劇を指導する教師の力量である。教師に優れた力量があればあるほど、子どもたちは演劇の活動のなかで、級友との助け合い、級友への協力の大切さを身をもって深く体験できるのである。

思えば、いま多数の子どもが体験不足におかれているにもかかわらず、「考え、議論する」道徳教育に力点が置かれ、体験の裏づけに乏しい言葉による道徳教育が常態化している。しかし、教室内・机上の話し合い中心の授業で、どれだけ道徳性が育つのだろうか。そうした授業の無力さはこれまで多くの教育実践家たちによって批判されてきた。その実践家の代表格の一人に、世界の教育の歴史に大きな足跡を残したスイスの教育家・教育改革者ペスタロッチー（一七四六～一八二七）がいる。かれは当時の教育界と戦い、道徳を中心に据えた人間教育の実現に生涯取り組んだが、言葉の大切さを説きつつも、他方では、体験の軽視と言葉中心の教育を強く批判し、体験の重要性を主張してやまな

ペスタロッチー（1746〜1827）

かった。かれは、名作『リーンハルトとゲルトルート』の中でこう書いた。「人間の教育と生きる力の鼓舞をあまりに、多くの言葉に結びつけることの害悪を見過ごしてはならないことは、永遠に真実です。……（中略）……行為（実際的な体験―筆者注）が人を教え育て、行為が人を元気づけるのです。言葉など捨ててしまえ！」[7]。このペスタロッチーの主張は、いまの学校の学級・教科の責任者、つまり子どもたちに毎日、言葉の雨を浴びせ注いでいて、何ら疑問をもたない教師・教育者に道徳教育の方法の再検討を迫る千鈞《せんきん》の重みをもった言説である。

四つ目は、教師が根底に据えるべき「思想・哲学」の薄弱さである。もとより、子どもを導く教育者になった以上、教師は、子ども・人間とは何か、道徳性とは何かについて、その思想・哲学の学びのときをもたなくてはならない。それが、どれほど大切であるかは、前掲の教育家・ペスタロッチーをみるだけで分かる。かれは、たえず人間とは何か、人間らしい人生とはどのような人生か、理想の教育・道徳教育とはどのようなものかについて追究し、深い思想・哲学をもって教育実践を生涯にわたって展開したのであった。深い思想・人間学についての学びは、教師をたえず新鮮にし、教師生活を豊かで充実したものにしてやまない。思想・哲学などの学びを怠ると、心の新陳代謝が悪くなり、停滞・低下が生じる。マンネリズムに陥り、活気がなくなる。下卑りやすくなる。本書の結章に記されるように、戦後の教師たち、とりわけ長野県の心ある教師たちは、教師が陥りやすいこうした状態を直視し、その状態に陥ることなく、向上と活気に満ちた前進の道を進むべく、思想・哲学の学びのときを夏休みにもっていた。教師たちは、なんと、京都学派の哲学の教授を招いて、カントの「純粋理性批判」の勉強会をもっていたのであった。

学校現場の教師の声に示されるように、学校の道徳教育は、行き詰まりの局面を迎えている。これを打開するには、革新が是非とも必要である。この革新への道を拓くには、思想・哲学の学びをたえず心がけなければならない。

第一章　危うい日本の道徳教育
――軽視される幼児期

1　「道徳教育」の文言の欠落

序章ですでに触れたように、わが国では土台であるべき幼児期の「道徳教育」は、軽視されている。そのことは、『幼稚園教育要領』（以下、『教育要領』と略す）や『保育所保育指針』などを『小学校学習指導要領』（以下、『学習指導要領』と略す）と比べてみると分かる。驚くべきことだが、『学習指導要領』では、「道徳教育」という文言が頻繁に使用され、出てくるのに、『教育要領』や『保育所保育指針』などでは、一度も使用されていないし、出てもこない。そこでは、「道徳性の芽生えを培う」といった言葉や「規範意識の芽生え」といった言葉が使用されるだけである。

なぜ『教育要領』では、幼児の「道徳教育」という文言を使用しないのか。思うに、それは、この要領作成者らの、「教育」への根本理解が、不足しており、希薄であるからだ、と言ってよいだろう。

もとより、一人前の、身体的・精神的に独立した成人になるのに、人間ほど、長い期間他者からの援助を必要とする哺乳動物は、他にいない。そのことは、誕生後、すぐに立って歩行するウシ、キリン、ヒツジなどの例を思い起こせばすぐ理解できる。

幼児期の六年間、そして児童期・思春期の九年間。この世に誕生した子どもは、一人前の成人になるには、それほど長い期間、他者からの援助を受けることが必須である。特に注目しなくてはならないのは、「他者からの援助」ということである。特に幼児期の六年間は、他の時期にも増して、「より根本的、より基礎的な、より緻密な援助」を必要とする。

子どもの成長に必要な、大人が行う援助、それが「教育」という言葉・概念で呼ばれることがらである。子どもの成長には、身体の成長、音楽的能力の成長、言語能力の成長などさまざまな成長が含まれるが、感謝、他人への愛、手助け、信頼、善、正義、勇気、協力、真理探究心といったさまざまな道徳性が含まれる。これらの道徳性の成長は、とりわけ多大の、「大人・他者からの援助」を必要とする。この援助なくしては、幼児は道徳性を成長させることはできない。道徳性の成長への、大人の援助を、「道徳教育」と呼ぶとすれば、幼児には、「道徳教育」が不可欠なのである。

言うまでもなく、子どもは、小学校、中学校へと進むに従い、その援助の内容は、多種多様になる。児童期・思春期に成長すべき道徳性も「公平・公正」「希望と勇気」「国際理解」「郷土愛」「自然愛護」「畏敬の念」「義務」など多岐にわたる。このような多岐にわたる道徳性の成長への、教師による援助を「道徳教育」と言う。幼児への援助の内容は、児童期・思春期の子どもへの援助の内容よりも少ないが、「援助」という点では、同じである。それゆえ、小・中学生への援助を「道徳教育」と名づけるならば、当然、幼児期の子どもへの援助も「道徳教育」と呼ぶべきであろう。

2　世界と日本の先人の叡智に敬意を払わない教育

わが国では、子どもの道徳性の育成は、小学校ではじめて「道徳教育」の名で行われるようになっている。幼稚園では、その育成は、「道徳性の芽生えを培う」などのかたちで取り扱われ、小・中学校のように、明確に「道徳教育」として位置づけられていない。

そこから窺えることは、次のようなことである。すなわち「道徳性の本格的な成長と開花・結実は、小学校以後だから、幼稚園や保育園などでは、小・中学校のように、『道徳教育』を掲げて、この教育を一所懸命にする必要はない」と。これは、幼稚園・保育園等の時期の「道徳教育」に力を注いでも、幼児のうちに、後の生き方に大きな影響を及ぼすほどの道徳性は育たない、ということだろうか。

いずれにしても、『教育要領』等の見方から分かることは、幼児期の道徳性の過小評価である。だが、幼児期の道徳性の成長は、「道徳教育」として取り扱う必要のない、そんなにちっぽけなものだろうか。小学校のように「道徳教育」に力を入れることは、幼稚園等では不必要なことなのだろうか。国の指針を絶対視し、それしか知らない保育士・教師や幼児教育研究者あるいは道徳教育推進者にあっては、不必要なことであろう。

しかし、幼児期の道徳性の育成の本当のあり方を究明し、研究し、世界と日本の先人の叡智に学ぶ者にとっては、わが国の現在の状況は、奇異に映る。「井の中の蛙大海を知らず」から脱して、海外の考え方に目を向け、世界的な評価の高い道徳教育の思想と実践に注目するとき、わが国の幼児教育における「道徳性」の育成に「危うさ」を感じざるをえない。

序章で示したラッセル、シュタイナー、カント、ペスタロッチーらの道徳教育思想に出会ったとき、そしてシュタイナー幼稚園の実践の場に入ってそこで行われている幼児の道徳教育をじかに体験したとき、私は、このような思いをもったのであった。

わが国の幼稚園・保育所等における「道徳教育」の欠落は、幼児の道徳性の成長を、単に「道徳性の芽生え」等としか見ない浅はかな見方に起因する。たしかに、芽生えの段階の道徳性も「自律」「真理の探究」「自由と責任」「公正」などの成長に示されるように、多い。だが、ほぼ完成の域に近いかたちで成長する重要な道徳性もある。その重要なものとして、「感謝」「忍耐」「たくましさ」「悪への不快感・反感」「善への快感・好感」「持続力」その他があげられる。これらの道徳性は、幼児期に、芽生えの段階を通り越して、花や実の段階までも成長することが、しばしば見られる。人の生涯を規定することにも及ぶ道徳性が幼児期に形成されてしまうことは、否定できない事実である。

わが国における関係者の、幼児の道徳教育への取り組みは、きわめて低調な状況にあるが、このことは、わが国にこの教育に関する叡智が存在しないということではない。『教育要領』等は、その存在にひと言も触れていないが、目を大きく開いてわが国の歴史を見れば分かるように、わが国にも、注目すべき叡智は、存在する。その叡智とは《三つ子の魂百まで》という考え方である。これは、かみ砕いて言えば、幼少期に形成された、道徳性をも含む子どもの性質は、その時期以後、成人期後も生涯にわたって、長い間変わらず生き続ける、という意味だ。この考え方のもとになる数多くの実例を、私たちは、容易にあげることができる。「あの、もの怖じしない青年は、幼いときから、もの怖じしない力強さをもっていた」「あの人は、いまも明朗そのものだが、幼少の頃からそうだった」「かれは、四〇歳を過ぎた現在も、粘り強く事業を展開して生きているが、幼いときから、遊びや学びに粘り強さを発揮していた」「かの女は、幼少期から、弱い子の面倒をよく見ていたが、弱い者への愛は、成人後も変わらない」「かれの、悪への反発心は、五〇歳を越えたいまも、持続しているが、かれは、幼い頃から〝〇〇ちゃんは悪い〟と、人一倍、悪への反感の感情をもっていた」……。このような実例に接するとき、私たちは、先人の叡智《三つ子の魂百まで》が、私たちに語りかけている声・叫びが何であるかを知ることができる。「幼児期の教育・道徳教育は、人の生涯を左右するほど大切なものだ。日本に住む私たちは、この教育に全力を尽くさなければならない。軽視など断じて許されないことだ」。

序章において、私たちの注目すべき世界の叡智として、偉大な哲学者ラッセルおよび優れた教育思想家・実践家シュタイナーの道徳教育思想を取り上げた。しかし、それに注目し、学ぶと同時に、わが国の先人の叡智とそれが発している先人の声・叫びにも心を向け、幼児の道徳教育の革新に力を尽くすべきであろう。先人の叡智を無視し、これに背を向けているいまの状況が残念でならない。

3　幼児期に大切な「感謝」の育成の欠落

幼児教育における道徳教育の軽視の傾向として見過ごすことのできないものに、「感謝」の育成の欠落がある。

『学習指導要領』[1]によると、「感謝」の育成は、小学校一年生の道徳教育から登場し、中学校三年生の道徳教育に至るまで一貫して続けられる重要な事項である。

「感謝」の育成に反対する人は、おそらく誰もいないであろう。しかし、その育成を手放しで喜ぶことは、できない。発達段階という「教育」の視点に立つとき、大きな疑問が湧いてくる。はたして、一年生からの道徳教育で、この大切な道徳性は、育つのだろうか。その育成は、六歳を過ぎてからでよいのだろうか。

『教育要領』等をみるに、そこには「感謝」の育成については、一切記されていない。この世に誕生して、小学校入学までの六年間、放置しておいてもよい、ということなのだろうか。

小学校に入学して、「感謝」がより確固たる道徳性になるためには、それ以前の幼稚園・保育園等で「感謝」が十分に形成されていなければならない。この感謝の育成には、最大限の配慮がなされなくてはならない。しかし先に述べたように、残念なことに、『教育要領』等には、その配慮について、まったく記されていない。この要領には、「感謝」の育成については、ひと言も触れられていないのだ。

思えば、沖縄県から北海道まで全国のすべての幼稚園・保育園等は、『教育要領』や『保育所保育指針』などにもとづいて、幼児教育を行っている。「感謝」の育成については、何も記されていないので、その育成については、行おうが行わなかろうがどうでもよいことになっている。日本国内の幼児教育しか知らない人、それにしか注目しない人は、それをよしとし、疑問を抱くことはない。このような人たちに対して残念だが、くり返し引用した言葉、すなわち「井の中の蛙大海を知らず」を持ち出して、もっと広く海外の幼児教育に目を向けてみたらどうだろう、と言いたい。

後で詳しく述べるが、ウィーンに留学し、そこのシュタイナー幼稚園と学校の実際の保育や授業を見学し[2]、そこの教師たちと会話して驚いたことの一つは、かれらが子どものうちに「感謝」を育てることに、並々ならぬ力を注いでいることであった。私の長男の担任となる教師を紹介され、私たちが、ご迷惑をおかけして申し訳ありませんがよろしくお願いいたしますと言ったときだった。担任は、すぐにこう言ったのだ。「私は、あなたがたご両親とお子さまに、こうしてお会いできますことを、心から感謝いたします……」。担任予定の教師から「感謝いたします」の言葉を聞いて、私は、忘れることのできない感動を受けたのであった。

数日後、今後の見学と研究をお願いすべく幼稚園に出向いた。「ゲルゲリー博士（ウィーン・シュタイナー学校協会の代表理事）から、お話を伺っています。遠いところを、よく来てくださいました。日本から来てくださいまして、ありがとうございます。あなたがたご夫婦とこうしてお会いできましたことを心から感謝いたします……」。シュタイナー学校の教師からだけでなく、幼稚園の教師からも「感謝」との言葉を聞いて、私も妻もびっくりすると同時に、シュタイナー幼稚園と学校の教育では、「感謝」に並々ならぬ力を注いでいることを感じとったのであった。ここの教師たちは、子どものうちに「感謝」を育てることに、日本では考えられないほど、力を入れているのであった。

先取りして書くが、世界の八〇カ国に広がり、一〇〇年間の検証の裏づけをもつシュタイナー教育では、幼児期から「感謝」の道徳教育を重視してやまないのである。

シュタイナー幼稚園・学校で「感謝」を重視するのは、それが、友人をいたわる「愛」、つまり「友情」「友愛」を生み出す根本力だからである。「感謝」が十分に育つことをなくしては、「友情・友愛」は成長しないのだ。成長段階の視点で見るならば、まず「感謝」が、次に「愛」(友情・友愛)が、である。わが国の幼児教育・道徳教育の関係者たちは、このことを知っているのだろうか。このことを考えたことがあるのだろうか。

小学校で「いじめ」や級友を自殺へと追いやる「悪質な書き込み」をするような小学生たちに欠けている原因を、単に「友情・友愛」「いたわり」等の欠如にある、と見る見方ですますとしたら、それは、きわめて浅はかな見方である。教師・道徳教育関係者は、プロとして、もっともっと事態の原因を深く見つめなくてはならない。その根本的な原因が、しっかりした「感謝」の不足・欠如にあることをよく知り、幼児教育の場で「感謝」の道徳教育を十分に意識し、力を入れて行うべきではないだろうか。現在の幼児教育の場での状況は、あまりに貧しく粗雑であり、是非とも「革新」の風を取り入れるべきであろう。

「感謝」の道徳教育は、具体的にはどのような方法で行えばよいのか、については、後の章の中で詳しく述べるが、ここでは、その方法が普通考えられるよりもはるかに重厚であることを、示唆することにとどめたい。「感謝」の育成は、決して簡単ではないし、やさしいものではない。長い時間がかかり、深い配慮を要するものなのである。決して軽く考えてはならない。

4　幼児期に大切な「善への快感」と「悪への不快感」の育成の欠落

忘れてはならないことだが、教育で大事なのは、子どもを発達段階の視点でとらえ、その能力、とりわけ「知」「情」および「意」が子どもの成長・発達とともに異なったかたちで伸びていくことに細心の注意を払うことである。道徳性の「情」の側面、つまり道徳的な感情について言えば、これは、三、四歳頃から九歳頃にかけて、目立って成長する。その感情、とりわけ善と悪に関する感情が「善への快感」と「悪への不快感」――これらは後に発達して「善への好感」と「悪への反感」となるが、すでに幼児期に現れることも多い――となって際立って現れる。

幼児期にこれらの道徳的な感情が十分に育っている場合、子どもは小学校に入ってから、善悪をかぎわけて「善の実行」へと進むことができる。その感情の成長なしには、善の実行は難しい。この実行には、その感情の成長が大前提である。幼稚園・保育所等の時期にそれらが十分に育たないならば、小学校での「善・悪」に関する道徳教育の結実は、難しい。十分に育っているとき、小学校で子どもたちは、よりよい道徳性の成長への道を歩むことができるのである。

道徳性の育成を「道徳教育」としてとらえると、このような望ましい道が拓けてくるが、現在のような幼児教育では、その道は、閉ざされてしまう。『教育要領』等で「道徳教育」と明確に打ち出さない弊害は大きい、と言わなくてはならないだろう。

『教育要領』等では、善と悪については「よいことや悪いことがあることに気づき、考えながら行動する」[3]と記されるが、はたして「気づく」ことは、小学校一年での「よいことと悪いことの区別をし、よいと思うことを進んで行うこと」[4]につながるだろうか。現実には、善と悪があることに「気づいた」としても、「善」を選びとって、これを積極的に実行する小学生は少ない。子どもを実行へと駆り立てる原動力、すなわち、悪への強い不快感・反感と善への強い快感・好感が育っていないからである。現実には、悪と善の存在に気づくだけで、傍観者になっている場合が多い。『教育要領』等に記されるような浅い、軽い考え方は、子どもの道徳性の成長を発達段階の視点で見る「道徳教育」の欠落に起因していると見てよいだろう。いま、まずもって必要なのは、『教育要領』等に「道徳教育」の領域を設けることである。

『教育要領』等の問題点をさらに踏み込んで言えば、この要領には、幼児には道徳的な欲求、つまり悪を嫌い、善を好み喜ぶ欲求があり、この欲求を満たすことを願っている、との幼児観が欠如していることだ。この欲求は、食欲と同じように大きい。だから、教師は、幼児にしっかりとした援助の手を差し述べ、その欲求を満たすことに力を尽くさなくてはならない。その重要な援助には、後に詳しく述べるが、童話・昔話などの「語り聞かせ（ストーリーテリング）」や「人形劇」がある。これには、善と悪が登場し、善が勝つ空想・想像の世界が展開される。これらの空想・想像の世界で描かれる善や悪の姿に触れ、その姿を想像的に体験することを通して幼児は、善と悪に対する感情・感性を磨いていく。この、想像の世界での体験による感情・感性の磨きは、幼児固有の特権というべきものである。幼児の「権利」と言ってよいほど、大人が尊重しなければならないものであり、シュタイナー幼稚園では、これが重視される。

残念なことだが、わが国の幼児教育の指針となっている『教育要領』等には、このような考え方は、まったく記されない。そこで記されるのは、「してよいことや悪いことの分別」は、「友達と様々な体験を重ねるなかで」[5]である。その分別に、童話などによる空想・想像の世界での体験がどれだけ大切な働きをしているか、については、ひと言も触れられていない。空想・非現実・想像の世界を描いた昔話・童話等が、子ども・幼児の道徳性の成長にどれだけ大きな力になるものであるか、それは、ブルーノ・ベッテルハイムの名著『昔話の魔力』(波多野完治・乾侑美子共訳、評論社、一九七八)を一読すれば分かる。昔話・童話等には、私たちが、幼児の道徳性のあり方を考えるとき、学ぶべき「叡智」が多く内蔵されていることに注目しなければならない。

5 『教育要領』等における「善」と「悪」の分別の育成方法

前述したシュタイナー幼稚園の道徳教育については、わが国の教師・保育士の方がたから、重要な質問が出る。それはこういったものである。「日本の『教育要領』が道徳性の育成で明記し、全国に知らせている方法、つまり『してよいことや悪いことの分別』をする力をつけるには『友達と様々な体験を重ねるなかで』という方法は、シュタイナー幼稚園でも用いているのでしょうか。この園の先生がたは、この方法についてはどのような考え方をするのでしょうか」。

以下、この質問に対する答えを書こう。まず記しておきたいことだが、シュタイナー幼稚園の教師たちは、善と悪に関する幼児の道徳性の育成を、童話・昔話等のストーリーテリングや人形劇などだけで行えば、それで十分である、とは考えてはいない。教師たちは、園児たちが毎日、友だちとの遊び等で行う体験的な活動には、たえず温かく鋭い目を注ぎ、園児たちの一挙一動をよく見ている。

言うまでもなく、幼児は、友人との遊び、園庭の後かたづけ、農作業等の共同的集団的な活動のなかで、善と悪の道徳的な問題を含んださまざまな体験を友だちとのかかわりのなかでもつ。ときには口げんか・口論も生じ、たたく・なぐるなどの暴力的な行為も生じる。ときにはまた遊具の横取り・奪い合いも生じる。他方では、見る者をほのぼのとさせる手助けの活動もある。農作業では土を協力して耕す見事な協同の活動の光景も見られる。シュタイナー幼稚園では、異年齢一緒のクラス編成であるがゆえに、年上の園児が年下の園児の面倒を見る光景は、毎日のように見られる。

教師たちは、園児たちの、互いの体験的な活動を、道徳性の育成の視点でとらえ、園児とかかわっていく。そのかかわり方の注目すべきものとして、二つをあげることができる。第一は、教師たちが、園児が他の園児との活動で、際立って「良い行為」あるいは「善い言動」をした場合には、心からの言葉で「とてもよいことだよ」「そんなに手助けできてとてもえらいよ」と、「褒める」ことである。園児は、教師から強く「褒められる」と、「善への快感」をしっかりともつことができ、善という道徳性をより明確に「気づく」ようになっていく。

第二は、園児が友だちに、「悪」の言動、すなわち「暴言」「悪口」、「ける」「なぐる」などの暴力的な行為、集団の共同的な遊び・学びを乱す行為等を行った場合は、教師が厳しくその非を示すことである。「叱る」という言葉があるが、教師たちは、そのような園児を厳しく叱る。この場合、教師たちの叱る仕方に、注目すべき仕方がある。それは、言葉と同時に「目つき」など、「顔の表情」で、「これは悪いことです、してはいけないことです」と示すことである。「にらみつける」という言葉があるが、私は、教師たちが、悪を「にらみつける」光景を何度か見た。明確な表情による「叱る」行為は、幼児・園児を「悪」の「気づき」へと導く優れた方法であると思われる。

以上、日本の危うい道徳教育の現状を具体的に指摘し、あわせて革新への道の要点を手短かに述べた。本章を終えるにあたって、さらに考慮すべき大事な点を一つだけ書いておきたい。それは、幼児教育に携わる保育士・教師の養成機関の革新の問題である。

いまその養成機関で学ぶ学生たちに、幼児期の道徳教育の大切さを深く教え、その道徳教育の実践を提示する授業・講義を行っているところは、どれだけあるのだろうか。

その養成機関における学生への授業内容をみれば分かるように、「道徳教育」を幼児期の教育の一大重要事項にすることはほとんどない。これでは、道徳教育を重視する保育士・教師は、育たない。養成機関における革新、すなわち「道徳教育の重視」こそは、喫緊のことがらである。

第二章　道徳教育は、幼児期から始めるべきである

すでに序章で記したように、いまのわが国の幼児教育界には、小学校以後のように強いトーンで、幼児期の道徳性の育成を重視し、「道徳教育」の文言でこれを前面に掲げようとする考え方は見られない。しかし、これでは、幼児期の子どもの道徳性は十分に育たないし、小学校や中学校の道徳教育も豊かな実を結ぶことは、難しい。

いま、幼児教育界が取り組むべきことは、小学校や中学校と同様に、子どもの道徳性の育成を明確に「道徳教育」として位置づけ、幼稚園や保育所等の幼児教育施設で、力強い道徳教育を展開することである。

この章では、なぜ道徳教育は幼児期から、小学校と同様に力を入れて行われなくてはならないのか、その理由は何かを、シュタイナー幼児教育をもとにしつつ述べ、明らかにする。

1　なぜ道徳教育は幼児期から始めるべきか

シュタイナー幼児教育が、「道徳教育」を強力に推し進めるのは、三つの理由による。

その第一の理由は、幼児期の子どもの本性のうちには、他のどの時期よりも「道徳の世界」への欲求・関心が強く存在するからだ、ということである。

その第二の理由は、幼児期に「道徳教育」が十分に適切に行われなければ、児童期、つまり小学校や中学校で必要とされる道徳教育も実り豊かなものにはならないからだ、ということである。それが実り豊かなものになるためには、幼児期に適切な道徳教育によって幼児にふさわしい道徳性が育成されていなくてはならない。

その第三の理由は、幼児期に適切な道徳教育を与えられ、成長すべき道徳性が成長しなければ、大人になって豊かで気高い道徳的な生活・生涯を享受できないからだ、ということである。気高い道徳的な生活・生涯は、誰でもが願う人間の本性の心からの欲求・願いであり、この欲求・願いが満たされるためには、幼児期において、適切な道徳教育が子どもに与えられ、成長すべき道徳性が、十分に育成されなくてはならない。思えば、わが国の叡智に、先に取り上げた《三つ子の魂百まで》という考え方がある。これは、幼児期に形成された、道徳性を含む性質はその後の晩年まで変わらない、という意味だが、シュタイナー幼児教育における道徳性の育成の重視には、わが国のこの叡智に通じるものがある。幼児期においては、老年期をも規定する道徳性が形成されてしまうのである。

もとより道徳性の形成にかかわるのは、教師・保育士・教育者である。幼児期において子どもの道徳性の成長にかかわる教師・保育士・教育者の影響は甚大である。シュタイナーはこう言う。「私が四年間、幼児のそばで語ったり行ったりしたことは、その子が六〇歳になっても、その子の中に生き、そして最晩年になっても、それが自分の運命として感じられるのです[1]」。

以下、前述の三つの理由について、詳しく述べてみよう。

2　幼児期の子どもは、「道徳の世界」に最大の関心を寄せて生きる

この世に生を享けた子どもは、健康に成長するために、どのようなものを欲し、どのようなものに関心をもつのか。幼児の教育・保育に携わる教師・保育士は、たえずこの問いを発し、幼児の心からの欲求、幼児の本性の奥に横たわる関心がどのようなものであるかを知らなくてはならない。このことをせずに、大人の外からの要求を押しつけたり、大人の視点で教育・保育を行うことは、避けなくてはならない。シュタイナー幼児教育に従事する教師たちは、大人の視点ではなく、徹底的に幼児の内からの欲求あるいは内からの切なる関心を重視してやまない。

幼児は、ある面では、サル、犬、馬などの動物と同じであり、「ミルク」に代表される栄養を多く含んだ水分・栄養物への欲求がこの上なく大きく強い。それゆえ、幼稚園・保育所等で、幼児の成長

に必要な食事を用意し、与えることの大切さは、あえて書くまでもない。

ここで私たちが考えなければならない、この上なく重要なことがある。それは、幼児は、他の動物と類似の側面をもつが、他の動物とは決定的に異なる側面をもつということである。それは、「精神的な側面」である。幼児は、生まれながらにして、きわめて強い精神的な欲求をもっており、自分の周囲の人の精神的な世界に多大の関心を抱きつつ、成長する。ここに言う「精神的な世界」とは、詳しく言えば、「目に見えない心的な世界」のことである。とりわけ、「道徳の世界」への欲求・関心は、強く大きい。

子どもは、幼児期を経て、その後、児童期そして思春期を迎え、そのなかで成長していくが、この三つの成長期のなかで幼児期において、最も強く「道徳の世界」にかかわり、自分のうちに「道徳的な世界」を取り入れて成長することを願っている。シュタイナー教育の考え方によれば、この世界への欲求・関心は、もちろん児童期と思春期にも、無視できないほど強く存在する。しかし、幼児期の方がはるかに強い。それゆえ、シュタイナー教育は、幼児期の「道徳の世界」への欲求・関心の大きさ・強さを際立たせるために、児童期の特質を「美しい世界（芸術的な世界）」への欲求・関心とし、思春期・青年期の特質を「真理の世界」への欲求・関心とし、この二つの成長期の特質としての「道徳的な世界」への欲求・関心を強調することはしない。その二つの成長期にこの道徳的な世界への欲求・関心が存在することは、言うまでもないことであり、それゆえ、シュタイナー学校では、全教育活動・全授業で、「道徳教育」が、あたり前のこととして行われている。全教育活動・全授業で行われるがゆえに、「道徳の時間」はない。

では、幼児が欲し求める「道徳の世界」とは、具体的にどのようなものか。この世界は、大きくは、二つに分けられる。その一つは、非現実・空想の出来事が描かれた昔話・童話などで、人・動物等がくり広げる道徳上の人生模様である。もう一つは、この世の現実に生きる生々しい人間の道徳上の人生模様、とりわけ人間が心の中に抱く道徳上の思いおよび外に表れる道徳上の言動である。

もとより、幼児期の子どもは、非現実の世界と現実の世界を往き来する、ある意味では特別な存在である。「両生」と言ってもよい生命体である。このような生命体であるがゆえに、非現実の世界でくり広げられる道徳上の人生模様に、大人では考えられないほどの大きな関心をもち、その様相に触れて、道徳性の成長のための栄養を吸収しようと欲し願っているのである。非現実の世界を描いた『おおかみと七ひきの子やぎ』[2]、『白雪姫』その他の童話に子どもが魅了されるのは、そこに「道徳上の人生模様」、つまりウソつきや傲慢・悪だくみ、悪の滅亡や善の勝利といった道徳上の人生模様が明確に描かれているからである。

現実に生きる人間、とりわけ、幼児のまわりにいる身近な人たちの心に抱く道徳上の思いおよび言葉や行為・行動で外に表す道徳上のことに、子どもが大人よりもはるかに強く大きな関心をもって日々を送っていることも、幼児期の子どもの特筆すべき本性である。

現実の身近な人びとの生きざまに示される道徳上の人生模様および非現実を描いた童話等に登場する人物・動物等の道徳上の人生模様、これら二つに、幼児は、大人では考えられないほど大きく強い関心を示す。単に関心を示すだけではない。その二つから、幼児は、自己の道徳性成長のための栄養を吸収しようと日々を生きる。これら二つのうち、とりわけ現実の周囲の身近な人びとに示される道徳上の様相に、幼児は強い関心を示し、ここから大きな影響を受ける。

幼児の大きな関心事・欲求が「周囲の人の道徳上の生活の世界」にあるとみる見方は、欧米で長い間の風雪に耐えて重視されてきた「叡智」である。私たちは、狭い日本を脱して、この叡智に注目し、この叡智に学ばなくてはならない。

シュタイナー幼児教育では、周囲の人の「道徳上の生活の世界」へと向かう幼児の欲求・関心の活動を多くの場合、「模倣」との言葉で呼び、これをこの上なく重視してやまない。シュタイナーは、この「模倣」をギリシャの哲学者・アリストテレスの言葉、すなわち「人間は、動物のなかで、最も模倣が上手な動物である」を引用して、「この言葉が最もよく当てはまるのは、歯の生えかわるまでの幼児期の子どもである」と言い切った。[3] 幼児は、周囲の人の心の中にもつ「道徳上の生活の世界」とその人の外に表れる「道徳上の生活の世界」に強く大きな関心を示し、これを「模倣」によって自分の内に取り入れて成長していくのである。この「模倣」を幼児は、いわば無意識のうちに行う。現実をみるに、幼児教育関係者たちには、この事実に気づくこともなく、この事実を理解しない者がきわめて多い。シュタイナーは、この現実に注目し、ヨーロッパ各地での教育講演の中で、「模倣」の大切さをくり返し強調してやまなかった。

3　幼児期の道徳教育は、小・中学校での道徳教育に大きな影響を与える

すでに述べたように、また第六章で詳しく述べるように、シュタイナー教育でも、わが国の小・中学校と同じように、「道徳教育」が必須のことがらとして行われる。ただし、教科としての「道徳」の時間においてではなく、全教科・全教育活動のなかで。

もとよりシュタイナー教育では、幼児期の段階で、ほぼ完成に近いかたちで道徳教育を行うとはいえ、それ以後、道徳教育が不必要と考えるわけではない。「道徳教育は時間をかけて、じっくりとたえず継続して行われなければならない」というのが、基本的な考え方である。子どもには、年齢が進むとともに、精神的な危機が訪れるからである。シュタイナー学校の教師たちは、とりわけ一四歳～一五歳頃に子どものうちで活発になりはじめる「エゴイズム（利己主義）」には注意を怠らない。教師たちは、エゴイズムの活発な活動を十分に注意しつつ、道徳教育を行う。

シュタイナーの考え方によれば、小・中学校段階の「道徳教育」も、子どもの道徳性にかかわる「感情」を育てることに力を入れなくてはならない。それは、決して「知」に力点を置くものであってはならない。その「道徳教育」は、幼児期の道徳教育と連携して行われる。

具体例として、「善」と「悪」という道徳上の問題にかかわる道徳性の育成の実践を取り上げてみよう。シュタイナー学校では、この道徳性の育成を「善への好感（共感）」の「感情」および「悪へ

の反感」の「感情」の育成としてとらえ、子どものうちに、この「感情」を十分に喚起することを道徳教育の大きな目標とする。小学校段階では、ここに目標を置き、「善に関する知的な理解」や「悪に関する知的な理解」にはあまり力を入れない。注目しなければならないのは、この道徳教育を受ける子どもたちが、幼児期にすでに「感情の喚起」の教育を受けてきていることである。

後述するように、シュタイナー幼稚園では、小学校段階での「感情の喚起」の道徳教育を見据えた「道徳教育」が行われる。この道徳教育も感情の喚起に力点を置く。幼稚園での道徳教育で行われる「感情の喚起」とは、「善が悪に勝つときに味わう快感の体験」および「悪の登場と活動を見て感じる不快感の体験」である。幼稚園では、園児たちは、この「快感」と「不快感」の体験をくり返しもつ。

シュタイナー幼稚園では、このような道徳教育は、童話・昔話などを用いて「ストーリーテリング（語り聞かせ）」や「人形劇」の方法を用いて行われる。教師たちは、絵本は一切使用しない。ストーリーテリングでは、園児たちに、自分が一所懸命に暗記して心の中であたためた、『おおかみと七ひきの子やぎ』『赤ずきん』その他の童話・昔話等を語るのである。その教師たちの語る空想・非現実の世界に浸るなかで、園児たちは、「悪への不快感」を体験し、「善が悪に勝つ快感」を心ゆくまで体験するのである。

幼児期に、教師の語る童話・昔話等をじかに聞いて、想像・空想の世界に入り込んで、「悪への不快感」を味わい、「善が悪に勝つことへの快感」をくり返し体験することは、幼児の心の成長あるいは道徳性の成長のための大切なミルクである。

もとより、この世に生を享けた幼児が心から欲し願っている大事なことは、毎日を「喜び」と「さわやかな気持ち」の日々を送ることであり、「快活さ」に満ちた日々を送ることである。それは、「上きげん」の日々を送ることだ、と言ってもよい。幼児が心の底で願うこのような欲求を満たすのに適しているのが、昔話・童話などの空想の世界であり、この世界を聞いて味わう「悪への不快感」と「悪に善が勝つことへの快感」である。小学校に入学する前に子どもたちは、このような不快感および快感をたっぷりと味わい、体験しておかなくてはならない。

シュタイナー教育の考え方によれば、小学校段階での「道徳教育」、すなわち「善への好感」と「悪への反感」の育成は、そのような幼稚園等での道徳教育があってこそ、実り豊かなものになる。幼稚園ではそうした「道徳教育」が十分に行われなければならない。ここにかける教師たちの熱意と実践には、目を見張るものがある。

幼稚園等での「道徳教育」の大切さは、小学校での「友情」の育成についても言える。いやがらせ、暴言、デマ、暴力など問題行動を起こす小学生が、中・高学年だけでなく低学年にも見られるようになって久しい。教師のなかには、自分のクラスの子どもが問題行動をひき起こすのに直面すると、自分の指導の仕方がよくなかったのではないか、と自らを責める教師が少なからずいる。しかし、こうした姿勢は、必ずしも当を得ているとは言えない。子どもの問題行動が幼児教育施設での不適切な教育に根差していることが多いからである。

序章で、ノーベル賞受賞者の思想家・ラッセルが幼児期の道徳教育をいかに重視していたかについて述べたが、ここでかれの道徳教育の思想が小学校以降との関連で展開されていることに注目したい。着目すべき考え方は、次のような指摘である。「後年になって学校で道徳教育が必要となるのは、幼児期の道徳教育がなおざりにされたからか、不適切なものだったからである」[4]。この考え方を敷衍すると、「幼児期に幼児がいい加減な道徳教育あるいは不適切な道徳教育を受けると、小学校以降に、さまざまな道徳上の問題をひき起こし、そのために教師は多大の労苦を強いられるようになる」ということである。

思えば、幼児教育従事者の日常の言動には、幼児の道徳性の成長にかかわるものが多い。その言動には、その成長にマイナスになるような「不適切な道徳教育」と呼ぶべきもの、すなわち、バカ、ウスノロなどの暴言、なぐる、けるなどの暴力等が少なくない。子どもは、幼児教育施設で、これらの「不適切な道徳教育」をたびたび受けると、その幼児教育者の問題的な言動を「模倣」で受けとり、心身全体にしみ込ませる。そして小学校以後の生活のなかで、そのしみ込んだものが、浮上し、しばしば友人への暴言や暴力となって現れる。つまり「いじめ」問題の大きな原因の一つが、幼児教育従事者の「不適切な道徳教育・言動」にある、ということだ。原因をこのように考える小学校以降の学校の教師はほとんどいないし、幼児教育関係者・道徳教育関係者の多くもそのような見方にうとい。はたしてこれでよいのだろうか。

幼児教育施設で適切な道徳教育が行われた場合には、小学校以降の道徳教育は、子どもの道徳性を確実に成長させる。そうでない場合は、その成長は期待できないし、逆に子どもの内に宿る悪玉菌の台頭を許してしまう。とりわけ「友情」の成長は難しい。「いじめ」に走る子どもも出てくる。

友情、つまり友人への愛は、わが国の学校で最も大切にされている道徳性であるが、シュタイナー学校でも同様に大切にされる。その育成の方法で、わが国と違うところは、シュタイナー学校の友情の育成が、幼児教育施設での道徳教育と連結していることである。どういうことかと言えば、それは、幼児教育施設では、感謝への感情・意志の育成が徹底的に重視され、次に友人への愛が小学校で重視される、ということだ。小学生の「友人への愛」は、幼児のときに感謝の気持・意志が育成されている場合に、育つ。だから、幼児期では、何よりも感謝への意志の育成が重視されるのである。感謝の感情・意志の育成なしには、友人への「愛」は成長しない。「感謝の気持・意志」が成長していてこそ、「友人への愛」は成長するのである。

このように、幼児期の道徳性の成長は、小学生の道徳性の成長にきわめて大きな影響を与えてやまない。だから、道徳教育は、幼児期から始められなくてはならないのである。

4　将来の充実した生活のために、幼児期に道徳教育は必要である

この世に生を享けた子どもは、小・中学校での生活、高校その他の生活を経て、終了後、青年期および成人期を経て、老年期を迎えて、人生を終える。このような生涯全体のなかで教育をとらえ考えるのが、シュタイナー教育の特徴であるが、シュタイナーは、幼児期の道徳教育の重要性を主張するにあたっても生涯全体の視点を根本に据える。

その視点とは、幼児期の道徳教育が、一人ひとりの学校教育終了後の生活に大きな影響を与えるがゆえに、重視されなくてはならない、とみる見方である。シュタイナーによれば、人は誰しもその生

活のなかで充実した日々を送りたいと願う。その願いを満たすためには、道徳性をしっかりと身につけていなければならない。道徳性とは、感謝、愛および義務を言う[5]。「感謝」と「愛」と「義務」の道徳性を基本に据えて生きる充実した個人的社会的そして家庭的な生活。これを健全に営むことは、容易ではない。根本になるそうした道徳性がきわめて不十分な場合が少なくないからである。とりわけ「感謝」の成長がダメージを受けている場合、個人的共同的な生活に困難が生じる。

先に述べたように、友人への愛、つまり誰をも分けへだてなく愛する「愛」は、「感謝」が十分に育っていない場合は、健全に育たない。この「愛」が成長するには、「感謝」の成長が是非とも必要である。一人ひとりのうちに「感謝」の支えのもとに「愛」が成長する場合、その後に成長すべき意志、つまり「義務の意志」がしっかりとしたかたちで現れてくる。これが現れてくるのは、思春期・青年期以後であり、しっかりしたかたちで成長してくると、大人になってから、個人的共同的な生活を営めるようになる。「感謝」の基礎のうえに「愛」が、そして「愛」の基礎のうえに「義務」、という道徳性の発達段階は、この上なく大切である。このような発達段階に即して子どもが成人し大人になるとき、その成人・大人の営む個人的共同的な生活は、健全なものになる。

(1) 幼児期の道徳教育の欠落は、子どもの将来を歪める

子どもが成人して営むうえに必要不可欠の道徳性は「義務」であるが、現実をみるに、この「義務」

の成長不全の成人・大人が少なくない。そのことは、毎日放送されるテレビ、新聞、週刊誌等に取り上げられる事件・出来事を見れば分かる。職場では、嘘やごまかしをやってはいけないことは、「義務」となっているにもかかわらず、あちこちでその「義務」がないがしろにされていることが、少なくない。東京オリンピック・パラリンピックの汚職事件をあげるまでもなく、「義務」を踏みにじる、地位ある人の事件は、枚挙にいとまがない。「正義は貫くべきだ」「不正は絶対にいけない」「約束はどんなことがあっても守らなくてはならない」「信頼を裏切るようなことは絶対にしてはならない」「親はいかなることがあっても子どもを守らなくてはならない」「職場の理念に賛同して就職した以上、その理念を学び実行しなければならない」……このようなことは、個人的共同的生活を営むうえでの「義務」である。だが、その「義務」を果たさない大人・職業人・市民は、多い。

筆者は、これまでの人生のなかで、実際に大人たちが「義務」を放棄し、協同・共同生活を乱している場面・状況を数多く見てきた。大学教員によるセクハラ、卒業生への強制ワイセツ事件、論文不正事件等に出会ったときには、これが、指導者たる大学教員のすることかと何度も立腹した経験をもっている。とりわけ卒業生への強制ワイセツ事件では、同僚の助教授（教育学）の逮捕に大きな衝撃を受けた。私は卒業生を守るために、地方裁判所に証人として出廷し、励まし続けた。学生へのセクハラは、各地の大学で起こっているが、これは、大学教員の「義務」の放棄以外の何物でもない。

大学教員の研究姿勢の問題でも「義務」の放棄ではないかと疑われる事態が生じている。それは、日本の大学の教員の多くが内向きの傾向にあり、海外の学会に参加したり、率先して留学する姿勢が薄弱だ、ということである。学生たちには、海外に目を向けて国際化を、留学を、と言いながら、自分は国内に閉じこもっている研究者が少なくない。学生に言う前に、自らが範を示すのが「義務」ではないのか。外国の教育実践を研究テーマにしながら一度も海外に行ったことのない大学教授を、私は知っているが、ただあきれるばかりである。朝日新聞（二〇二三年三月二八日）の「私の視点」に書かれた論稿の大きな見出し「大学教員こそ国際化を」を見て、これは日本の大学の一大汚点だと考える市民も多いことだろう。

「義務」の軽視は、若年層の人たちにも見られる。その顕著な状態を示すのは、選挙における投票率の低さである。一昨年の参議院選挙では、一八歳の若者の投票率は三八％、一九歳の若者の投票率は三〇％。私は、この状況を知って、がく然とした。これは、いわば「義務」とも言うべき政治への参加の低迷を示すものであり、道徳的生活の低下にほかならない。

なぜ「義務」の放棄とも言うべき事態が、市民生活のなかで生じるのか。それは、幼児期に成長すべき「感謝」が十分に成長せず、したがって児童期に「愛」も成長不全に陥り、人びとがそのままその後の人生を迎えるからである。成人し、大人になっても「感謝」の道徳性に欠ける事態は、あちこちに見られる。この道徳性を大人になって具備することは、想像以上に難しい。幼児期に「感謝」が、そして児童期に「愛」が、しっかりと成長しない場合、悪の源泉である「エゴイズム」が台頭する。自分の利益を最優先し、損得で他人を「利用」しようとするこのエゴイズムが強くなると、個人的、共同的生活に困難が生じる。「義務」は、エゴイズムに台頭によって希薄になり、あるいは消滅する。「義務」に従う言動を行うことはあっても、それは、他律的な様相を呈することが多く、エゴイズムに色どられた言動に傾斜する場合が少なくない。

（2）幼児期の適切な道徳教育が充実した人生への道を拓く

しかし、「義務」は、それが「感謝」と「愛」の土台の上に、しっかりと育てられ、成長した場合は、幼児が成人し大人になって営む生活・人生は豊かさと力強さに満ちたものになる。

思えば、学校生活終了後、人は、さまざまな苦難に出会うことが多い。失敗を体験することも少なくない。だまされ、裏切られることも経験する。世には、それらを経験し体験しつつも、何事もなかったかのように前向きの姿勢で人生を切り開いて進む人たちがいる。七〇歳になり、八〇歳になっても、活気と明るさを失わず挑戦の道を進む人たちもいる。このような人たちのエネルギーはどこから出てくるのか。こう問うとき、そのエネルギーが湧き出てくる源泉の大きな一つは、幼児期に過ごした満ち足りた生活にある、と答えることができる。

満ち足りた生活とは、幼児期の子どもが、魂の奥にもつ、意志の力、すなわち「感謝の意志の力」を自発的に発動できるほどまでに精神的養分をたっぷりと得て営む生活を言う。

言うまでもなく、幼児がこの精神的養分を得るのに必要なのは、親であり、保育士・教師である。幼児は、おもちゃ、犬や猫などから、またテレビの画面や絵本等から、豊かな精神的養分を得るのではない。側で教育・保育に携わる親・保育士・教師という「人物」から得るのである。後にこの人物による「愛」の実践について詳しく述べるが、ここではその実践を四つだけあげておきたい。

その一は、スキンシップである。幼児は、スキンシップを精神的養分として心から欲しているがゆえに、これを存分に与えなくてはならない。幼児のうちに「感謝」を育てるには、スキンシップは、不可欠のことがらである。スキンシップとは、言い換えれば、親・保育士・教師が幼児に深い愛を注ぐことであるが、いま、これがおろそかにされることが少なくない。もしこれが不足し欠乏するならば、幼児のうちに「不満」がたまり、「感謝」の成長は大きなダメージを受ける。それだけではない。幼児のその後の成長全体に歪みが生じることが多い。

その二は、幼児の「模倣」への欲求を大切にし、この欲求を遊びその他で存分に満たすことを心がけ、幼児の前でよりよい「模範」を示すことに腐心するということである。自分で考えなさい、外で遊んできなさい、といった言葉はきわめて不適切なものである。幼児は、親・保育士・教師の模範を模倣することが多ければ多いほど、精神的養分を多く得るようになり、「感謝」はしっかりと育成される。

その三は、幼児が、水、緑の草や木々の自然のなかで遊びに没頭できるよう配慮することである。もし幼児が小川などで全身を没入して遊ぶ機会をもつことができるとすれば、それは、幼児に快活さをもたらし、無上の喜びをもたらさずにはおかない。私たちは、これによって「大自然への感謝」が育つことをも知っておかなくてはならない。特に「水」が、幼児の精神的養分になることは、忘れてはならない。キリスト教の洗礼式で水が使われることに示されるように、水は、物質であるが、きわめて神的霊的な作用をもっているのである。

その四は、親・保育士・教師自身がたえず心の内に「感謝」の思いを抱いて幼児の前に立つことである。幼児は大人の心の中など分からないだろうなどと、幼児を見くびってはいけない。シュタイナー幼児教育に従事する教師たちは、シュタイナーの考え方を学び、幼児が、どれほど鋭い感覚で教師の内面を吸収してしまう存在であるか、をよく心得て、毎日の実践を展開している。教師が心に抱く「感謝」の思いは、幼児にとっては、重要な精神的養分なのである。

以上、親・保育士・教師が心得ておくべき重要な原則を四つ記した。このような原則を重視して行われる教育・保育で育つ幼児たちは、かけがえのない精神的養分を得て「感謝」を堅固にすることができる。この感謝は、後に成人し大人になって営む生活のなかで大きなエネルギーとして働き、その成人・大人を建設的で活気に満ちた人生へと導いていく。その成人・大人にあっては、「義務」は、他律的にではなく、自律的に遂行される。「義務」は、気高い人生の目的の達成への道となる。この道は、自律的・自主的に選び拓く道であり、他からの強制はない。それゆえ、苦痛を感じることも、圧迫感を覚えることもない。

学校教育終了後に、成人・大人が、こうした「義務」をしっかりと身につけている場合に、エネルギーに満ちた高邁で建設的な人生へと進むことができる。「義務」は、その人生に必須の道徳性であり、この道徳性は、幼児期の「感謝」および児童期の「愛」を土台としている。それゆえ、幼児期に「感謝」の道徳性を育てる道徳教育は、将来の建設的な充実した人生の構築という視点から見ても、この上なく重要なことだと言わなくてはならない。

第三章　幼児期の道徳教育
——シュタイナー幼稚園における実践

いじめ、教師への暴力、学級崩壊などの問題の生じる原因を、小学生や中学生の道徳性の欠落・未発達に求め、いまこそ小・中学生に道徳教育を！との声が道徳教育推進者たちのあいだでは強く大きい。この声は、はたして正しいと言えるものだろうか。

いじめや学級崩壊の原因が、小学生や中学生の道徳性の欠落・未発達にあることは、たしかである。だからと言って、小・中学校での道徳教育に力を入れよ、というのは、あまりにも短絡過ぎる考え方ではないか。

その原因は、もっと深く考えられなくてはならない。その原因を深く究明すると、重大なことがらが浮かび上がってくる。それは、幼児期の教育、即ち、幼稚園や保育園等での道徳教育が不適切・不備なため、子どもは、道徳的に望ましくない状態のままで小学校に入ってくる、ということである。この重大なことがら、つまり、幼児期に育成されるべき道徳性を具備しないまま小学生になっているという重大なことがらを、道徳教育推進者たちは見落としている。小学生の道徳性が未発達であり、欠落しているのは、幼稚園や保育園等で適切な道徳教育がなされていないからである。

もし、幼児期に適切な道徳教育がなされ、好ましい道徳性が育てられていれば、小学校以降で「いじめ」などの憂うべき問題行動は、起こらないだろう。すでにあげたラッセルの言葉をもう一度取り上げたい。「道徳教育は六歳までにほぼ終えていなければならない。……後年になって道徳教育が必要となるのは、幼児期の道徳教育がなおざりにされたからか、不適切なものだったからである[1]」。

このように言うラッセルと同様にシュタイナーは、幼児期の道徳教育を重視した。その理論にもとづく実践は、いま世界の八〇カ国以上の国々で展開されている。本章では、わが国の道徳教育の革新への道を念頭に置いて、その理論と実践を明らかにしたい。

シュタイナー幼稚園では、道徳教育が重視されるとはいえ、保育の中に、道徳の時間が組み込まれているわけではない。この幼稚園が幼児の道徳性の育成を重視することとは、ここの教師たちが、道徳性の育成への思いを保育実践全体の中にしみ込ませたかたちで、毎日の保育を展開している、ということである。では、教師が毎日の保育実践の中にしみ込ませている、幼児の内に育つべき道徳性とは、どのようなものか。

教師たちが心している道徳性には、大きく分けると、二つのものがある。その一は、「感謝」であり、その二は、「善への快感と悪への不快感」である。教師たちは、これらの道徳性を幼児のうちに育成することを念頭において、毎日の保育の実践を展開する。これらの道徳性の育成を念頭に置いて、実践を行うとは、どのようなことか。以下、「感謝」と「善への快感と悪への不快感」について述べてみよう。

1 「感謝」の育成

シュタイナーの幼児期の道徳性の育成でまず第一に重視されるのは、「感謝」の育成である。すでに触れたが、わが国の『教育要領』等では、この育成は記述されず、まったく無視されている。なぜシュタイナー幼児教育ではそれが重視されるのか。

その理由は、幼児の道徳性の育成の出発点を、幼児の本性に関する見方、つまり幼児観に置いているからである。シュタイナー幼児教育のよって立つ基盤は、幼児観、つまり、幼児の本性には生まれつき、感謝の心を成長させようとする気高い「欲求（意志）」が、目に見えないかたちで備わっているのだ、とみる見方である。この幼児教育では、そのような見方が一〇〇年近くずっと堅持され、変わらない。

残念ながら、いまの日本の『教育要領』等には、幼児をこのような崇高な欲求をもった存在とみる見方は、無い。だから、幼児のうちに感謝の心を育てようとする道徳教育は、行われないのだ。前述のように、シュタイナー幼児教育で、「感謝」の育成が重視されるのは、幼児の本性のうちに、生まれながらの「感謝」の欲求の存在を見る幼児観にもとづくものだが、それだけがその重視の要因になっているわけではない。その要因には、もう一つある。それは、幼児が成長して営む社会・共同生活に「感謝」が是非とも必要だ、という観点である。

言うまでもなく、幼児が将来、大人になって生きる生活・社会は、人と人との関係のなかで築かれる共同体である。人と人との関係が良好でなければ、共同体は、人間を高める共同体として機能しない。この社会共同体の成立に重要な人と人との関係を建設的なものにする必須なものの一つが「感謝」である。人と人との関係は、お互い相手に「感謝」する道徳性なしには築かれない。シュタイナーは、よりよい社会共同体の成立と発展に不可欠の道徳性として、このほかに「愛」と「義務」をあげるが、これらに劣らず「感謝」を重視してやまない。[2]

しかし、このような社会共同体の成立と発展という立場で「感謝」の育成をみる観点は、それほど強くはない。強いのは、幼児の本性の究明の結果として、「感謝」への欲求の存在を見る立場である。

(1) 日本の常識と違う「感謝」の育成の方法――模倣

感謝の育成は、『教育要領』等には、まったく記されてはいないが、全国の幼稚園や保育園等では、少なからず行われている。筆者も京都のある幼稚園でそれを見ることができた。

大学が春休みに入った三月の初めであった。大学生一〇名を連れて、弦楽器・バンドーラのボランティア演奏のために、公立の幼稚園を訪れた。園児室には、すでに三〇名ほど園児が集まっていた。担任の教師の案内で入室し、教師の説明の後、一〇名の大学生一人ひとりが、各自が制作した弦楽器を上にあげて見せつつ、自己紹介をした。それがすんだ後、演奏に入る。曲名は「きらきら星」「チューリップ」「ちょうちょう」など、なじみの曲と、「ふるさと」など、日本人の多くの人たちの知る曲、計七曲であった。なじみの曲を演奏したときは、園児全員が一緒に歌を歌った。演奏が終わると、園児がみな小さな手をたたいて喜びの拍手をした。

拍手がやんだ後だった。担任の教師が前に出て言った。「みなさん、とても楽しいひとときでしたね。大学生のみなさんと、広瀬先生に『ありがとうございました』と感謝を言いましょう」。担任の教師がこう指示の言葉を言うと、園児たちは、みな口をそろえて言った。「大学生のみなさん、今日はありがとうございました。広瀬先生、ありがとうございました。」

外部から、絵本の読み聞かせなどのボランティア活動で幼稚園や保育園を訪れる人たちは少なくない。そして、このような人たちに「ありがとう」の感謝の教育をしている光景もよく見られる。家庭でも、他人からお菓子その他を幼児がもらったとき、親・保護者は、しばしば「ありがとうは？」と感謝の心を急き立て「ありがとう」の言葉を言わせる。

現実をみるに、「感謝」を育てるに際してこのような方法を是とする見方が、圧倒的に強く多い。この方法に疑問をもたない人びとがほとんどである。

だが、シュタイナー幼稚園の教師たちは、違う。そのような方法に対しては、あえて異論を唱える。すなわち、幼児・子どもに「ありがとう」と言わせるのは、大人から子どもへの「強要・強制」であり、これでは「感謝」は育たない、と。

もとより、シュタイナー幼児教育で重視するのは、幼児が大人の催促・指示・強制なしに自分の「意志」で、ごく自然のかたちで「ありがとう」を言えるようになることである。教師から、また親・保護者から「急かされて」、ありがとう、を言わされる教育をどれほど多く強く行っても、「感謝」は、育たない。シュタイナー幼稚園では、園児に「ありがとう」を言わせる光景は、一切見られない。この幼稚園で「感謝」を育てる方法は、世でよく行われるのとは、違った方法である。

ひと言でズバリ言えば、教師・親が、子どもが見ている前で、他人に「ありがとう」を言う実際の姿を見せる、という方法である。幼児・子どもに「ありがとう」と言いなさい、と強要・強制するのではなく、教師自らが他人に「ありがとう」と感謝している具体的な場面を見せることである。

なぜこのような方法をシュタイナー幼児教育で重視するのであろうか。それは、この教育では、重要な原則、すなわち「幼児はあらゆることを模倣によって学びとろうとする本性をもつのだから、教師はそれに答えるべく、自ら模範を示さなくてはならない」との原則を重視するからである。幼児は、目の前で教師が「ありがとう」を言っているのを、くり返し見てそれを積極的自主的に自分のうちに取り入れて、「感謝」という道徳性を強め、成長させていくのである。シュタイナーによれば、模倣は、決して受身的でもないし、受動的な活動ではない。それは、きわめて能動的・自発的な活動であり、幼児を後に自発的な道徳的行為へと導く根本的な活動である。

シュタイナー幼稚園では、主任教師のほかに補助教師がいて、二人で一クラスの保育を担当する。二人は、保育に使うイス、テーブルなどの移動・持ち運び、後かたづけなどで協力しあう。たとえば、人形劇の舞台づくり、上演、その後の片づけのとき、二人は必ず協力しあい、作業する。その場合、園児も手伝うが、主な作業は、二人がする。作業を終えたとき、二人が必ず発する言葉がある。それが、感謝の言葉「ありがとう」である。教師たちは、作業を終えると、園児たちのいる前で必ず「ありがとう」を言う。これが、模倣の原理にもとづく「感謝」の教育なのである。

このような教育に対しては、「そのような具体的な場面を見せることで、幼児は、自分の意志で自発的に『ありがとう』と言うようになるのですか」と疑問を投げかける人もいるかもしれない。たしかにそうした場面を見せたからといって、幼児は、すぐに「ありがとう」を言えるようになるわけではないし、すぐに「感謝」の道徳性が育つわけではない。そうなるには、時間・年月がかかる。ある幼児は二年も三年もかかる。四年も五年もかかり、六歳を過ぎて、やっと「ありがとう」を言えるようになる子どももいる。「感謝」を自分の「意志」で心の底から自発的に表現できるようになるには、時間・歳月を要するのである。幼児が自分の意志で「ありがとう」を言えるまで、教師は待つ。幼児に「感謝」を強要・強制しない。「ありがとう、は？」と急かさない。これが、シュタイナー幼稚園で教育に従事する教師たちの心がまえである。

こうした心がまえをもちつつ、幼児の目の前で「ありがとう」を示す言動を行うのが、「感謝」の育成に際して、教師に求められる鉄則であるが、これと並んで、教師が是非とも心得ておかなければならないことがある。それは、教師が幼児の聖なる欲求を満たすような、幼児への深い愛に富んだ実践を毎日の保育のなかで行うということである。シュタイナー幼稚園でこの実践をどのようなかたちで行っているか、その実践の具体例はどのようなものかについては、後述するが、その前に「感謝」の育成に、愛による実践がなぜ重要なのか、について述べておきたい。

（2）「感謝の気持」を育む

幼児のすこやかな成長を願って教師が行う実践は、教師が、手本・模範を示し、それを幼児がまね・模倣して学び、活動するという形態をとる。もちろん、語り聞かせ（ストーリーテリング）のように、教師の手本・模範による提示のみということもある。ここで教師が幼児に手本を示すということについて言えば、それは教師が幼児の心を汲んで、さまざまな動作・しぐさ・身ぶり・手ぶり・言葉表現などを、幼児の眼前で行うということである。この動作・身ぶり・言葉表現などを、幼児は、教師の自分への愛の行為・実践としてとらえる。幼児がその教師による実践から愛を深く強く感じるようになればなるほど、教育的な効果は大きいものとなる。ここに言う教育的な効果とは、幼児の心の中に生まれる「感謝したい」という「感謝の気持」の湧出のことである。

シュタイナー幼児教育においては、この「感謝の気持（Dankbarkeitsgefühl）」の育成がことのほか重視される。[3] この気持の成長なくしては、「感謝の意志」、つまり自分の意志で主体的に「ありがとう」を口に出して言う「実行力」は育たず、出てこないからである。感謝の気持を実行に移す「実行力」は感謝の気持から出てくるのである。この園の教師たちは、先に記したように、幼児に「ありがとうを言いましょう」などを要求することはない。力点を置くのは、幼児の心の中に無言のうちに育つ「感謝の気持」の育成である。この気持は、目前の教師のあらゆる身ぶり・表情・動作・言葉表現、その他に幼児が接することで育つ。それゆえ、教師のあらゆる言動・一挙一動は、この上なく大切にされる。それらは、幼児への感謝と畏敬の念をもって示されなくてはならない。もし幼児を粗雑に扱い、暴言をはいたり、暴力をふるったりするならば、そのような教師のもとでは、「感謝の気持」は育たず、その意志の力も成長することはない。

教師が幼児の前で示すべきあらゆる言動・一挙一動とは、言い換えると、教師の愛に満たされた実践のことである。この実践は、言い換えると、幼児が愛によって守られているということでもある。シュタイナー幼児教育の大家でウィーンのシュタイナー幼稚園の創始者、B・ツァーリンゲンは、その共著作『教育という冒険』の中で、シュタイナー幼稚園の実践について記し、その表題を、「幼児たちは、愛に守られて」とした。[4] シュタイナー自身は、幼児教育を述べるに際して、教師における愛の支えをくり返し強調してやまなかった。

では、教師の愛にもとづく実践、あるいは教師の愛に支えられた、幼児への援助とは、どのようなことか。またその実践、あるいは援助とは、具体的にはどのようなものか。次のことについて述べてみよう。

2 「感謝の気持」を育む教師の愛による実践

「感謝」の育成は、前述のように、わが国の『教育要領』等では欠落している。民間で行われている方法は、シュタイナー幼稚園での方法と大きく異なる。先に記すが、教師の愛による援助・保育の実践もかなり違う。以下、ウィーンのシュタイナー幼稚園とわが国でシュタイナー幼児教育を行っている東広島市の「東広島シュタイナーこども園さくら」の特筆すべき実践をとり上げて述べたい。

（1）長期の担任制――入園から卒園まで同じ教師

幼児にとって、自分の前にいる教師・保育士は、かけがえのない存在である。教師・保育士が六歳までの幼児・子どもに与える影響は、小学校入学後の子ども・児童に与える影響よりもはるかに大きい。教師の幼児への影響、とりわけ「感謝」の気持や意志の成長への影響を考えるとき、重要なのは、担任の期間の長さである。

シュタイナー幼児教育では、担任の期間は日本よりも長い。日本では、一年間で担任が替わることが少なくないが、シュタイナー幼稚園・こども園では、このような短期で担任が替わることはない。そこでは、園児たちは、入園時から卒園時までずっと同一の教師・保育士のもとで保育を受ける。「先生、私の保育を今年だけでなく、来年も、卒園するまでもずっと受け持ってください。お願いします」。これが、幼児の心の深層からの声なき声であり、これを尊重するのが、シュタイナー幼児教育のあり方である。

ウィーンのシュタイナー幼稚園のある担任は語った。「もし家庭で、親が毎年、替わったら、幼児の心の成長は、かなりのダメージを受けます。それと同じことが、幼稚園でも言えます。毎年担任が替わったら、幼児の目に見えない心は、安らかさと落ち着きを失います。幼い子どもの担任が一年ごとに替わることなど、あってはならないことです。幼児は、安らかさと落ち着きのなかでこそ、教師の行う実践に身を委ね、教師の言動を吸収し学んで、心の満足を得るのです」。

幼児にあっては、この心の満足から「感謝」の道徳性は生まれるものであり、それゆえに、長期の担任制は、この上なく大切なものである。

(2) 人形遊びと人形づくり

園児室には、写真1に示されるようなさまざまな人形が置かれており、園児たちは、自由にそれらを手にとって遊ぶ。目のない人形を手にとって遊ぶ子もいれば、馬の上半身のぬいぐるみを用いて遊ぶ子もいる。シュタイナー幼児教育では、人形がこの上なく重視される。それは、生涯のうちで、幼児期の子どもが最も強く「人形への欲求」をもつ、との幼児観を教師たちがもつからである。

思えば、食事のときも、散歩に行くときも、いつも人形を自分の側に置き、あるいはもつ幼児の姿は、日常茶飯事である。幼児

写真1　ウィーン・シュタイナー幼稚園の人形

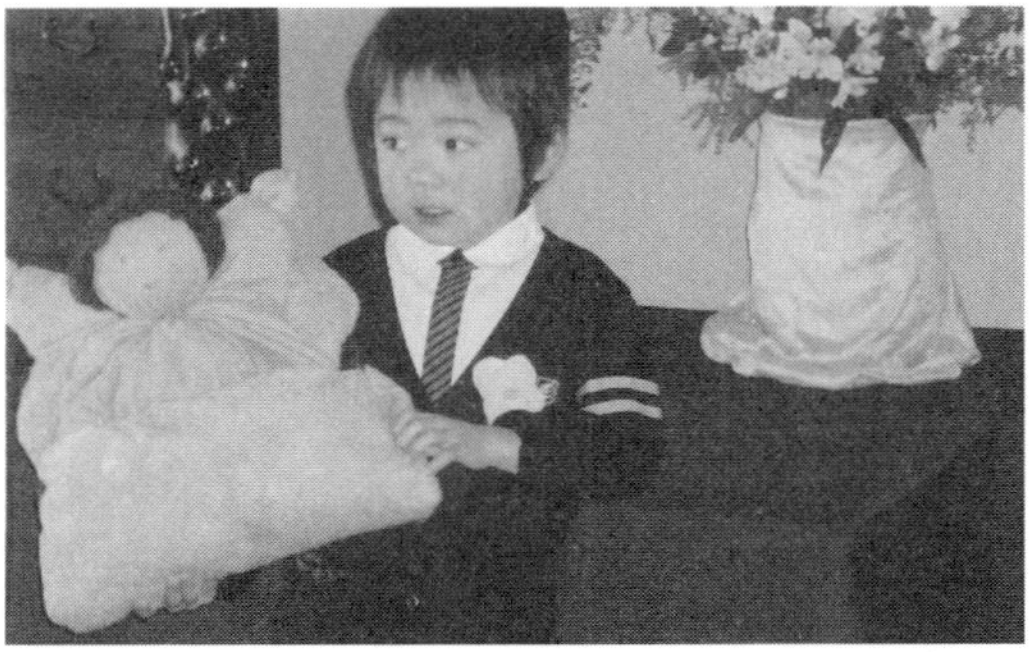

写真２　園児の作った人形［東広島シュタイナーこども園さくら］

の大きな欲求の一つである「人形への欲求」を満たしてやることと、それは、教師の幼児への愛の実践にほかならない。ここで幼児にふさわしい人形について述べておきたい。シュタイナー幼児教育では、人形についてきわめて教育的な配慮が必要だと考えられているからである。幼児に与えられる人形は、二つの原則にもとづいてつくられたものでなくてはならない。

第一は、合成樹脂等でできた人形は、避けなければならない、ということである。人形の素材は、羊毛、絹、木綿などの自然的なものでなくてはならない。

第二は、人形は決して人間そっくりのものであってはならない、ということである。市販されている、眼も鼻も口もつき、衣服までまとった人間そっくりの人形は避けなくてはならない。幼児にふさわしい人形は、やわらかい、できるだけ単純な素朴なものでなくてはならない。

これらの人形は、ほとんどの場合、教師・親・保護者たちによって制作された、魂のこもった入魂の手づくりの人形である。市販の人形は一つもない。

次に幼児・園児が自分の手でつくる人形について述べておき

たい。シュタイナー幼児教育では、園児は卒園の二か月ほど前になると、みな一人ひとりが、写真2のような人形を制作する。

もとより、子どもは、二歳、三歳頃になると、人形への欲求は強く大きくなり、自分の好みに合った人形を「第二の私」と見るようになり、その人形をいつも自分でもっていたいと願うようになる。幼児の心の落ち着きと安心と毎日の生活の楽しさに、「第二の私」は、抜群の力を発揮する。シュタイナー幼児教育では、その人形は、親・保護者の手製のものが、最良とされる。

卒園を控えた頃になると、園児は、今度は、その「第二の私」を自分の手でつくる。その制作指導にあたるのは、クラス担任の教師である。その指導のもとでつくる最大の特徴は、幼児が約二か月弱の長い月日をかけてつくる人形であるがゆえに、その人形は、幼児の思い入れ・愛着のきわめて強い「第二の私」にふさわしい人形になる、ということである。この人形は、小学校に入学してからの子どもの成長を支えるうえで大きな力になる。思えば、子どもが入学後に体験する世界は、新しい世界であり、子どもは、この世界の中で心配と不安をもつことが多い。その場合、子どもがそれをのり越えて前進するのに大きな力を発揮するのが、心の友としての「第二の私」すなわち人形なのである。子どもは、学校で不安と心配を体験したとき、この「第二の私」である「人形」に語りかけ、それによってその不安と心配を解消させ、心を落ち着かせることができるようになるのである。人形に「聞いてくれてありがとう」と言って、夕食の食卓にその人形を連れて行くほのぼのとした光景は、しばしば見られる光景である。

子どもが自作の人形をもてるように教師が教育実践を展開することは、換言すれば、幼児の心から

幼児のうちに「感謝」の「気持」と「意志」(実行力)を育てる優れた方法なのである。

とう」の気持を強いものにし、その気持を意志の力で表現する実行へと移していく。人形づくりは、

の気高い欲求を満たす愛そのものである。この欲求の充足は、知らず知らずのうちに一先生、ありが

(3)語り聞かせ(ストーリーテリング)の方法を用いる

わが国では、昔話・童話は、絵本を用いた「読み聞かせ」の形式で幼児に与えられることが多いが、シュタイナー幼稚園では読み聞かせは、まったくない。お話は、すべて教師がその内容を暗記して、自分の言葉で、幼児に「語って聞かせる」という形式・方法で行われる。ドイツ語では「エアツェーレン(erzählen)」と言う。

教師は、この「語り聞かせ」を園児が退園する直前に、約一〇分間、行う。それに用いられる昔話・童話などは、「おおかみと七ひきの子やぎ」「赤ずきん」「星の銀貨」等幼児の年齢にふさわしい内容のものが選ばれる。教師は、幼児の昼食を準備するのと同じように、毎日、「語り聞かせ」を準備し、これを届ける。ここで強調するが、「毎日」である。教師たちがそれほどこれを重視するのは、幼児のうちには、食欲と同じように、空想・想像あるいは非現実といった言葉で呼ばれる世界を楽しみたいという「空想の世界への欲求」が強く存在する、と見るからである。

言うまでもなく、昔話・童話などで展開される世界は、私たちの現実の世界にはない非現実・空想の世界である。科学主義に汚染された教育者には、そのような非科学的な世界を幼い頃から与えるの

は好ましくないと主張する者もいるが、シュタイナー幼稚園の教師たちはそのような人たちに与しない。あくまでも幼児の「空想への欲求」を重視し、昔話・童話などの「語り聞かせ」に力を入れるのである。幼児の現実の姿を見れば分かるように、幼児はみな「語り聞かせ」の時間を楽しみにしており、聞き終わると、すがすがしい気持ちになり、さわやかな気分になって家に帰って行く。

余談になるが、「語り聞かせ」は、子どものうちに「聞く力」をしっかりと育てる。いま、小学校に上がってくる小学生には教師の話を「聞けない」子どもが多い、とあちこちで指摘されるなかで、シュタイナー幼稚園で「語り聞かせ」を受けてきた子どもは、例外である。筆者は、東広島市に設立されている「シュタイナーこども園さくら」の卒園生（小学五年生）から、なるほどと感心させられた話をじかに聞くことができた。「私は、こども園さくらで、毎日、『語り聞かせ』を聞いていましたので、先生のお話を集中して聞く力がつき、学校で先生のお話に集中して聞けます。集中して聞くと、話がよく分かるので、授業がとても楽しいです」。

記述を元に戻そう。前述のように、昔話・童話でくり広げられる空想・非現実の世界に漂うことは、幼児の心からの欲求である。だから、教師は、この欲求を満たすべく、援助しなければならない。これは、幼児への愛にもとづく実践そのものである。「語り聞かせ」は、市販の絵本の読み聞かせと違って、教師の労力、つまり、童話を暗記し咀しゃくして自分の魂の入った言葉で語るという労力を必要とする。それは、楽な、手軽な実践ではない。しかし、労力をかけた分、教師の「愛」の思いは、幼児の心にずしりと重く響く。これは、幼児のうちに「先生は私たちを尊重してくれているんだ、私たちの心の奥にある願いをきいてくれるんだ」との思いを知らず知らずのうちに抱かせ、教師への「感謝の気持」を沸き立たせる。幼児は、こうして「ありがとう」の感謝を自発的に言える日へと近づいていくのである。

(4) 人形劇

教師たちが大切にする保育に人形劇の上演がある。先に「人形遊び」について記したが、幼児の現実を見れば分かるように、幼児は本性的に人形が大好きである。どこへ行くときにもお気に入りの人形を持っていく幼児、寝るときも自分のふとんに入れる幼児。このような幼児を見るとき、幼児が、他の年齢の子どもと違っていかに人形を好む存在であるかを思い知らされる。お気に入りの人形は、前述のように、「第二の私」と言われるほどだが、これは、人形への欲求の強さを示すものにほかならない。

それゆえ、人形が小さな舞台に登場し、そこで、善人、悪人、助け人、家来、その他さまざまな役割を演じて行われる人形劇に、幼児は、吸い込まれるように、見入っていく。シュタイナー幼稚園では、二か月に一～二度ほど、教師は、人形劇を幼児に見せる。人形劇では、グリム童話やロシアの民話などから選ばれた空想のお話が選ばれる。先にあげた「語り聞かせ」で用いられる「星の銀貨」や「おおかみと七ひきの子やぎ」をはじめ、多くの「お話」が人形劇のかたちで幼児に届けられる。

ここで使用される人形は、すべて教師が心をこめてつくった手作りの素朴な人形である。この人形を小さな舞台の上で教師が手で動かし、語り聞かせをしつつ、お話を展開していく。もともと、幼児は「動くもの」に大きな関心を示すが、教師が動かす人形の姿に引き込まれる。人形劇は、複数の教師によって行われることが多い。語り聞かせをしつつ、人形を動かしあやつる教師と、ライアーなどの弦楽器および笛などの楽器で前奏、間奏、後奏を担当する教師とが協力しあう。

人形劇が幼児に与えるよい影響には二つのものがある。一つは、幼児が自分の欲する非現実・空想の世界をより具体的により大々的に描くことができることである。もう一つは、「語り聞かせ」は、耳への刺激が中心となるが、「人形劇」は、耳と同時に眼への刺激も大きく強く働くがゆえに、幼児の心ばかりでなく、手足などの全身の活動を呼び起こすことに寄与する。「人形劇」では、悪党が登場すると、立ち上がって手を振り「消え失せろ！」と叫ぶ幼児の姿があちこちに見られるし、また棒を手に持って舞台のところに行き悪党をたたこうとする姿も現れるが、これらは、人形劇に魅了される幼児の姿を示すものである。見終わると、みな、ほんとうに楽しかった、と言う。

空想・非現実の世界を全身で味わって楽しむことへの欲求は、幼児のうちでは、大人が想像する以上に大きい。この欲求を満たしてやることが、教師の、幼児への愛の実践であることを、シュタイナー幼稚園の教師たちは、心得ている。「人形劇」の上演は、「語り聞かせ」より、力を要することも多いが、その分、教師の、幼児への愛が幼児に深くしみ込む。それとともに「感謝の気持」はぐんと大きくなり、「ありがとう」を自発的に言う「意志・実行力」がしっかりと育つのである。人形劇の上演は、ストーリーテリングと同様に、シュタイナー幼稚園・こども園の保育の特色の一つであるが、欧米では各都市の文化施設で多く行われている文化・教育活動であり、市民の間でも人気が高い。わが国ではどうなっているのか。このことについては、次の第四章で叙述される。

（5）生まれたその日に催される誕生日会

この幼稚園で園児たちが最も楽しみにしている活動に「誕生日会」がある。幼児のための誕生日会を開くことは、わが国の幼稚園や保育園等で一般的に行われていることだが、シュタイナー幼稚園で開かれる誕生日会は、わが国のものとはかなり違う。わが国の幼稚園や保育園等では、「誕生日会」は月一回、○○月生まれの園児と、園児をひとまとめにして行われることが多い。私の見た幼稚園では、六月生まれの園児八名が園のホールの舞台の上に一列に並び、園長からお祝いの言葉を聞いた後、お祝いの水飲み用のカップの記念品をもらって終わるかたちで誕生日会が行われていた。その折、園児一人ひとりの名を担任の教師が呼んでいたが、私は、このような誕生日会で園児ははたして喜ぶだろうか、園児は「教師の愛」を感じるだろうか、と疑問をもっていた。

シュタイナー幼稚園では、○○月生まれの園児と、園児をひとまとめにして誕生日会を催すことはない。この幼稚園では、誕生日会は園児の生まれたその日に行われる。

もとより、誕生日というのは、一年のうちで園児が最も大事にする固有の日である。誕生日は、特別な日であると言ってよい。それゆえ、教師は、たっぷりと時間をかけて誕生日を祝う会を行う。これは、終始、教師主導で行われるが、愛の実践そのものである。筆者はウィーンのシュタイナー幼稚園で、マグダレーナという名の女の子の誕生日会の実際の場面を見ることができた[5]。

この日、その女の子は、「正装」で登園していた。筆者は、この子が登園していたのに気づいては

写真３　シュタイナー幼稚園の誕生日会

いたが、正装の理由は分からなかった。誕生日会が始まってすぐに、その理由が分かった。マグダレーナは、誕生日だから正装してきたのだ。ロングの濃い紫色のドレス。首のところは白い色。気品のある正装である。

教師の合図の言葉で誕生日会が始まる。女の子は、カーテンで仕切られた隣の園児室に移り、そこでイスに座って待つ。教師は部屋の棚のところに行き、黄金色の星を型どった冠を取り出す。教師は、誕生日のお祝いの歌を口ずさみながら二三名の園児の輪の一人ひとりにその星の冠をかぶせる。そして園児全員に星の冠をかぶせ終わると、この幼稚園の事務室に行き、小さな丸いテーブルを持って戻ってくる。テーブルには、誕生日のお祝いの円形の見栄えのするケーキとローソクとプレゼントの熊のぬいぐるみおよび誕生石を包んだ小さな紙の包みがのっている。園児たちは、全員この小さな丸いテーブルのまわりに集まる。教師はケーキにかぶせてあったおおいをとり、ローソクに火をともす準備をする。園児の一人が「ローソクは何本あるのかな?」と言う。「さあ、何本でしょう?」と教師も問う。すると、六本だとの答えが返ってくる。「マグダレーナは今日で六歳になるのです」。教師は一本ずつローソクに火をつける。園児たちは、教師の動作に合わせて、「アインス（一つ）、ツバイ（二つ）、ドライ（三つ）……」と声を出して数えていく。園児たちは、ローソクの灯が大好きだ。ローソクに火を付け終わると、テーブルのまわりに座っていた園児たちはみな立ち上がってまた輪になる。そして両手を交差させて胸にあて、教師と一緒に「お星さまたちが天の幕屋から見ています」という歌を歌う。この歌がはじまって、しばらくすると、担任の教師は、隣の園児室でイスに座って出番を待つマグダレーナを迎えに行く。

みなが歌っているなか、マグダレーナが教師と一緒に現れる。この場合、マグダレーナが先頭に立つ。教師は、歌を歌いつつマグダレーナの肩に軽く両手をかけ、後から従う。歌が終わると、教師は、マグダレーナから少し離れたところに立って、園児たちの前でこの女の子の誕生の由来について話す。教師はこの誕生の由来をどのようなかたちで話したのか。

注目すべきことだが、教師は、いつ、どこの場所で、といった具体的な日時や場所・地名を言うのではなく、メルヘンの形式で語ったのであった。「この子は、以前は天国にいました。そこで他の子どもたちと一緒に遊んでいました。しかし、この子は、とてもあざやかな色をした青い地球に、是非とも行ってみたくなりました。……すべてのお星さまが、子どもの行く手を明るい光で照らしました。太陽は、小箱をたずさえて、行く道々を照らす光をいっぱい持ちました。この光は、地上の人びとに喜ばれるように、地球への贈り物となるものです。虹の河を越え、明けの明星（金星）を通り過ぎ、よいの明星を通り過ぎます。……」。教師はこう語り、女の子が天国から旅をしてこの地球にやってきたのです、と結んだのであった。

教師は話を終えると、マグダレーナに「今日は、あなたは誕生日のお姫さまなのですよ」と言いながら、頭にお祝いの花環の冠をかぶせる。その後、先生と園児たちは、マグダレーナを中心にして、輪をつくって手をつないで一緒になって「私たちはみんなお祝いにやってきました」の歌をリズムをつけて円を描くように動きながら、歌う。これが終わると、今度は、「万歳！万歳！三回万歳！」の歌をまたみんなで一緒に歌う。

この歌がすむと、教師は、マグダレーナにプレゼントの紙の包みを開く許可を与える。女の子はうれしそうに開ける。開けたあと、かの女は、園児一人ひとりのところに行き、それを見せてまわる。包みの中味は、紫色の水晶であった。園児たちは神妙な目つきでそれを眺める。それを見終わると、今度は園児たちは、動物に関するリズミカルな詩句を口に出して言い、ウサギ、キリン、象、サル、コウノトリ、アリ、ノミ等の動きをまねして、マグダレーナの誕生日を祝う。それがすむと、園児たちは、隣の園児室に移動する。ここで園児らは、教師がナイフで切って小分けにしたケーキを教師からもらって食べる。誕生日会はこれで終了。開始から終了まで約二〇分間が、一人の園児の誕生日会に費やされたのであった。

先に記したが、園児にとって誕生日は、「特別な日」である。この日を祝ってもらいたいというのは、園児の切なる願いである。その願いが満たされることは、園児が自分のこの世における「存在」を最も強く確認することであり、園児を未来へと力強く生きる希望の力を与えることである。園児は自分の心からの願いが満たされることのなかで「教師の愛」の心を無意識のうちに感じる。教師の愛の実践の影響力はこの上なく大きい。園児への教師の愛は、誕生日会によって園児の心身の奥底までしみ込んでいく。そしてその奥底で「感謝」の心・気持がごく自然に頭をもたげる。「ありがとう」を自分の意志で自主的に言える力は、確実に育っているのである。誕生日会を園児たちがどれほど強く欲し、楽しみにしているか、それは、園児同士の会話に耳を傾ければ分かる。マグダレーナの誕生日会が終わった後だった。一人の園児が友だちに言った。「ぼくの誕生日は来月なんだ」。

誕生日会から分かることは、教師が保育の実践のなかで「集団」と同時に「個」をこの上なく大切にしていることである。幼児期の子どもにおいては、「感謝」は、何よりも自分に愛を注ぎ、「個」としての自分に愛を注いでくれる教師のもとで、その教師への感謝として成長する。だから、保育の場では、担任の保育士は、必ず一対一の関係のなかで、自分の愛を幼児に注ぐ場をつくらなくてはならない。「先生は、私をほんとうに深く愛してくれているんだ」と幼児が心の奥で深く実感できる場をつくることが是非とも必要である。こうした実感をもつことを通して、幼児は、「感謝の気持」と「感謝の意志・実行力」を成長させていくのである。

思えば、わが国では、先に書いたように「〇〇月生まれの園児」として、園児を「集団」として取り扱う風潮が強い。しかし、このような誕生日会では、「感謝」の育成は難しい。わが国のあちこちで行われている誕生日会は、誤解を恐れずに言えば、「十把一からげ」の誕生日会である。このような形式的・表面的な誕生日会は、是非とも改善されなくてはならない。

最近、「感謝の心に欠ける子が多い気がする」と嘆く声があちこちで聞かれるが、その原因は、幼少期に受けた「愛」の「軽さ・浅さ・薄さ」にある。親・保育者は幼児の深い欲求に注目し、「奥底までズシリと響く、より重厚な愛の教育」に尽力すべきではないか。感謝の心はそこから育つ。

(6) 良好な「人間関係」――他人のよさをほめ、自発的な協力で育つ

幼児は、自立性が出てくると、集団の中に入り、友だちと一緒に遊び、楽しいときをもちたいと願う。その場合、大切なことは、友だちと良好な人間関係を築くことである。この良好な人間関係を、シュタイナー幼稚園・こども園ではどのようにして育てているのか。

先にあげた東広島でシュタイナー幼児教育を実践する園長・森寛美さんによれば、それを育てるに際し、二つの大きな原則があるという。一つは、園児たちみなが、一人ひとりの個性、とりわけ長所をしっかりと見て、その園児のよさを褒めてやるという姿勢をもつように導くことである。そのためには、何よりも担任教師自身がその姿勢を根底に据えて、保育を展開しなければならない。たとえば、なわ跳びが不得手な園児がいる場合、その園児が何回も挑戦してできるようになったとき、その場で教師が心をこめて「褒めてやる」といったことである。これを見て、他の園児たちは、何回も挑戦することを厭わない園児の長所を心に刻んでその園児を見るようになるのである。園長によれば、園児たちは、こうしたなかで短所ではなく、長所を見て友だちと接し、遊ぶようになるという。

もう一つは、自由遊びの時間に園児たちみなが「協力して」遊びを作り上げ、心から楽しめるときがもてるようにすることである。この場合、教師は、介入したり、誘導したりすることは、一切しない。すべては、園児たちの想像力と自主性に任せる。外の園庭でも、園児室内でも、園児たちは、木の板やイスや大きな布等を用いて小屋をつくったり、宮殿をつくったりして夢中になって遊ぶ。

この、集団で園児たちが自主的創造的につくる遊びでは「協調性」が見事に発揮されるがゆえに、協調性という道徳性が確実に育ち仲間を大切にする心がしっかりと成長する。園児たちは、実際に「協力しあう」という活動を通して、それが良好な人間関係の構築の大きな力になることを骨の髄までしみ込むかたちで学び知る。幼児期に体験を通して学びとった「協調性」は、その後の児童期においても生き続け、子どもの生活の支えとなっていく。

昨年の夏であった。先の「シュタイナーこども園さくら」で、一〇名の中学一年生になった少年少女が集まり、卒園生の会が開かれた。その折、「さくら」で身につけ、いまも役立っていると思われる力はどのようなものか、との問いに対して、子どもたちがアンケート用紙に記入した回答で最も多かったのは「協力する力」であった。「ぼくは、クラスのみんなと協力することでとても楽しい中学生活を送っていますが、この協力して生きる力は、幼児のときに、〝さくら〟で身につけたものです。このこども園で感謝の心も育ったと思います。先生、ありがとうございました」。

いま、わが国の小・中学校で、良好な人間関係をつくることのできない子どもが増えつつあると言われる。前述の中学生の言葉は、この問題の克服を幼児期の保育・教育との関連で検討するうえで、貴重な資料であると思われる。

(7) 身近な「環境」で、生きる力を育てる

筆者がしばしば訪れる東広島のシュタイナーこども園は、幼児の欲求を満たすのにふさわしい自然

環境に囲まれており、園児たちは、自然の事物とかかわって園での日々を送る。春は、桜の木の花の下でみんなで楽しい昼食。五月には、竹林に入って、タケノコをとり、園に帰って調理しておいしく食べる。田植えの季節には、園児たちは、みな田んぼに入り、モチ米用の苗を植える。九月には稲刈りをして、十二月にはモチつきをして食べる。山に登り林に入って木登りに挑戦。近くの小川に入り、カニを見つけたり、時には魚釣りに興じる。園児たちの季節感の成長はめざましい。「そろそろ、梅ジュース作りの時期じゃん」。

園庭には、柵、棒切れ、板、柱などが置いてある。園児たちはこれらで、小屋や家をつくって劇遊びに興じる。近くには、柿の木があり、秋には、柿の実をもいで、干し柿を作る。ときにはザリガニを見つけ、ときにはイモリを発見して、その色と形の美しさに感動する。

園児たちは、園内の畑を耕し、そこで大根、トマト、ホウレン草その他を育てておいしく食べる。サツマイモは焼きイモにして食べる。豊かな環境のなかで生きる力の成長を願う教師・園長・森さんの実践は、園児たちの心に「感謝」の気持を育んでいく。

(8)「健康」に力を入れる

感謝、善への快感・好感、悪への不快感・反感など、道徳性の育成を「健康」の問題と結びつけて考える見方や実践が、議論の俎上に載せられることは、きわめて少ない。しかし、そうした見方や実践は、本来、たえず注目されるべきことがらである。

幼児・子どもの道徳性の成長には、心身が「健康」であることが必要である。心身が不調であったり、病的なの状態にある場合は、その成長は妨げられる。シュタイナー幼児教育がうぶ声をあげた一九二〇年代、ラッセルは、著書『教育論』（一九二六年）を出版し、その中でこう述べた。「子どもが道徳を学ぶのは苦しみによってではなく、楽しさと健康（health）を通してである」[6]。この、道徳教育における「健康」重視の考え方は、シュタイナー幼児教育における「健康」重要視の見方と同じである。この幼児教育に携わる教師は、子どもたちが登園時から退園時まで心身の安定と快活さに満ちた時間を過ごせるように、細心の注意を払い、実践を展開する。幼児の「健康」の増進に力点を置いて展開される保育・教育を支える原則は、主として次の四つである。

第一は、園での生活を「リズム」によって組み立てるということである。「リズム」への欲求は、子どもの根本的な本性だからである。リズムとは集中と拡散の規則正しいくり返しの活動のことである。それは、たとえば、園の室内で集中して手仕事をした後は、室外の園庭に出て思いきり遊んで心身を拡散・解放させるといったことであり、また外で拡散した後は、室内に戻り、静かな集中のひとときをもつといったことである。この生活の「リズム」に関しては、特に家庭生活では、起床、食事、就寝の時間を規則正しく守ることであり、これを大切にしなくてはならない。

残念なことだが、いま、親・保護者によって生活のリズムが乱され、不健康な日々を余儀なくされる幼児が少なくない。朝からボーとしていて眠たそうな子ども、食欲に欠ける子ども、はつらつとした快活の乏しい子ども……。シュタイナー幼児教育では、こうした現実を踏まえて、教師たちは保護者会で、親・保護者たちに、家庭生活における「リズム」の大切さを強調する。ときには、就寝への導き方に、親・保護者による「短い語り聞かせ」がきわめて有効であることを教えることもある。

第二は、食材には細心の注意を払い、食事の時間には、園児たち全員が楽しく食事ができるように、工夫することである。シュタイナー幼稚園では、園児が飲み物や食べ物を口にするにあたっては、合成着色料などの添加物が入っていないものを与える。野菜等は、有機農法で栽培され、収穫されたもののみを使用する。付言するが、シュタイナーの有機農法にもとづく食物は、ヨーロッパではきわめて有名である。楽しい食事は、園児たちの感謝の気持を増大させてやまない。

第三は幼児の身体全体の健全な成長をめざす身体運動の重視である。この身体運動は、二つの視点で行われる。すなわち、一つは、生理学的な見方で筋肉や骨格や血液循環器官等の健全な発達をめざすという視点である。この視点で行う身体運動のなかで、とりわけ「歩行」が重視される。ここで大切にされるのは、楽しく歩くことであり、幼児が歩くことを好きになるように導くことである。強制を伴う訓練は避けなくてはならない。シュタイナー幼児教育では、強制は、幼児に新陳代謝上の障害・病気をもたらすものととらえられ、排除される。もう一つは、身体運動を、物質的生理学的な見方だけではなく、魂や霊性の成長にかかわる芸術的な見方を取り入れて行うという視点である。この芸術的な見方のもとに行う身体運動は「オイリュトミー」と呼ばれ、大切にされる。

第四は、「健康」のための保育・教育を、病気および脳の形状との関係で、しっかりと行うということである。シュタイナーによれば、幼児の病気は、細菌や不衛生な食物などによってのみ起こるものではない。それをひき起こす原因には、幼児の周囲にいる大人たち、つまり親や教師の言動や心の内面がある。カッとなって幼児を叱りつける大人たち、幼児に暴力をふるう教師、心の中に邪悪な思いを抱いている大人たち、幼児をさげすむ保育士・教師……。こうした大人がそばにいると、幼児は、その影響を受けて、消化器官、血液循環器官その他に関係する病気を発症することが少なくない。それゆえ、幼児の前に立つ保育士・教師は、自らの言動や心の内面にたえず気をつけなければならない。教師に怒鳴りつけられたために腹痛を起こす幼児もいることを知っておかなくてはならない。

幼児の身体の中で「脳」は、最も大切な中心部である。幼児期に脳の成長が歪められると、幼児は、後の児童期・思春期において健全な知・情・意の発達がダメージを受ける。たとえば、想像力を司る脳の部位が早期の知育などによって健全な形状に発達しない場合、夢や理想を描く力も思考力も伸びない。この脳の部位は、知育偏重の時代風潮のなかで、健全な発達を妨げられやすい。それゆえシュタイナー幼児教育では、想像力の成長を、脳の発達の観点のもと論じることが少なくない。

一般に「脳」の発達というとき、物質的な食物・栄養の視点でそれが論じられることが多い。しかし、シュタイナー幼児教育では、それと同時に、幼児を取り巻く親・教師の精神・心の影響にも注目する。脳の健全な発達には、親・教師が心の中にもつ道徳的、精神的な豊かな思い・思想が求められる。健全な発達には、栄養価の高い物質的な食物と同時に、栄養価の高い「精神的道徳的な食物」が是非とも必要とされるのである。

「精神的道徳的な食物」とは、より詳しく言えば、「感謝の心」のほかに、「悪を憎み、善を実行しようとする心」「誰にも愛を注ぐ博愛の心」「真理探究の心」「利己欲を抑え、他人と協力する心」および「自律的に義務を遂行する心」などを含む目に見えない食物のことである。保育士・教師は、このような食物を自分のうちにもち、幼児に与えなくてはならない。それは、幼児の本性がそのような食物を欲しているからである。

「健康」に関するシュタイナー幼児教育の考え方と実践は、奥が深い。古来、わが国で目に見えない「心」を重視し、「以心伝心」との言葉が使用されることが少なくないが、目に見えない保育者の「心」をも脳の健全な発達のための「栄養」として重視するのが、シュタイナー幼児教育の基本的な立場である。この栄養への欲求が満たされると、幼児の奥底から感謝の心が湧き出てくる。

以上、「感謝」の「気持」の育成をめざす愛の実践で、どのようなことが大切にされているかを八つに分けて述べた。このほかにも特記すべき実践がいくつかあり、それも注目に値する。ここでその実践に触れておきたい。その一は、幼児の芸術的な欲求を重視し、弦楽器の音色の体験を大切にし、色彩体験等を大切にしていることである。色彩体験では、特に「にじみ絵」がとり入れられる。これは、園児が赤・青・黄の三原色を使って、水彩画を描くような仕方で、色を水に溶かして画用紙に塗り、色がにじむ状態をじかに体験して、色そのものを味わう活動である。また、色の交わりを直接に体験して、色の不思議さや色を自分で生み出す感覚を身につけていく。これは、小学校に入ってからも続けられる。芸術的な体験としては、みつろうや粘土を使って行う造形活動にも力を入れる。

その二は、ノコギリなどの道具を使って木を切り、板にクギをハンマーで打ちつける木工および縫い物をつくる活動である。園児たちは、教師の指導の下で、喜々として道具を使い、楽しく縫い針を使って作品をつくり上げていく。

「感謝」の育成は、以上のような教師の愛の実践が前提とされるものである。その愛の実践が行われずしては、「感謝の気持」の成長は望めない。この「感謝の気持」が成長してくると、そこからごく自然のうちに、感謝の意志、つまり自分の力で自主的に、心の底から「ありがとう」を言う「実行力」が育ち現れてくる。それゆえ、シュタイナー幼児教育に従事する教師たちは、毎日、愛の実践を力強く行うのである。

前述の実践のなかで、とりわけ注目されるのは、(8)の最後に述べた「栄養価の高い精神的道徳的な食物」である。これを、ごく自然のかたちで幼児に与えることができるためには、保育者・教師自身がまずこの食物を持っていなければならない。この食物を持つとは、換言すれば、教師自身が自己教育に励むということである。次に、これについて、少し詳しく述べてみたい。

3　保育士・教師は自己自身を磨こう

私たちの身体は、新陳代謝が十分に機能しないと、不要な物質・ゴミがたまり、病原菌がたまったり、組織が悪化して病気になる。これと同様に私たちの心・精神も、これが心の新陳代謝と言うべきものによって浄化されないと、淀みが生じ、停滞が起こる。新鮮さを失い、活気や意欲に欠けるようになる。特に気をつけなくてはならないのは、下品な思いや唾棄すべき低劣な思いが多発することだ。心に新陳代謝の働きが不活発になると、子どもの良さを見過ごし、欠点や弱点にばかり目が向き、子どもを怒鳴り、声高に叱りつけるようになる。

心の新陳代謝が活発さを失うとき、最も恐ろしいことが生じる。すなわち、エゴイズム(利己主義)

が頭をもたげはじめるということだ。これが頭をもたげると、教師は、幼児の気持ちを無視し、自分の都合だけで保育を行おうとする。教師は、自分の利己的な欲求を実現させようとして、幼児の欲求を拒否するようになるのだ。ときには、自分の要求を満たそうとして、幼児を暴力で屈服させる。

教師が、心の新陳代謝を活発化させるということは、言い換えれば、教師が自分の心・精神を磨くということである。それは、自己教育と呼んでもよい。教師は、たえず自分を磨き、自己教育を心がけなければならない。

ある意味では、保育所・幼稚園等の保育士・教師ほど自己教育を求められる指導者はいない、と言ってもよい。幼児期の子どもに対する教育者の影響力が、他の時期の子どもへの影響力よりもはるかに大きいからである。わが国の叡智に、先にあげた《三つ子の魂百まで》という考え方がある。これは、くり返すが、幼児期に形成された性質は、老年まで変わらない、という意味だが、これを一歩踏み込んで理解すると、幼児期の子どもの性質・人格形成に保育士・教師や親その他の影響力がどれほど大きいかが、浮かび上がってくる。もちろん、その形成には、幼児の生まれつきもった素質もかかわっているが、後天的な教育者の幼児への教育的作用、つまり影響力には、はかり知れないものがある。

注目すべきは、老年まで変わらない、幼少期に形成された性質のその形成に、教育者の影響、つまり教育的な作用が大きく強くかかわっている、ということだ。このことを考えるとき、保育士・教師などの責任の重大さを痛感させられる。付言するが、その性質には、道徳性を帯びた性質——たとえば、勇気、忍耐、もの怖じしない姿勢、悪への反感、臆病その他——も含まれることを理解しておくべきであろう。

もとより、幼児を見るとき大切なことは、すでに述べたことだが、幼児が、将来、自分の力で人生を切り開くことをめざして、自分の道徳性その他の気高い力を自発的に成長させようとする強い能動的な欲求・願いをもって日々生きている、ということを、教育者がよく理解しておくことである。幼児は、決して強要され強制されて、能力を成長させるに身を任せる受身的な存在ではない。

成長を願う幼児の気高い力・道徳性についてより詳しく言えば、そこには、挑む力、失敗してもくじけることなく立ち向かう力、困難をのり越えようとする勇敢な力などがある。また未知の世界を切り開く力、冒険して新しい世界に踏み込もうとする力、苦難に負けず、意志を貫く不屈の力なども、幼児の中で成長しようとしている力である。自分の欲望（エゴイズム）を抑えて、他人の欲求を優先させようとする力、高い目標・理想に向かおうとする力、感謝の力、善や正義を実現し、悪に立ち向かう力も幼児のうちで少しずつ成長している。だが、これらの力は、一朝一夕に形成されるものではない。長い時間と年月を要する。その長い時間と年月のなかで、幼児期の六年間は、ことのほか重要である。それらの力の大切な部分が形成されるからである。

この形成に保育士・教師が力を尽くすことが、保育・教育の名で呼ばれることだが、これに携わる保育士・教師に必須なのが、「自己を磨くこと」あるいは「自己教育」なのである。これに対しては、保育士・教師から、具体的には、どのようなことをすることなのでしょうか、との問いがなされるかもしれない。この問いに対しては、詳細に答えることはできないが、概略を述べることはできる。

自己教育で大事なことは、土曜日や日曜日、祭日や祝日その他職場が休みのときに、たとえば、市や町の「合唱サークル」に参加して、合唱の楽しさを味わい、新しい楽曲に挑戦する活動などをすることである。また楽器を弾くことを試み、市民ギター・クラブやマンドリン・クラブなどに入会して、自分の新しい可能性を開拓してみることである。楽器のなかで、とりわけ「弦楽器」の習得は重要である。もし保育所・幼稚園などで、保育士・教師が、弦楽器を弾きながら幼児を歌の世界に導き入れることができたら、保育は、この上ないすてきなものになると思われる。家で詩をつくることに没頭したり、絵を描くことも有益である。あるいは日本や世界の各地を旅することも、多くの発見や楽しさがあり、生きることへの意欲をかきたててくれる。陶芸に打ち込むことも芸術への目を開かせてくれる。山歩き・登山なども、心に雄大さと活力をもたらすことが期待される。山奥の渓流歩きなどは、心に生気をもたらすもってこいの活動である。各地の歴史遺産への旅も、多くの発見による心の新鮮さの増大をもたらすであろう。小説を読むことも精神の栄養になること、大である。市民運動・社会運動に参加することで問題解決への連帯の力のすばらしさを体験することができる。

幼児教育・保育の研究会に参加して、多くの知見を得ることも、自己を磨く大きな力になる。とりわけ大切なのは、幼児とは何か、幼児の本性とはどのようなものか、を学問的に学ぶ機会をもち、幼児の深い本性・心の世界を理解することである。さらに海外に出かけていき、世界の優れた幼児教育・保育の実例を学ぶことも、教師の心の洗濯には是非とも必要であろう。

以上、自己教育の具体例について略述したが、保育士・教師は、活発に自己教育を行えば行うほど、内面が豊かになり、幼児を見る眼が広く暖かく鋭いものになる。生き生きとし、充実した自己教育は、必ずや毎日の保育を豊かなものにし、幼児への優れた保育士・教師の影響力を増大させてやまない。

保育士・教師の気高い精神・内面に触れ、これと交流をもつことによって、成長し伸びようとする幼児の神々しい力・道徳性は、ぐんぐん伸びていく。

(1) 保育士・教師が幼児に与える影響の重大さ

先に幼児期の子どもに教師が与える影響がいかに大であるか、について触れたが、このことについて少し詳しく述べておきたい。

一般に、幼児は、軽視され無視されることが多い。幼児は、身体が小さい。歩くのも遅い。多くをしゃべれないし、それゆえ、大人からは、粗雑に扱われることが多い。しかし大人の幼児への影響という視点で幼児を見るとき、くり返しになるが、幼児期ほど子どもの成長に大人・周囲の人が大きな影響を与える時期はない。たしかに、児童期、それに続く思春期・青年期も大人・教師からの影響は大きい。だが、幼児期はそれに劣らずその影響は大きい。もっと大きい、と言った方がよいだろう。

シュタイナー幼児教育では、「もっと大きい」との立場に立つ。大人・教師からの影響というとき、大人・教師とは、具体的には、大人・教師が、目に見えない心の中に抱く「思想」「考え」「気持ち」「思い」といった言葉で示される「精神的な世界」のことを言う。この精神的な世界は、換言すれば、目に見えない世界のことである。目に見えない世界であるがゆえに、大半の大人・教師は、「幼児は、鈍感で幼い未熟な存在であり、それゆえ、私たちが心の中に抱く思いや考えなどまったく分からないだろう」と考える。

目に見えるかたちで行われる大人・教師の幼児への暴言、暴力・暴行は、たしかに幼児へ悪い影響を与える。しかし、シュタイナー幼児教育の考えによれば、大人・教師の目に見える言動だけが、幼児に影響を与えるのではない。教師が心の中に抱く目に見えない精神的な世界も、幼児に大きな影響を与える。このことは、一般的には、忘れられる傾向にある。すなわち、「幼児などには、大人・教師の内面の世界など分からないだろう。教師の内面の世界から影響を受けることなどないだろう」。

シュタイナーの原典をひもとけば分かるように、かれは、こうした世の一般的な傾向を強烈に批判し、「幼児は、決して世の大人・教師が考えるようなちゃちな存在ではない。自分の周囲の大人の心の奥まで見抜く、実に鋭敏な感覚をもった存在なのだ。幼児を決して軽く見てはいけない」と警告してやまなかった。

そして、鋭敏な感覚をもつがゆえに、周囲の大人・教師の内面をも模倣し吸収してしまい、その内面から強い影響を受けて、幼児は成長する。シュタイナーは、これが幼児の成長の現実である、と言う。かれによれば、その教師の内面でとりわけ用心し注意しなければならないのは、大人・教師が心に抱く「邪悪な思い」や「下品な思い」である。「邪悪な思い」は、幼児の中にしみ込んで入り、身体・肉体の奥まで入り込み、後に病気をひき起こす原因ともなるがゆえに、要注意のことがらである。シュタイナーによれば、幼児は周囲の人の身ぶりや表情を見て、その奥にある目に見えない道徳上の思いを、鋭敏な感覚で感じとる。かれはこのことを「幼児・子どもは、周囲の人の身ぶりや目つきのなかに、道徳上の考え・思いをみてとります、たとえ大人には、その、みてとる精神的な活動ができなくても」と断言する。[7] そしてさらに、その、みてとって吸収する道徳上のことがらは、幼児が大人になってから被る病気の原因になることも少なくない、と警告する。「わたしたちは、人が四八歳でわずらうあれこれの症状の病気の原因を、四歳あるいは五歳のときに接した周囲の人の邪悪な心の思いに求めることができる」[8]。

シュタイナーは、大人・教師が心の中に抱く「邪悪な思い」には、この上なく手厳しい言葉で注意を放つ。大人・教師が、この思いをもつと、幼児・子どもに甚大な影響を与えるからである。「邪悪な思い」は、日常の保育・教育活動で、忌むべき言動となって現れることが多い。「のろま」「ぐず」「ろくでなし」「泣きムシ」「甘えんぼうめ」などの幼児への暴言、「なぐる」「けとばす」など幼児への暴力、幼児をこらしめるための「仕置き」などは、その代表格である。幼児の欠点ばかりに目を向け、長所を褒めて伸ばそうとしない保育士・教師、幼児に畏敬の念をもたず自分本位に生きる保育者、このような保育者も「邪悪な思い」に染まった保育者である。「楽にすます」「難しいことはさけ、手軽にすます」ことに力を入れる教師もその思いにとらわれた保育者である。

シュタイナーが求めるのは、これとは反対の保育者である。心の内にもつ生き生きとし、はつらつとした精神活動、幼児の未来を描いて明るく躍動する心、多忙でも輝きを失わない魂、時間がかかっても幼児の心の奥まで響く教材の作成に力を尽くそうとする心、幼児の成長のために生きることに無上の喜びと感謝をもつ心、幼児が一〇歳、二〇歳、五〇歳になったときの姿を心に描ける教師の想像力、どのような困難や苦難をものり越えようとする心、悪や不正と戦おうとする思い、粘り強く正義や善を広げ実現しようとする勇敢な心、エゴイズムと戦う心、気高い理想と志をもってその実現に力強く歩もうとする心、革新と変革に生きようとする思想、たえず弱者に目を向け、寄り添おうとする愛の思いと心、………。幼児教育に従事する教育者には、このような内面・心、思想などが強く求められる。シュタイナーは、教育者が内面にもつ「思い」「思想」、とりわけ、道徳上の思いが、幼児の成長にきわめて大きな影響を与えるとの立場に立つがゆえに、こう主張する。「この、教育者の心のなかの道徳上の思いにもとづく教育が、歯の生え変わりまで（幼児期、筆者注）の子ども・幼児にとっては、最も重要なものである」[9]。

先に、教師自身の自己磨きの大切さを述べたが、それは、教師自身の内面の世界が、子ども・幼児の道徳的な成長に、普通考えるよりも大きな影響力を与えるものととらえるからである。

（2）保育士・教師がもつべき「畏敬の念」と「感謝の念」

先に述べた「自己を磨く」ことのなかで、シュタイナー教育に従事する教師たちが最も重視している根本的姿勢とも言うべき心の内面のあり方を、本節を締めくくるに際して述べておきたい。

保育士・教師たちが心のうちでもつべき根本姿勢には、二つのものがある。第一は、保育士・教師は、幼児・子どもに「畏敬の念」をもって接しなければならない、ということである。「畏敬」とは、「崇高で偉大なものをかしこまり敬う」（『広辞苑』）ことだが、教師は、幼児・子どもを「崇高で偉大な存在」とみる見方で教育に従事しなければならないのである。幼児・子どもを小動物のようにみる見方は、許されない。崇高で偉大なものとは、「神的な存在」あるいは「霊的な存在」と言い換えてもよい。保育士・教師は、このような存在として、幼児・子どもを敬い、教育・保育に従事しなければばならない。こうした幼児観に立つがゆえに、シュタイナー幼稚園の教師の実践は、気高さと気品が漂っている。幼児への暴言、なぐる、たたく、けるなどの暴力、罵声などの幼児を深く傷つけるような教師の品性に欠ける言動は、ほとんど見られない。

第二は、教師自身が心の中で「感謝」の念をもって、幼児の前に立つということである。このことは、もう少し詳しく言えば、保育士・教師が、幼稚園・保育園等で自分の前に神的な存在である子どもが与えられたことに対して感謝するということである。もとより、幼児との出会いは、運命的な要素を多分に含むが、保育士・教師は、この出会いに感謝して、教育・保育に従事する、というのが、「感謝」の念をもって幼児の前に立つということの意味である。シュタイナー幼稚園の理論的指導者・シュタイナーは、教師が感謝の念をもつことをこの上なく重視してこう言った。「この感謝の念を是非とももたなければならないのは、誰よりもまず教師であり、教育者なのです。子どもの教育を任されているすべての人間は、無意識のうちにこの感謝の念をもっていなければなりません」[10]。

シュタイナー教育を担う教師たちは、みな心の底に、揺ぎない幼児観をもっている。その幼児観とは、幼児は「感謝」を成長させようとする「意志」をもってこの世に誕生する気高い存在である、と見る見方のことである。「感謝」は、ドイツ語では、「ダンクバールカイト（Dankbarkeit）」と表現されるが、シュタイナーは、重要な講演では、ダンクバールカイトと同時に「ダンクバールカイトービレ（Dankbarkeitswille）」との表現をも使って、幼児に備わる「感謝の意志」を強調してやまない[11]。幼児は、誕生のときから、この「意志」を活動させ、成長したい、と願っている。だから、教師は、この願いを満たしてやらなくてはならない。シュタイナー幼稚園で、幼児の目の前で、教師が他人に

「ありがとう」を言う姿を見せることを心がけているのは、そうしたシュタイナーの幼児観にもとづいているのである。

4　幼児期に続く児童期では「感謝」の他に「愛」が台頭する

（1）誰にも手をさしのべる愛と教師への敬愛

道徳性として重視される「感謝」の育成は、シュタイナー教育では、子どもが小学校に入学した後も続けられる。とりわけ低学年では、その育成は意識的に行われるが、それ以上に教師が力を入れる道徳性の育成がある。それは、「愛」、すなわち「どのような人をもわけへだてなく愛する普遍的な愛」の感情と意志の育成である。

シュタイナーによれば、幼児期で「感謝」の気持と意志が十分に育った子どもには、児童期に入ると、その普遍的な愛が台頭しはじめ、めざめへと向かう願い・欲求が出てくる。この愛は、学校生活では「友情」との言葉で表現される愛であり、この上なく大切な道徳性である。この愛は、どうしたら健全に伸ばすことができるのか。

この「普遍的な愛」がすくすくと伸びるかどうか、そのカギを握るのは、クラス担任の教師である。もし、教師が子どもから厚く信頼され、子どもが教師に心からの深い敬愛をもつようになっている場合、子どもの内で台頭しはじめたその愛がまどろみから「めざめる」。そうでない場合には、なかなかめざめない。めざめない場合、子どもが不満の思いを抱き、心の中の悪玉菌が台頭し、あばれ出す。友人の欠点や短所・弱点に目を向け、悪行に走る。年々増加の一途を辿る「いじめっ子」の存在は、友情つまり「普遍的な愛」が、めざめておらず成長もしていないことを示すものにほかならない。

(2) 教師への敬愛はどうしたら育つのか

友情が育つかどうか、それを左右するのは、教師の存在であり、クラス担任の教師である。とすれば、この教師への敬愛は、この上なく重要な道徳性であると言わなくてはならない。今から一〇〇年以上も前にシュタイナーは、ドイツのシュッツットガルトに創設した自由ヴァルドルフ学校(シュタイナー学校)の講演でその教師への敬愛の大切さを強調してやまなかった。わが国の『学習指導要領』にもその大切さは記されているが、本書では、第五章で「……子どもは、教師が大好きになる」との言葉で書かれている。また第七章『子どもとの信頼関係を築く』では、子どもが嫌うことはできるだけ避けるとの視点で教師のあり方が書かれている。そのねらいは、教師への敬愛を高めるには、どうしたらよいか、その方法を示すことにある。

学校で、子どもたちが教師を好きになること、教師が子どもたちから深く敬愛されること、これは、言うに易しく、行うに難しいことがらである。この難しいことを実現するには、並々ならぬ努力が要る。大げさな言い方だが、ことのほか厳しい自己教育が必要とされる。子どもは、ちょっとやそっとの実践では、深い感激はもたないし、厚い尊敬ももたない。他者の手による借り物の教材だけでは、子どもの魂は躍動しない。外見上、教師に従順に従ったとしても、内心では、敬愛の念はもたない。

子どもを心から愛し、その愛を実践・実行で示すにあたって、教師が心得ておくべき重要なことは、子どもは、健やかに成長しようとして、本性の奥では、どのような欲求・願いをもっているかを十分に知り理解することである。筆者は、ウィーンのシュタイナー幼稚園と学校でいくつも大切なことを学んだが、その注目すべき根本的な一つは、教師たちの、子どもの本性に関する理解の深さである。教師たちは、シュタイナーの人間学ばかりでなく、ゲーテやフィヒテやカントの思想・哲学なども学んでいた。また驚かされたのは、理論だけではなく、実技に長けていたことである。もともと子どもの本性には、優れたもの・美しいもの・魅力的な活動を行おうとする欲求がある。シュタイナー学校の教師たちは、実技をもって、この子どもの欲求を満たすことに力を入れる。子どもたちは、教師の指導のもと、あるときは、絵を描くことに没頭し、あるときはカンナで削る作業に夢中になる、またあるときには、弦楽器を弾くことに向かい、別のときは、野外で畑を耕すことに熱を入れる……。こうした生活・活動のなかで生じてくるもの、それが、自分たちの欲求を満たしてくれる教師への尊敬であり、敬愛の感情である。敬愛は、後の第七章で記した「信頼」のことであるが、私たちは、これがどれほど大切であるか、をよく知らなくてはならない。そして、クラス担任の教師への敬愛から、クラスの友人への「友情」が育ってくるものであることを十分に心得ておかなくてはならない。

「まえがき」に記されるように、一人ひとりが充実した人生を送るうえで、この上なく大切なのは、道徳性の具備である。道徳性をしっかりと身につけることなくしては、豊かな人間らしい生活の享受は、難しい。それゆえ、生涯の視点で教育をとらえるシュタイナー学校は、「この学校は道徳教育の学校である」と言われるほど、見事な道徳教育を行っている。これを聞く教師からは、一歩踏み込んだ次のような問いが出されるかもしれない。「学校では、どのように道徳の授業を展開しているのでしょうか」。

しかし、その問いはカラ振りに終わってしまう。シュタイナー学校には、日本の学校でみられるような道徳の授業も時間もないからである。筆者の二人の子どもは、かつてウィーンのシュタイナー学校で道徳の授業のない学校生活を一年間送った。その授業もないにもかかわらず、子どもの道徳性はしっかりと育まれているのである。道徳教育は、学校全体の活動のなかで行われており、「なるほど」とうなずかされるものが多い。カリキュラムにせよ、担任制にせよ、授業の方法にせよ、第八章『道徳性を育む教育課程と教育方法』に記されているように、わが国の道徳教育の革新に活力を与える考え方や実践が少なくない。

前述したように、道徳教育の決め手は、担任の教師の資質・力量にあるが、私たちが帰国して長男の担任の教師に書いたお礼の手紙に対する返事の冒頭に、シュタイナー学校の教師の資質を示す見事な一節があった。「……あなたがたのご家族の一人、悠三君は、私にとって、最も感謝すべき少年でした。悠三君の成長を、遠くはなれたウィーンの地で心から願い祈っています」。

この少年は、成長し、いま、カントの教育哲学の研究に従事しているが、ウィーン・シュタイナー学校時代のその担任と現在も交流をもっている。

5 「善への快感」と「悪への不快感」を育てる——昔話・童話などを用いる教育方法

(1)「読み聞かせ」ではなく「語り聞かせ(ストーリーテリング)」による方法

幼児期および児童期に、子どものうちにめきめきと現れてくる道徳性として注目すべきは、善い生き方に対する快感および好感・共感であり、また悪い生き方に対する不快感および反感と呼ばれる感情である。二、三、四、五歳……と成長するにしたがい、このような感情、つまり道徳性の「根幹」の部分が子どものうちで、少しずつ大きくなってくる。善への快感をふくらませたい、悪への不快感が湧き出るようにしたい。こうした欲求をもって、誕生から六歳、七歳頃まで、幼児は、ぐんぐんと成長の道を進む。

確認しておかなくてはならないことだが、幼児は、食欲や愛情欲求だけを満たすことを願っているのではない。それらと同等に、道徳性への欲求を満たしたいと願っている。善への快感と悪への不快感の欲求を満たすことを願っているのだ。これらの欲求を満たすと、幼児は、晴れやかになり、とてもよい楽しい気分になり、あるいはここちよい気持ちになる。それは、食欲が満たされ、愛情欲求が満たされると、幼児が上きげんになり、晴れやかで心地よい気持ちになるのと同様のことである。

もとより、晴れやか、快活、心地よさ、上きげんは、幼児がこの世で求める最高度の状態である。

この最高度の状態を保障するのが、食欲や愛情欲求の充足であり、道徳性への欲求の充足なのである。私たちは、幼児には、食欲と同じように、道徳性への欲求が強く存在し、その欲求の充足を強く願っていることを知らなくてはならない。

では、幼児のうちにある善い生き方への快感や好感の欲求および悪い生き方への不快感や反感の欲求を満たすには、教育者は、いったいどのようなことをすればよいのか。世には、悪への反感を呼び起こして、悪の道に入らないように、幼児期から子どもに、悪事をすると、地獄へ落ちてしまうと話を聞かせ、同時に恐ろしい地獄絵を見せる方法を推奨する人もいる。また、他人のクツを持って遊んで、放り投げるなどの悪い行為をする子どもの話を、絵本を用いてする教師もいる。

シュタイナー幼稚園では、教師たちはどのような方法を用いているのか。そこで教師たちが用いているのは、想像・空想の世界が描かれた昔話・童話・伝説等を語り聞かせたり、人形劇で見せたりする方法である。ここの教師たちは、生々しい現実の悪い子どもの行為の実例の話を子どもにすることはない。もちろん、地獄絵を用いることもない。ＤＶＤを使ってお話を映像で見せることもしない。そうではなく、「語り聞かせ」や人形劇などの方法なのである。

昔話・童話、伝説等をみるに、そこには、非現実・空想の世界が描かれており、その内容には、善と悪が登場し、善が勝ち、悪が罰を受けて滅ぶお話が多い。これらのお話は、幼児・子どもに悪への不快感・反感や善への快感・好感を呼び起こさずにはおかない。それゆえ、シュタイナー幼稚園では、童話・昔話、伝説その他をふんだんに取り入れる。シュタイナー学校でもとり入れている。

わが国の幼稚園・保育園や小学校をみるに、それらを取り入れているところは、たしかに多く存在する。あちこちで行われる絵本の「読み聞かせ」という活動がそれにあたる。しかし、シュタイナー幼稚園での昔話・童話の重視は、わが国での様子と趣きを異にする。はっきり言うが、シュタイナー幼稚園や小学校では、昔話・童話を取り入れるときは、「絵本の読み聞かせ」という仕方・方法は用いない。その方法ではなく、教師が童話・昔話を暗誦して、絵本は一切使用せずに、子どもたちの顔を見ながら、自分のなまの言葉で語っていく、という方法である。それゆえ、シュタイナー幼稚園や学校では、「絵本の読み聞かせ」ではなく「語り聞かせ」との言葉で自分たちの活動を表現する。わが国でもこの「語り聞かせ」を大切にしている人たちはいる。この人たちのあいだでは、しばしば英語の「ストーリーテリング（storytelling）」や「お話」という言葉が用いられるが、これが「語り聞かせ」である。ドイツ語ではすでに述べたように、「エアツェーレン（erzählen）」の表現が用いられる。なぜシュタイナー幼稚園では、「絵本の読み聞かせ」ではなく、「語り聞かせ」を重視するのか。この理由について詳しく述べてみよう。

なぜ「語り聞かせ」がよいのか

すでに記したように、筆者は、ウィーンのシュタイナー幼稚園と学校に入り込んで、保育と授業の実際の様子を何度も何度も見学させてもらった。特別の許可を得て、ビデオの撮影もし、先生がたと話をすることもできた。そのなかで得た大きなものの一つは、「語り聞かせ」の教育活動である。幼稚園でも学校でも毎日、語り聞かせが行われていた。くり返すが、「毎日」である。保育の終わり頃、また学校では主要授業の終わり頃に、担任の教師が七分～一〇分程度、童話・昔話などの「お話」(「語り聞かせ」）をするのである。昼食を毎日口からとるのと同じように、毎日、子どもたちは、「語り聞かせ」という栄養を耳からとるのである。

保育と授業の終盤に行われるこの「語り聞かせ」で驚いたことがあった。それは、園児や児童全員が私語・むだ口など一切することなく、しんと静かに、聞き耳を立てて、お話に聞き入っていたことである。帰国後、四国のある保育園の講演会で、このシュタイナー幼稚園での「語り聞かせ」の場面をＤＶＤを使って見せたところ、ある質問が出た。「園児たちって、じっと静かに集中して聞き入っているのがよく分かりましたが、あんなに静かに聞き入ることができるのでしょうか。何か強制が働いているのでしょうか。私の保育園では考えられないことです。どうなんでしょうか」。私は答えた。「そうなんです、じっと静かに聞き入るものなんです。初めて見たときは、私も驚き、不思議に思いましたが、先生がたのお話を伺ってみると、教師の心がけ次第で、園児も小学生も、しんと静かに聞き入るようになるようです」。

先に触れたが、日本でも「語り聞かせ」を大切にしている人たちやグループがある。ウィーンで学んだ筆者は、その後、このような人たちを訪ね、わが国での「語り聞かせ」について勉強することに努めた。そのなかで、筆者の住む京都府京田辺市でストーリーテリングの語り手として活躍する専門家・田窪雅美さんの存在を知った。田窪さんは、京田辺市のある公立幼稚園でストーリーテリングのボランティア活動を長年していた。筆者は、その幼稚園の園長の許可を得て、何度も、田窪さんが行っているストーリーテリングの保育の現場を見学し、終了後、詳しくお話を聞く機会をもつことができた。[12]

写真４　田窪さんのストーリーテリングを聞く園児たち

公立幼稚園で行う田窪さんのストーリーテリングの時間にも、ウィーンで見たのと同じ光景がくり広げられていた。そこでも、園児たちは、みな、しんと静かにストーリーテリングに聞き入っていた。前述のように、園児がこのようになれるには、教師・語る人の「心がまえ」がきわめて大事である。これについて少し詳しく書いてみよう。

田窪さんによれば、心がまえで大事なことは、子どもと教師・語る人との信頼関係である。言うまでもなくストーリーテリングでは、絵本は、一切使用しない。子どもは、絵本はないので、目を中心として耳、そして全身をストーリーテリングの「語り手」に向ける。大げさに言えば、子どもは語り手と直接にぶつかりあうということである。子どもは、語り手の人格と一体になった言葉を、このぶつかり合いのなかで、吸収し、自分の想像力をフルに活動させて、心・頭の中に「想像の世界」を創り上げ、その世界に浸る。語り手のお話に聞き入り、想像の世界に浸る幼児の姿は、神々しいと言ってよいほどの静かな光景である。

そこで大切なのは、語り手の人格と一体になった語る言葉である。それは、ＣＤやＤＶＤなどの機械から出る冷たい言葉とは違う、生きた温もりのある言葉である。

シュタイナー幼稚園では、語り聞かせは、淡々と行うことがよしとされるが、そこで重視されるのは、語り手の心の中である。その重視は、二つの側面をもつ。すなわち、一つはすでに「感謝」の育成で述べたことと同じこと、すなわち、幼児への畏敬と感謝の念を心の中でしっかりともつことである。

もう一つは、語り手が、語る童話・昔話の内容をよく理解し、その内容をイメージ豊かに思い描き、感情豊かに語るということである。それがいかなることかを、『ヘンゼルとグレーテル』のストーリーテリングを例にとって説明してみよう。

ここでは、語り手は、弱者であるヘンゼルとグレーテルを励ます心をいっぱいもって、魔女の悪への反感を抱きつつ、また助け合って生きることのすばらしさを実感しながら、この童話をイメージ豊かに描いて語っていく。大切なのは、語り手が心に描くこのイメージ活動である。このイメージ活動は、聞き入る幼児の心の中に電流のように伝っていくがゆえに、語り手は、この活動に腐心しなければならない。幼児は、語り聞かせに聞き入るなかで、語り手の弱者への励ましの心を受けとり、自分の中にその心の灯をともす。また語り手の悪への反感に心を響かせて、自分の内でも反感の感情を伸長させる。語り手の豊かな力強いイメージ活動に刺激されて、自分の想像力をより活発にし、この童話を、絵を見るように豊かに想像し、聞き入るのである。

幼児は、語り手のストーリーテリングを何回も聞いているうちに、熱心にこれに耳を傾けるようになり、心の栄養を得る。そうなるのは、回を重ねるごとに、語り手と幼児との信頼関係がより厚いものになるからである。信頼関係が厚いとき、幼児は我を忘れて語り手の言葉に聞き入り、より多くの心の栄養を受けるのである。

すでに述べたように、シュタイナー幼稚園でも学校でも、子どもと教師との信頼関係がことのほか重視されており、この関係を厚いものにすることがさまざまな機会で工夫されている。その幼稚園と学校では、それゆえ、語り聞かせの効果は、目を見張るものがある。

ボランティア活動で、幼稚園にくる語り手の場合は、普段は幼児と接する機会がほとんどないがゆえに、この信頼関係をつくるのに、かなりの時間がかかる。語り手の専門家である田窪さんによれば、一回一回が勝負であり、回を重ねるうちに、信頼関係が増してくるのだという。

「画面」時代のいまこそ必要な「語り聞かせ」

ＤＶＤ、テレビだけでなく、スマホ、タブレットなどの文明の利器が洪水のように、子どもたちに押し寄せている。その特徴は、子どもたちが、他人と直接に接触することなく、いわば孤独の状態で、一人でその利器の「画面」と向かい合って過ごすことが、実に多くなっていることである。それは、裏がえせば、他人との接触による「ぬくもり」が減ったことである。しかし、この減少は、幼児期・児童期の子どもたちにとっては、打撃である。この時期は、長い生涯のうちで、親・教育者の「ぬくもり」あるいは「温かい愛情」を最も必要とする時期であるからである。

その時期に「温かい愛情」を十分に吸収せずしては、感謝の心も、友人への愛、つまり友情も育たない。「ぬくもり」が欠乏しては、心の中の悪玉菌の増殖を阻止することもままならない。級友の個性を認め、級友に愛による援助の手をさしのべることからも遠ざかる。クラスの友人とともに協力して、いじめのない仲良し学級をつくるには、子どもは、幼児期・児童期にたっぷりと「ぬくもり」を味わって吸収しておかなくてはならない。

その、ことのほか大切な「ぬくもり」を、「語り聞かせ」は、子どもに届けるのである。「語り聞かせ」は、冷たい機械の言葉ではない。「ぬくもり」をもった言葉である。教師の子どもへの「ぬくもり」をどれほどシュタイナー教育が重視しているか、筆者は、その姿を、ウィーンのシュタイナー学校で見ることができた。この学校の新入学の一年生の入学式のときであった。この入学式では、子どもたちは、二つのプレゼントが渡された。一つは、ひまわりの花束であった。もう一つは、担任の教師による童話の「語り聞かせ」であった。教室の前方に、教師によって名前を呼ばれた二三名の新入生が花束を持って座り、後方には保護者たちが座った。先生は、新入生たちを前にして、淡々と「語り聞かせ」をしたのであった。入学式のプレゼントに、童話の「語り聞かせ」がプレゼントされるとは！筆者は、そのほほえましい情景をいまでも鮮明に思い出すことができる。

ここでシュタイナー学校における「語り聞かせ」について述べておきたい。小学校に入学した子どもたちは、入学式のプレゼントに象徴されるように、毎日、午前中の主要授業（二コマ続きの授業）の終わりの一〇分程度の時間に、「語り聞かせ」に心を集中させて聞き入る。担任の教師は、自作の物語などを聞かせる場合もあるが、特に低学年の子どもに対しては、童話・昔話その他を用いる。毎日、担任の教師によって行われるこの「語り聞かせ」が、子どもたちの心にどれほど強く響くものであるか、それを筆者は、シュタイナー学校の卒業生からの手紙を通して明確に知ることができた。この卒業生は、ウィーンのシュタイナー学校に通った筆者の長女の友人で、名をC・シュティフトと言う。「あなたがシュタイナー学校時代に受けた語り聞かせは、あなたの心にどのような影響を与えましたか」との筆者の質問に対して、手紙の中で次のように答えたのであった。「一年生と二年生のとき、先生が語り聞かせてくれた童話、寓話および伝説などをとても楽しく思い出します。それは、私の学校時代のほんとうにすばらしい思い出です。先生は、心から愛をこめて生き生きと童話を語ってくれました。私たちは、毎回、胸をワクワクさせて聞き入り、童話の中の悪人には、怒りや憤りでとても不快になりました。悪者に対する憎しみで心がいっぱいになったこともありました。あの、心のやさしいヘンゼルとグレーテルが助け合って生き、魔女を滅ぼして幸福になる姿には、心からの拍手を送りました。普通の生活では体験できないことを、童話を聞いて、想像の世界でいっぱい体験しましたが、それらは、ずっと私の心のなかに残っています。今でもありありと思い浮かべることができます」。

この、筆者あてのシュティフトさんの手紙の中に、看過できない一節がある。その一節とは、「先生は心から愛をこめて生き生きと童話を語ってくれました」である。ここには、童話を語る教師の心がまえが記されている。すなわち、教師は、心から子どもへの愛をこめて生き生きと語るようにしなければならないのである。[13]

思うに、童話・昔話等を、教育者の人格の表現としての「温もりにみちたなまの言葉」で聞きたいと思う気持ちは、シュタイナー学校の子どもたちの固有のものではない。わが国の子どもたちももつ気持ちである。これは、わが国の語り聞かせの専門家（ストーリーテラー）に聞けば分かる。筆者は、先にあげた、その専門家・田窪雅美さんから、子どもの、「語り聞かせ」への欲求がいかに強いものであるか、について聞くことができた。「私は、小学校の低学年の子どもたちに、語り聞かせをしますが、本当に静かによく聞いてくれます。手応え十分で、うれしくなります。しかし、よく聞いてくれるのは、低学年の子どもだけにかぎりません。五年生、六年生の高学年の子どもも一所懸命に耳を傾けてくれます。とてもやりがいがあります。広瀬さん、小学生だけではありません。中学生も実によく聞いてくれます。恐ろしいほど静かに聞いてくれます。絵など何もなくても、じっと聞き入ってくれるのを見て、子どもは生きたなまの言葉で昔話その他を聞きたいのだな、とその欲求の強さを、深く感じとることができました」。田窪さんの言葉をじかに聞いて、筆者は、画像・映像でいっぱいの現代において「生きたなまの言葉」の大切さを見過ごしてはいけないことを痛感したのであった。

(2) 年齢に応じた童話・昔話の選択

三歳頃から四歳頃にふさわしい童話

すでに記したように、三歳頃から九歳頃までの時期の子どもは「語り聞かせ」を心から欲するが、保育者が、この語り聞かせを行うにあたって、是非とも考慮しなくてはならないことがある。それは、年齢に応じた昔話・童話等の選択ということである。年齢によって昔話・童話の内容への関心が異なるからである。[14] まず、三歳頃から七歳頃までの時期の子ども全体を貫く根本的な欲求としての想像・空想の世界とそれに対応する昔話・童話について述べてみよう。

この時期の子どもが欲するのは、単純で明るいほのぼのとした雰囲気に包まれた想像・空想の世界である。とりわけ三～四歳頃の子どもは、このような世界に浸って満たされたいと願う。こうした子どもに適した昔話・童話として、グリム童話の『おいしいおかゆ』[15]と『星の銀貨』[16]等があげられる。シュタイナー幼児教育で必修の教材として用いられるこれらの二つは、わが国の語り聞かせ教育の研究者のあいだでも高く評価されている。

たとえば、佐々梨代子は『星の銀貨』について次のように述べる。「親もなく、家もない貧しい女の子が歩いていると、次々、困っている人がやってきて、物をねだります。女の子は乞われるままに、最後の一切れのパンも、帽子も、チョッキも、スカートも、ついには、下着も脱いでやってしまいます。こうして女の子が、何ひとつ、身にまとわず立っていると、突然、空の星が落ちてきて、みんな銀貨になった、ただそれだけの話です。あまりにもキリスト教的なお説教だと、不評を買ったと言われますが、この話が好きだという人は多いのです。狭い宗教の枠を超えた、何か純粋で、きれいな、愛らしいものを感じるからでしょう。声を出してゆっくり読んでも三分ほどの短い話なのに、ちゃんと一つ、話を聞いたという満足感があるのもふしぎ。幼い子にもよく分かるし、大きい子にも、大人にも喜ばれます[17]」。

この『星の銀貨』と『おいしいおかゆ』は、シュタイナー幼稚園では、ただ教師が幼児の前で語って聞かせるストーリーテリングのかたちで与えられるだけではない。さらにこの幼稚園では、小さな舞台を設定し、その上に人形を置いて、それを動かし、あやつりながら言葉を語って聞かせる「人形劇」のかたちでも与えられる。

五歳以後にふさわしい童話――気持ちのよい気分やさわやかな気持ちにひたる

一般に、童話・昔話の教育を発達段階・年齢の視点で考えるとき、五歳がその基準になる。すなわち、五歳を過ぎた子どもには、五歳未満に与えるものとは違う内容の童話・昔話を与えるということである。シュタイナー幼稚園・学校でもこの基準は大切にされている。

五歳以後の子どもが欲求としてもつのは、さまざまな問題が克服されていく姿を、人間や動物を通して空想的に描いた作品である。また、悪がこらしめられ、善が勝つ姿を描いた作品も、この頃の時期の子どもの欲求をみたすものである。この欲求を満たすにふさわしい童話としては、『赤ずきん』[18]『ホレおばさん』[19]『ブレーメンの音楽隊』[20]『いばらひめ』[21]『七わのカラス』[22]『かえるの王さま』[23]などがある。

『赤ずきん』を取り上げてみよう。この童話では、心のやさしい母親に頼まれて、病身のおばあさんにケーキとワインを届けに行く、「だれでも、ひと目見ただけですきになる、ちいさなかわいい女の子・赤ずきん」が登場する。この女の子は、悪いおおかみの誘惑に乗ったために、おばあさんとともに食べられてしまう。だが、通りかかった狩人によって助けられ、おおかみは死んでしまう。このようなことは空想・非現実の世界の出来事であり、大人なら、ばかげたこととして受け入れられないことだが、五歳以後の子どもは、この、現実にはありえない空想の世界を描いた童話が大好きである。それは、この童話を聞くことによって、幼児の想像・空想への欲求が満たされ、喜び、気持ちのよい気分やさわやかな気分にひたることを願う幼児の心からの願いが満たされるからである。幼児の道徳性、とりわけ、後述するような善への快感と悪への不快感の育成には、この願いの充足は、きわめて大切である。その願いが充足されるとき、善への快感と悪への不快感が、ゆっくりではあるが、確実に育つのである。

もう一つ『ブレーメンの音楽隊』について述べてみよう。この童話に登場するのは、年老いて力がなくなり、飼い主からエサも与えられなくなり、餓死に追い込まれた役立たずのロバ。老犬になり、狩りもできなくなって飼い主から殺されそうになっている猟犬。ネズミもとれなくなり、飼い主に水に沈められて殺されそうになったネコ。それに、首をちょん切って殺される運命にあるオンドリである。この、いわば、人生の晩年というべき時期に達した四匹の動物たちが考えたことは、晩年をブレーメンという町に行き、音楽師になって、弦楽器・リュートを弾き、ティンパニーをたたき、歌を歌って過ごすということである。四匹の動物・音楽師たちは、町へ行く途中、どろぼうが住む家を見つけ、どろぼうたちを追い払って、その家で生活をすることになる。

童話はここで終わるが、飼い主の冷たい仕打ちをのり超えて、力強く生きようとする四匹の年老いた動物の生き方は、聞く子どもたちに善への快感や好感を呼び起こさずにはおかない。この非現実の世界を描いた童話も子どもたちを魅了する一つである。

七歳前後（童話の年齢）にふさわしい童話——道徳性としての善への好感と悪への反感を育てる

この年齢の子どもにふさわしい童話はどのようなものか。これを考えるにあたって大事なことは、この年齢の子どもたちは、心の中でどのような道徳的な欲求をもっているのかをよく知ることである。

その子どもたちの欲求のなかでひときわ強いのは、「善」を深く喜んで心地よさにひたろうとする「善への快感・好感」と呼ばれる感情の成長への欲求ならびに「悪」を憎み拒んでこれに強い反感を覚える「悪への不快感・反感」を湧き立たせようと願う欲求である。

このような欲求は、四歳～五歳頃から出てくるが、七歳前後になると、目立って強くなる。この、子どもの道徳性の発達を考慮するとき、子どもにふさわしい昔話・童話等としてあげられるのは『ヘンゼルとグレーテル』[24]『白雪ひめ』[25]『灰かぶり』[26]『ヨリンデとヨリンゲル』[27]などである。これらの作品のいずれにも、愛の欠落した利己的な悪人が登場する。と同時に、心のやさしい善人が登場する。善人は、悪人から、つらい仕打ちを受けて、苦しい日々を送ることを余儀なくされるが、最後には、悪人が罰を受け、滅ぼされて、善人が幸せな生活を送れるようになるさまが描かれる。

『ヘンゼルとグレーテル』は、先に触れたが、詳しく見てみよう。この童話では、父親で善良な木こり、その後妻で冷たい心の母親、仲のよい二人の子ども、ヘンゼル（男の子）とグレーテル（女の子）、それに利己的で腹黒い魔女の五人が登場する。

木こりは、食べ物に不自由な生活をしていたが、あるとき、この家族の住む国に食糧の大不足の事態が起こり、この家族は、食べ物も手に入らないほどのピンチに陥る。そこで後妻は、先妻の二人の子どもを、森の奥へ連れ出してそこに捨ててくることを、夫の木こりにもち出して説得する。心のやさしい木こりは、最初は、そんなことはできない、と反対したが、最後には屈服してしまい、しぶしぶ二人を森の奥に連れ出し、そこに捨てる。

二人の子どもは何とか難を逃れようと努力したが、森の中で迷い、家に帰ってくることができなくなる。途方にくれて、森の中を歩きまわって、三日めの朝のことだった。雪のように白い小鳥があまりにきれいな声で鳴いていたので、その小鳥のとぶ方向に付いて行く。すると、目の前に、小さな家が現れる。不思議なことに、その家は、パンでできていて、屋根はビスケットでふいてあり、窓は、白い砂糖でできていた。

はらぺこだった二人は、これはさいわいだとばかり、どんどん食べていった。すると、その家から、年をとったおばあさんが出てくる。「さあさ、なかへおはいり。わたしのうちに、ずっとおいで。こわいことなんかありゃしないから」と、やさしい声をかけられて、二人は、家の中に入って過ごすことになる。

だが、この親切そうなおばあさんの正体は、子どもたちを殺して、煮て、食べてしまう魔女である。何日かしてから、魔女は、兄のヘンゼルをつかまえて、狭い家畜小屋の中に運び入れ、格子戸をしめて、そこに閉じ込める。妹のグレーテルには、ヘンゼルを太らせるために食事の準備をさせる。太らせて、魔女は食べようと考えていたのである。

グレーテルは、泣きに泣いて悲しみ、神さまに、「助けてください」と願ったが、どうにもならなかった。ある日の朝のことだった。魔女は、パンを焼くために、グレーテルをパン焼きがまの方に連れて行く。そしてグレーテルにその焼きがまの手伝いをさせる。手伝いをさせて、頃あいをみて、グレーテルをパン焼きがまの中に放り込んで、丸焼きにして食べようとたくらんでいたのである。

しかし、グレーテルは、この魔女のたくらみに気づいて、魔女をパン焼きがまに追い込んでしまおうと、知恵をめぐらす。そして魔女をパン焼きがまに追い込むことに成功する。魔女は、パン焼きがまのなかで、聞くも恐ろしい声で、ほえるように泣きさけんだ。だが、グレーテルは、その場からすぐ離れる。そして、魔女は、無残にパン焼きがまのなかで焼け死んでいく。

グレーテルは、ヘンゼルのところに行ってヘンゼルを助け出す。助け出した後、二人は魔女の家の中に入って、魔女がためていた真珠やその他の宝石の入った箱があちこちにあるのを見つけ、それをもって外に出、森から出て、やっとの思いで家に帰る。そこには心のやさしいお父さんがいる。まま母は、ずっと前に亡くなっていた。父と子二人は、心配ごともなくなり、ずっとずっと、楽しい幸せな日々を送る。

このように『ヘンゼルとグレーテル』では、悪人である魔女が焼き殺され、善人として登場するヘンゼルとグレーテルは幸せな生活を歩むさまが描かれるのである。『白雪ひめ』では、嫉妬深い高慢な王妃が悪人として登場し、最後に真っ赤に焼けたクツをはかされて死に至る。他方、白雪ひめは王子と結婚して、幸せな生活を送る。『ヨリンデとヨリンゲル』では、魔法使いのばあさんが悪人である。結婚の約束をしていたヨリンデとヨリンゲルという二人が善人である。この作品では、最後はヨリンゲルがばあさんを魔法が使えなくなるようにし、ヨリンデを救い出して結婚して、幸福に暮らすようになる結末で終わる。

これら『ヘンゼルとグレーテル』『白雪ひめ』『ヨリンデとヨリンゲル』が、七歳前後の子どもにとりわけ人気が高いのは、これらの昔話・童話に善人と悪人が際立ったかたちで登場し、悪人がこらしめられ、善人が勝って幸福な人生を送れるようになるからである。

シュタイナー幼稚園では、最年長の子どもたちに、またシュタイナー学校では、一年生や二年生などの九歳以下の子どもたちに、これらの童話がストーリーテリングのかたちで与えられる。大げさな言い方になるが、シュタイナー教育では、「一〇〇年間」の長い歳月、このストーリーテリングが行われてきたのである。現在も、世界の八〇カ国以上の国で行われているものであり、その適切さが「二〇〇年間」の歳月で検証されたものであると言うことができる。シュタイナー教育に従事する教師たちは、教育的な効果、とりわけその道徳性の基本である「善い生き方への快感・好感」および「悪い生き方への不快感・反感」の成長に、ストーリーテリングがきわめて大きな力を発揮するものであることを確信してやまない。

思うに、この、童話のストーリーテリングは、道徳教育そのものである、と言っても言い過ぎではない。善への快感・好感および悪への不快感・反感は、言い換えると、「道徳的な感情」のことであり、「道徳的な感性」のことである。道徳を知的に理解する「道徳知」ではない。シュタイナー教育では、まず「道徳的な感情」「道徳的な感性」を育てることが何よりも大切だ、と言っているのだ。

わが国の学校教育は、国語にせよ、理科にせよ、社会にせよ、「知的な理解」に重きを置く「知育中心」の傾向が強い。そこでは、「感情・感性」は軽視される傾向にある。それゆえ、多くの授業は、子どもの心に響かない。学校全体がそうであるがゆえに、道徳の授業もその全体的傾向に呑み込まれている感が強い。どうすれば、道徳の授業を知的な理解から解放させることができるか。

そこからの解放に必要なことは、もっと子どもの発達段階を深く学び理解して、その発達段階にふさわしい授業の方法を見つけ出すことである。

シュタイナー幼稚園と学校で重視されているストーリーテリングは、わが国で軽視されている「感情・感性」を最も大事にする方法だが、それは、子どもの発達段階に関する確固とした理解にもとづく。シュタイナー教育の、テコでも動かない考え方は、幼児期、そして児童期、つまり、七歳頃から一三歳、一四歳頃までの時期では、「知」「情」および「意」のうちの「情」が強く大きく活動し成長する、との考え方である。ここに言う「情」とは、「感情・感性」のことである。子どもは、あらゆることがらを「感情」でもって受けとめ、「感情」をもって判断するのである。決して「知」でもって受けとめ、「知」で判断するのではない。この昔話のストーリーテリングは、自分に快感・好感をもたらすものかどうか、あるいは不快感・反感をもたらすものかどうか、の基準で受けとるのである。さまざまな学習について言えば、それが自分に楽しさや感動・感激を呼び起こすものであるかどうか、という思いで学習を受けとるのである。

「知」による受けとりが、目立って強く出てくるのは、一四歳頃以後の思春期・青年期になってからである。それゆえ、「知」に力点を置く学習活動は、児童期では最小限に抑えられる。

子どもの「感情・感性」を呼び起こすにあたって重視しなければならないのは、人格者としての教師との直接的な触れ合いであり、その教師のもとでの実際的な体験、とりわけ芸術的な活動の実体験である。

道徳の授業において、「知」への傾斜から脱却するには、教育実践者である教師自身がこのような考え方に立ち、その考え方を実行しなければならない。

後の章で、シュタイナー学校の教師による生々しい、芸術的な活動に満ちた授業ならびに東広島市の小学校における「オペラ」の学習活動を紹介するが、それらは、前述した考え方にもとづくものであり、わが国の道徳教育を建て直す、革新への道を拓く実践である。

以上、道徳性の育成に、昔話・童話などの語り聞かせがきわめて重要であること、その昔話・童話などの選択にあたっては発達段階が考慮されなくてはならないことについて述べた。

このような語り聞かせに関して、なお知っておくべき問題が一つある。それは、しばしば取り上げられること、すなわち、昔話・童話のなかに出てくる「残酷な場面」はそのまま語り聞かせてよいのか、という問題である。このことについて記しておきたい。

(3) 残酷な場面を聞かせてよいのか

『おおかみと七匹の子やぎ』には、おおかみのお腹を切り裂き、その中に石をいっぱい詰める場面が出てくる。また『白雪ひめ』には、継母である悪い王妃が真っ赤に焼かれた鉄のクツをはかされる場面が出てくるし、『ヘンゼルとグレーテル』では、燃える熱いかまどに魔女を突き落として殺す場面が描かれる。しばしば疑問として出されることは、このような残酷な場面は幼い子の心に悪い影響を与えるのではないか、ということである。残酷な場面は、子どもの心に恐怖を与え、夜中にうなされるような事態をもひき起こすのではないか、暴力的な行為を生み出すのではないか。

この疑問に対しては、残酷な場面を適切な方法で提示するならば、幼児・子どもへの悪影響はない、と答えることができる。そうではなく、不適切な方法を用いるならば、たしかに影響があり、害が生じる。不適切な方法とは、残酷な場面をリアルな絵や映像によって提示し見せるという方法である。この方法を用いると、子どもの魂を強烈に刺激し、恐怖や不安を与える。適切な方法とは、絵や映像などは一切用いず、親・教師が言葉のみで淡々とした口調で語り聞かせることである。この方法で残酷な場面を聞かせてもそれは何ら子どもに悪影響も与えないし、害も与えない。それどころか、よい影響を与えずにはおかない。

よい影響を与えるとは、幼児・子どもの根本的欲求の一つ、つまり悪を徹底的に滅ぼしてほしいという欲求を満たし、安心感と満足感を与え、もたらすということである。

昔話・童話では、多くの場合、残酷な場面は、悪が滅ぼされ、善が勝つとの流れの中で描かれる。たとえば先にあげた『おおかみと七匹の子やぎ』『白雪ひめ』『ヘンゼルとグレーテル』の残酷な場面は、みなこの流れの中で現れるものである。これらの童話を絵など一切用いることなく、言葉のみで話す場合には、子どもの内に生きる力が育つ。ここに言う生きる力が育つとは、主として二つの意味がある。すなわち、一つは道徳性、つまり善を心から喜ぶ「善への好感」および悪を憎む「悪への反感」がめざめさせられ、育つということである。もう一つは、残酷な場面を通して示される人生の暗い側面を知って、幼児の内に後の人生への準備・基礎ができるということである。

善への好感と悪への反感について言えば、これは幼児が魂の奥深くにもつ本性であり、悪や善と残酷な場面が組み込まれた昔話・童話は、この本性を覚醒させ、成長させることに寄与する。

言うまでもなく、残酷な場面は、人生の明るい側面ではなく、暗い側面を示す。この場面は、憎しみ、利己主義、傲慢、報復、応報主義などさまざまな欲望や考えをその背後にもつが、それはともかく暗い出来事である。有名な『昔話の魔力』（前出、評論社、一九七八年）の著者、ベッテルハイムが言うように、世には、それを伏せて「明るい側面」だけを子どもに見せようという親が多い。日本では、そのような親の願いに応えようとするのであろう、童話から残酷な場面を取り除いて書き換えた子ども向けの本があちこちの書店に並べられている。たとえば、世界名作ファンタジー『しらゆきひめ』（一九八五、ポプラ社）はその一つである。この『しらゆきひめ』では前述の残酷な場面は削除されている。この本での解説ではこう記される。「グリムの『しらゆきひめ』では、描写の中に、残酷な箇所がいくつかあります。そこでこの本では、子どもにふさわしいよう脚色しました」と。しかし、このように残酷な場面を取り除くことは、はたして適切なのであろうか。

ベッテルハイムは、子どもに明るい面ばかり見せておこうとする親に対しては厳しく批判する。かれは明るい面だけ見せることを「偏ったご馳走」と呼び、「偏ったご馳走は偏った心しか育てない」[28]と述べる。もとより、童話に描かれる残酷な暗い場面は、それだけで終わるのではない。その場面は、善が勝ち、善が実現され、明るい結末への道における一つの通過点にすぎない。子どもは、この全体の流れを聞くなかで、暗い側面に接しつつも、この側面を乗り越えてこそ明るい人生が到来するのだ、ということを力強く実感する。

言うまでもなく、子どもたちが大きくなって生きるこの世界は、「暗」と「明」あるいは「光」と「影」が入り交じる世界であり、そのなかで明と光を実現していくのが、人間としての気高い人生である。優れた童話には、そのことが見事に描かれている。童話を聞いてそれを想像の中で体験しておくことは、後の人生のための準備となるものであり、後の生涯を豊かに力強く送る基礎となる。童話や昔話などから「暗」や「影」の部分を削除することはよくない。

［付記］本節5の（2）と（3）については、筆者は既に著書『子どもに信頼されていますか』共同通信社、

二〇〇九年、の中でほぼ同様のことを記述し、強調した。

第四章　人形劇で育つ子どもの道徳性

1　子どもを魅了する人形劇

人形劇には、子どもを惹きつけてやまない不思議な力がある。子どもは人形劇が大好きだ。人形劇が始まると、子どもたちは、吸い込まれるように舞台に見入る。人形たちの動くさまに、一喜一憂し、声を出して笑い、ときには歓声をあげる。観終わると、一様に相好を崩し「楽しかった」と、心の底からその思いを口にする。子どもが味わう「楽しさ」は、絵本の読み聞かせなどよりも深いものがあり、子どもをさわやかにし、快活にする力強い楽しさである。人形劇は、子どもに満ち足りた気分をもたらし、成長のエネルギーを与えずにはおかない。それは、比喩的に言えば、この上なく栄養価の高い精神的道徳的な料理である。この料理を口にすると、子どものうちに活力が湧き起こり、前進への意欲が旺盛になる。

前章で、広瀬俊雄広島大学名誉教授は、ウィーンのシュタイナー幼稚園での体験をもとに、そのような人形劇の特徴について記したが、筆者も、長年の人形劇研究と実践を通して、広瀬名誉教授と同様の考えをもつに至っている。

人形劇は、子どもの欲求を満たし、子どもの成長に優れた力を発揮するからであろう、国や地域の違いなく世界各地において、子どもたちから強い歓迎を受けている。以前NHKテレビは、バングラデシュにおける人形劇とそれに集まる多くの子どもたちの姿を、「アジアの声――バングラデシュ、子どもたちを育む人形劇」のタイトルで取り上げ、大々的に放映した（二〇一四年六月一〇日、BS1）。

南アジアに位置するバングラデシュは、かつては貧困国の一つと言われていた。しかし、そうした国においても、人形劇の偉力を信じ、子どもたちに人形劇を届ける活動に尽力する人形劇活動家がいる。本番組で取り上げられたムスタファ・モンワル氏はその一人である。

モンワル氏は、国内の学校を廻り人形劇上演を行っている。学校での人形劇上演には、学校の生徒ばかりではなく、村中の子どもたちが集う。モンワル氏は、子どもは人形を「自分の仲間」と感じ、小さな舞台のなかで繰り広げられる人形劇の世界を「自分たちの世界」と感じる、だからこそ、驚くほどの吸収力で、授業では学ぶことのできない多くのことを人形劇から学ぶのだ、と述べている。

また、モンワル氏は、人形劇のもつ教育的価値として、子どもの想像力を育てる効果をあげている。モンワル氏は、一九一三年にノーベル文学賞を受賞した隣国インドの詩人・タゴールの「最高の教育とは、想像力を育てる教育のことだ」という言葉を引用し、想像力こそ「人々への愛、平和への愛」をもって生きるのに必要であり、人形劇はその想像力の教育に大きな力を発揮する、と説いている。

番組の最後、「人々への愛、平和への愛」というメッセージを、人形劇を通してこれからも子どもたちに伝えていく、とモンワル氏は力強く語った。

わが国の子どもたちのあいだでも、人形劇への人気はきわめて高い。公民館などでの人形劇の上演の知らせを聞いて集まってくる子どもは驚くほど多い。そして、子どもの熱い思い・心情を察知するからであろう、子どもへの深く厚い愛にあふれた市民には、人形劇を子どもたちに、と奔走する人びとが少なくない。そうした人びと・市民の手によって、目立たないが、全国各地で、人形劇は上演されている。[1][2] また、職業専門（プロ）劇団も、活発に活動している。

だが、ドイツなど欧米諸国その他の国と比べると、わが国での人形劇の上演・普及は、残念なことだが、きわめて低調であり、注目の度合いも低い。ここで日本における人形劇の状況をかいつまんで述べておきたい。

2　日本における人形劇

日本において、子どもを観劇対象とした人形劇のはじまりは、一九二三（大正一二）年に、倉橋惣三が東京女子高等師範学校附属幼稚園（現お茶の水女子大学附属幼稚園）で上演したのが始まりとされている。これを機に、それまで神事にかかわる芸能、そして、大人対象の娯楽としての大衆芸能であった人形芝居が、子どもに向けて広がっていった。とはいえ、保育の場においては、終戦を経た一九四八（昭和二三）年に刊行された『保育要領――幼児教育の手びき』の「幼児の保育内容」一二項目に「ごっこ遊び・劇遊び・人形芝居」として取り入れられたものの、その後は、一九五六（昭和三一）年公布の『幼稚園教育要領』の保育内容「言語」の望ましい活動の一つに「紙しばいや人形しばいをしたり、見たりする」等と記されただけである。一九六四（昭和三九）年の改訂以降、『幼稚園教育要領』『保育所保育指針』に「人形劇」はまったく出現しない[3]。

昨今の状況を見るに、子どもが人形劇を観る機会は、保育園や幼稚園といった保育の場や小学校等でもなかなか広がらず、地域の公民館や文化ホールなどの公共施設でも減少傾向にある。人形劇を観劇した経験をもつ大学生は、驚くほど少なく、幼児教育系学科の大学生でも二〜三割である。このような状況を生み出している原因には、人形劇の研究の遅れ、保育者・教育者の人形劇への理解の不足や欠如、保育・教育現場における人形劇環境の整備の不足、さらに科学技術の発展による映像・画像の手軽な使用、あわせて科学技術万能の影響による非科学的空想的な童話・昔話を軽視する風潮などがあげられる。これらのなかで、映像・画像をＤＶＤなどによって子どもに見せる保育の方法は日常化しており、人形劇の衰退に拍車をかけている。

また、昨今は、絵本の読み聞かせが隆盛をきわめていると言ってよいほどで、全国津々浦々（家庭でも、保育現場でも）で、絵本第一主義と言えるような状況が見られる。これも人形劇の衰退・減少をひき起こしている原因になっているのではないか。

たしかに、物語・絵本の読み聞かせやＤＶＤによる方法も、子どもに「楽しさ」を与える。しかし、「精神的道徳的な料理」という視点で見ると、人形劇の方が、「より深い楽しさ」や、「より幼児期に必要な栄養素」を有しているように思われる。思えば、人形劇を上演するに至るまでには、多大の労力と時間がかかる。だが、労力と時間がかかった分、子どもの心の成長に与える影響は、実に大きい。先に述べたように、生きる活力や前進への意欲は確実に活発になる。

人形劇の減少・衰退のわが国の現状を見て思うことは、大げさな言い方だが、「悪貨は良貨を駆逐する」ということである。目を海外に転じると、映像・画像の氾濫のなかにあっても、これに負けじと人形劇を子どもの教育に取り入れる幼児教育関係の施設は多い。そのなかで、とりわけ世界の八〇カ国以上に広がるシュタイナー幼児教育の考え方とその実践は注目に値する。

その状況を見て思うことは、子どもの成長を願う市民・教育関係者の心がけ次第で、人形劇の衰退は食い止められるのではないか、ということである。思えば、シュタイナー幼児教育は、国に頼らない、自由と多様性を大切にする市民が自律的に築き上げた実践である。わが国にもこうした人びと・市民は各地にいる。筆者は、そうした人びとの存在を知っており、明るい見通しのあることも心得ている。

それはともあれ、重要なことは、人形劇の特質を深く究明しておくことである。次にこの特質を、筆者のかかわった実践例をあげながら述べていきたい。

3　人形劇は心の奥底まで響く深い楽しさをもたらす

ある秋の天気のよい日のことだった。筆者は、ゼミの学生たちを連れて、人形劇の上演を依頼してきた保育園に行った。この保育園での上演は、三回目である。園に到着後、学生たちが組み立て式の舞台や人形などの荷物を玄関から保育室に運び込んでいると、それを見つけた園児たちが、「あー、人形劇だ」と駆け寄ってくる。そして、上演準備の整った会場に入場してくる園児たちは、はやる気持ちを押さえきれないというようで、会場はたちまち熱気に満ちていく。

今回の人形劇は、イギリスの昔話を原作とした『三匹のこぶた』である。人形は、学生たちの手作りの三匹のこぶたと、一匹のオオカミである。学生たちは、手に持った人形を巧みに動かしながら、台詞を語っていく。園児たちは、耳で台詞を聞き、目を舞台に注ぎ、人形の動きを追っていく。筆者は、この人形劇に没頭する園児の姿に注意を集中させた。その没頭は、「楽しみながら没頭する」との表現がふさわしい没頭である。

この人形劇では、オオカミがわらの家、木の家、レンガの家のこぶたたちを次つぎと襲う場面で、子どもたちは「オオカミ！ きた！」と指をさして叫び、こぶたにオオカミの登場を知らせる。客席のあちこちから発せられるその声は、会場全体に広がって演者の台詞が聞こえなくなるほどだ。演者は、少し間《ま》をとって子どもたちの声が静まるのを待ち、「へへへ、ここに隠れているな。こんな家、ふーふーのふーで吹き飛ばしてやる」とこぶたの家に近づく。すると、今度は、「だめー」の声が連呼される。そして、子どもたちの声援も甲斐なく家が吹き飛ばされる。こぶたが走って逃げる場面では、「きゃー」という悲鳴の混じった喚声が巻き起こる。三匹目のこぶたのレンガの家は、オオカミがいくら吹いてもびくともしない。こぶたが家の扉を少し開けて、オオカミに「やれるもんならやってみな」と揶揄すると、笑いが起こったり、なかには「レンガは強いの！」とオオカミに向かって言い放つ子どももいる。最後にオオカミが煙突から煮えたぎった鍋に落ちる場面では、客席が一瞬静かになり、その後、笑いが起こる。横に座った友だちと微笑みあう子どもたちもいる。それは、子どもたちが「悪いオオカミが死んでよかったね」とオオカミに負けなかったこぶたに心を寄せ、安心感や満足感を身体いっぱいで感じている姿である。

上演が終わり、学生が人形を手に舞台の前に出て行くと、子どもたちは人形に近寄ってきて握手をしたり、「バイバイ」と手を振る。そして、「楽しかった」「おもしろかった」とつぶやいて保育室に帰っていく。この、人形劇を観た後の感想は、絵本の読み聞かせの後や、DVDを観た後の感想「楽しかった」とは大分違うもののように思われる。どう違うのか。

「楽しかった。人形と握手したい」。こう言って、観劇の後、人形と握手する幼児・子どもはきわめて多い。学生たちが保育園や幼稚園、児童館などさまざまな場で上演した際、毎回、こうした様子が見られる。私たちはこうした姿から、幼児・子どもたちが味わう「楽しさ」がどのようなものかを知ることができる。

人形劇で幼児・子どもが味わう「楽しさ」は、ひと言でいえば、「心の深層まで届き、エネルギーをひき起こす楽しさ」である。それは、人形劇を何回も観ている幼児・子どもの姿を見れば分かる。

善人と悪人が登場する人形劇だった。善人が悪人と戦い、負けそうな場面が出てくると、客席の前方に座っていた年中の幼児が、なんと善人に加勢しようと、舞台に近づき悪人に向けこぶしを振り上げたのである。このような幼児は、それまで何回も人形劇を観て、そこにたっぷりと浸って、「心の深層まで届く深い楽しさ」を味わい、経験している幼児である。幼児のその姿を見て分かること

上演後、人形に近づき触れ合う子どもたち

は、深い味わいによる楽しさは幼児にエネルギーを与え、生活を生き生きさせる力になっているのではないかということである。深い楽しさは、大げさな言い方だが、幼児の魂を揺り動かし、血液循環をより活発にし、筋肉までも動かす力になるのである。

深い楽しさとは、「感激と一体になった楽しさ」と言い換えてもよい。もとより、人は、何回も感激を体験すると、それによって前進し、建設的に生きる力を与えられる。このような「感激」と一体となっているのが「深い楽しさ」なのである。これは、表面的ですっと消えてしまう軽い楽しさではないし、一時的・瞬間的な楽しさでもない。

人形劇は、これを何回も観る幼児・子どもに「感激」をも伴った深い楽しさをもたらさずにはおかない。では、なぜ人形劇には、そのような深い楽しさをもたらす力があるのだろうか。その理由は何か。次に、この理由について述べていきたいと思う。

4　人形劇は、なぜ「深い楽しさ」をもたらすのか

その理由について考えるとき、是非とも必要なのは、幼児・子どもについての人間学的な考察、つまり、幼児・子どもは、本性のうちに、どのような「欲求」をもって生き、成長しようとしているのかを理解しておくことである。

日本のこれまでの人形劇研究で、このような視点で人形劇を深く考察したものはきわめて少ないが、その少ない研究の一つに、先に触れた広瀬名誉教授の研究がある。広瀬名誉教授は、約三〇年前、ウィーンに留学し、シュタイナー幼稚園と学校に毎日のように足を運び、その教育を研究した。広瀬名誉教授は、帰国後、その研究をまとめて、一冊の書『ウィーンの自由な教育――シュタイナー学校と幼稚園』（勁草書房・一九九四年）を出版した。広瀬名誉教授の視点は、人形劇を楽しむ幼児・子どもを、人間学の「欲求」の視点から光をあてたものであり、きわめて説得力に富む研究である。[4]本節では、広瀬名誉教授の研究に依拠しつつ、なぜ人形劇が深い楽しさをもたらすのかについて述べたい。

結論を先に言うと、その「深い楽しさ」をもたらすのは、人形劇が幼児・子どもの「欲求」を存分に満たすからだということである。

「欲求」には、愛情欲求、食欲、身体活動への欲求などさまざまなものがあるが、人形劇と直接に

かかわる「欲求」には、四つの大きな欲求がある。以下、この四つの欲求について述べ、それとのかかわりで「深い楽しさ」が生まれくることについて述べていきたい。

第一の欲求は、「人形」そのものへの欲求である。先にあげた『ウィーンの自由な教育』によれば、生涯のうちで、幼児期の子どもは、他のどの時期よりも「人形」への欲求が強い。幼児は、前章で記されるように、人形遊びが大好きであり、人形への愛着はこの上なく大きく強い。外に出るときも人形を持ち、夕食のときも側に置き、就寝のときも人形をふとんに入れる光景は日常茶飯事である。

幼児・子どもは、人形が大好きであるがゆえに、人形劇の舞台に人形が登場すると吸い込まれるように注意を人形に向けていく。もし舞台に自分と共通点をもつ、あるいは、好みの人形が登場する場合には、その人形を自分の分身のように感じとり、思い入れを強くしていく。とりわけ、人形が勇士として登場し悪者を次つぎに滅ぼしていく場面を見るときは、勇士の言う台詞を暗記して、自分を力づける言葉として習得するようにもなる。

これらのことから分かることは、幼児・子どもが人形から大きな影響を受けるということである。たしかに、人形はモノである。しかし、単なるモノではない。それは、外見上はモノであるが、精神・魂をもった人間のような存在である。それゆえ、人形を「第二の私」と思い、親しい友だちと思う幼児・子どもはことのほか多い。幼児・子どもにとって、人形はこのような存在であるがゆえに、それがずらりと登場する人形劇を観ることは、この上なく心の底までしみ入る「深い楽しさ」をもたらすのである。

第二の欲求は、幼児・子どもの本性の強い欲求、すなわち「空想・非現実の世界を漂いたいと思う欲求」「自分の想像力を成長させたいと願う欲求」である。

シュタイナー幼児教育の考え方によれば、幼児期の子どもは、生涯の他のどの時期よりもこれらの欲求を強くもつ。もとより、幼児・子どもは、現実の世界を欲すると同時に、大人から見たらありえない空想の世界をも欲してやまない。それは、地上の世界と水中の世界を往ったり来たりする両生類のカエルに似ている。空想の世界と現実の世界を往ったり来たりするのが幼児の欲求の特徴なのである。

人形劇は、幼児・子どものこの欲求を存分に満たす。先にあげた『三匹のこぶた』また『ブレーメンの音楽隊』などをはじめとして人形劇で演じられているものの多くは、空想・非現実の世界を描いた物語であり、こうした物語は、「空想の世界を漂いたい」という欲求を満たし、「想像力を成長させたい」との欲求を実現させる。だから、子どもはその物語が演じられる人形劇が大好きになり、それを観ることに「深い楽しさ」を覚えるのである。

筆者のゼミの学生が学外上演をしたときのことである。保育園が企画した地域交流会での人形劇上演には、保育園の幼児や学童保育の子どもたち、そして、保育園児の保護者をはじめ高齢者の方まで幅広く地域の方々が集まり、『ブレーメンの音楽隊』の人形劇が始まった。飼い主に老いぼれとののしられ家をとび出したロバが、ブレーメンをめざして歩いていると、足を怪我して働けなくなったために家を追い出された猟犬が、草むらでしゃがみこんでいる。その場面で、学童保育の小学生の女児が「かわいそう」と思わずつぶやいた。その声は上演していた学生たちの耳に届いた。上演後、学生たちは、「あのひと言が耳に入って、子どもは、あんなに敏感に登場人物の気持ちを汲み取って観ていることが分かった」「子どもは、人形がかわいくて好き、だから人形劇が好きと思っていたけれど、それだけではない。子どもは、人形劇の世界に入り込んで観て、人形と気持ちを通わせている」「子どもを侮ってはいけない、子どもってすごい」と話していた。

ウレタンを削って色を塗り棒を付けただけの犬の人形は、表情を変えることはもちろんなく、動きも繊細さに欠ける構造であった。子どもの想像力を働かす欲求は、そんな人形の不器用な部分があることでより能動的に拡がり、登場人物の心情を想像力によって感じとらせ、「深い楽しさ」への鑑賞を促したのである。

第三の欲求は、道徳的な生活の様態への関心および自己の道徳性の成長への欲求である。言うまでもなく、人が営む生活には、経済的な生活、法律に従って生きる法的市民的な生活などと並んで重要な生活、すなわち道徳的な生活がある。この生活をどのように営むかは、人生を送るうえでこの上なく重要なことである。もし人が豊かな経済的な生活を手に入れたとしても、道徳的な生活に歪みや欠陥がある場合には、人は人間らしい生涯・人生を送ることが難しくなる。

幼児は口に出して言わないが、無意識のうちでこのような道徳的人生模様とでも言うべき世界に大きな関心を抱き、それを知りたいと思っている。それだけではない、それと同時に自分の本性の内にある気高い道徳性、つまり、愛と正義に生きる善人に心から拍手を送る「善への快感・好感」、および、ごまかしや嘘などを嫌う「悪への不快感・反感」を成長させようとする欲求をもっている。すでに第二章に記されているように、幼児期の子どもは、他のどの時期よりも、こうした欲求を強くもち、それを満たしたいと思いつつ、日々を送るのである。人形劇は、こうした欲求を満たすがゆえに、子どもの内に「深い楽しさ」をもたらすのである。

第四の欲求は、なまの音声で語られる物語を受けとめ味わうことへの欲求である。なまの音声による言葉は、機械を通して出てくる言葉と本質的に違う。それは、語る人の人格としての言葉であり、その人の魂としての言葉である。シュタイナー幼稚園では、カセットテープレコーダーやテレビ・DVDは一切使用せず、語り聞かせや人形劇はすべて教師自身のなまの音声によって行われる。日頃接している教師が語る昔話や童話の物語は、その内容だけが幼児に伝わるのではなく、その物語についての教師の内面のさまざまな思いも表現されて幼児に伝わり、幼児の魂の中にしみ込むのである。子どもたちは、音声を通して語る教師の愛情や思いを感じとり、自分の身体のなかにしみ込ませるのである。

ある人形劇のイベントに上演参加したときのこと、なまの音声の力を感じる出来事があった。筆者のゼミの学生の一つ前の人形劇団が、台詞を録音した音源を使って上演したのである。はじめは舞台に集中していた観客の意識がたちまちのうちに薄れていくのが分かり、会場内はけだるい雰囲気に包まれたまま終演に至った。続けて上演する学生の人形劇を観客たちはどう観劇するのかと心配していると、学生たちのエネルギッシュな生き生きしたなまの音声が会場に響くと、一気に空気が変わり、人形をあやつる演者と観客が一つにつながり、一体感を感じるステージがつくり上げられた。

以上、人形劇がなぜ深い楽しさを幼児・子どもにもたらすか、を人間学の「欲求」の視点で明らかにし、述べた。「第三の欲求」を人形劇が満たす状況は、言い換えると、幼児・子どもの本来的な道徳性が育つということである。この道徳性は、深い楽しさのなかで成長の道を歩む。だから、人形劇は、幼児・子どもにとって大切であり重要なのである。

ノーベル賞受賞の哲学者ラッセルは、かつて名著『教育論』のなかで「子どもが道徳を学ぶのは、苦しみによってではなく楽しさ(happiness)と健康を通してである」[5]と言い切ったが、かれの言う「楽しさ」とは「深い楽しさ」のことである。かれの言葉は、道徳教育のあり方を考えるとき、千鈞の重みをもって私たちに迫ってくるものと思われる。

5　道徳性への欲求を満たす人形劇——道徳教育の革新への道を拓く

前節において、幼児・子どもが本性のうちにもつ四つの「欲求」を取り上げ、それが「深い楽しさ」を呼び起こすことと密接につながっていることを明らかにした。

四つのなかで、とりわけ注目しなければならないのは、第三の「欲求」、すなわち「道徳的な様態への関心および自己の道徳性の成長への欲求」である。その理由は、第三の欲求が、「道徳教育が幼児期から全力を尽くして行わなければならない」との考え方の根拠になるからであり、また道徳教育の方法としての人形劇の適切さの根拠になるからである。

人形劇は、小さな舞台で、演者が人形を使って、台詞を語りつつ、昔話や童話の物語を展開していくが、その物語の内容には、善玉と悪玉が登場するものが多い。忍耐、聡明さ、誠実、正直、やさしい心、苦境を乗り越える力と勇気……などの道徳性を具備しているのが善玉の特徴である。また、利己主義、嘘やごまかし、傲慢、いやがらせ……などの不道徳性が著しいのが、悪玉の特徴である。昔話では、このような善玉と悪玉が登場し、メリハリのきいた人生模様がドラマチックに展開される。その人生模様を見るなかで、幼児・子どもが、特に注目する場面・光景がある。それは、善玉のやさしくがまん強く生きる姿であり、幼児・子どもはその姿に強く心を惹かれ快感や好感をもつ。一方、善玉と対峙する関係にある悪玉が行う、嘘や暴力などの不道徳きわまる言動に、強い不快感や反感を湧き起こす。

日本の昔話を題材にした人形劇で、悪玉と善玉の対極が登場する作品には、『おむすびころりん』『さるかに合戦』などがある。

『おむすびころりん』では、まじめに働く無欲な善玉のおじいさんと、傲慢な悪玉のおじいさんが登場する。善いおじいさんがネズミに宝物をもらったことを知り、自分も、と山の畑にやって来た悪いおじいさんは、そそくさとおにぎりを穴に落としてネズミの国にたどり着く。そして、宝物を独り占めしようとネコの泣き声をまねてネズミたちを追い払う。しかし、その途端あたりは真っ暗になり、出口が分からなくなった悪いおじいさんは、出口を探して地面の中をずっとさまよい続けるはめになる。

『さるかに合戦』では、子煩悩でまじめに生きる善玉の母ガニと、暴力的で身勝手な悪玉のサル、そして、母ガニの敵を討つ善玉の子ガニたちが登場する。母ガニを殺したサルは、子ガニたち、クリ、牛のふん、つっかい棒、臼にこてんぱんにやっつけられ、仇討ちがなしとげられる。

悪玉と善玉が登場する人形劇を観る子どもたちは、善玉が登場する場面では、穏やかな表情で舞台

観劇中、歓声をあげながら人形劇を観る子どもたち

を観ているが、悪玉が登場し、悪知恵を働かせて他人を陥れようとする悪行を働く場面になると、前述した『三匹のこぶた』のようにオオカミをなじるような喚声をあげることはなくとも、悪に対する嫌悪感からか身体をぐっとこわばらせ、舞台を見つめる表情も険しいものに変わる。『おむすびころりん』の悪いおじいさんが「そうだ、ネズミはネコが苦手だ。ネコの泣き声が聞こえたら、大慌てで逃げ出すぞ。そうしたら、ここにある宝物はすべてわしのものだ！」と、つぶやくと、子どもたちの背中がビクンと固まる。また、『さるかに合戦』では、サルが中盤で母ガニを殺した後は、明らかに子どもたちのサルを見る目つきは違っている。その目は、カニの子どもたちと同じ、悪いサルを憎む、鋭く冷たい視線である。幼児・子どもは、「善への快感・好感」、「悪への不快感・反感」を無意識のうちにもっていることは上述で触れたが、まさに道徳性をもって生きている人たちである。そして、最後に悪玉が倒されることで、かれらの道徳性への欲求は満たされるのである。

最後に悪玉が倒される場面は、たとえば、『おむすびころりん』では、悪いおじいさんが土の中から出てこられなくなったり、『さるかに合戦』のサルが臼に押しつぶされて死ぬといった、ある意味、悲惨な残酷な場面である。しかし、人形劇では、人形というモノがもつ「軽さ」のイメージ、また、人形というモノによる表現だからこそのコミカルな表現によって、残酷な場面でさえ笑いを生み出すことができる。そのため、観客である子どもたちは、笑いを通しハッピーエンドを身体で感じる。地面のなかをモグラのように動きまわる悪いおじいさんの滑稽な動きと、それに合わせたおかしな曲調の効果音楽や、臼に潰されたサルがペラペラの人形になって、臼の下からへなへなと出てきて倒れ込む演出に、子どもたちからは笑いが生じる。

前節で紹介したラッセルの言葉「子どもが道徳を学ぶのは、苦しみによってではなく楽しさ(happiness)と健康を通してである」とは、まさにこれである。笑いながら楽しむ学びは、子どもの心の奥深くに入り込み、何かあったときに子どもに指標を与える。人形劇は、それを可能にする。

6　人形劇のできる保育者を育てる

前節で述べたように、人形劇は「深い楽しさ」をもたらし、幼児・子どもの道徳性の育ちにつながることを述べた。しかしながら、本章の冒頭で触れたように、子どもが人形劇を楽しむ環境は広がりを見ておらず、そのためには、人形劇研究の発展、そして、人形劇の価値を理解し保育や教育に人形劇を取り入れることのできる人材を育てる教育が必要だと考える。どちらも、大学および大学教員に任される大きな課題である。筆者がこれまで取り組んできた人形劇教育の一端を紹介したい。

筆者の所属する京都女子大学発達教育学部児童学科では、かねてより人形劇を子どもにとって重要な文化財・保育教材としてとらえ、児童文化学領域の特徴的な教育内容の一つに位置づけてきた。筆者が担当する児童文化学領域の科目では、人形劇を核にして四年間を通した重層的な学びの構造を考えてカリキュラムを構成している。一年次の「児童文化学」で、まず、人形劇の歴史・種類・特性などの理論を理解する。二年次では、「保育内容演習（言葉）」のなかで、子どもの言葉の力の育ちを促す保育教材として、人形劇を用いた活動とその指導、および教材研究について学ぶ。三年次前期の「児童文化学実習」では、一人一体手作りした片手遣いの人形を使い、人形を用いた劇遊びの体験を通し、人形劇を用いた表現活動の教育的意義と指導について考える。そして三年次後期の「人形劇演習」では、子どもを対象にした人形劇を、脚本づくり・人形づくりなどすべての過程に取り組み、人形劇制作の方法を理解し、その技能の修得をめざす。

この一連の人形劇を学ぶカリキュラムにおいては、人形劇に出会ったことのない学生に、まずは実際に人形劇を観てもらい、その楽しさを知ってもらう。そこで、筆者のゼミの学生の人形劇上演や、ときには、地域で人形劇活動を行っているアマチュア人形劇団やプロの人形劇団の上演を観劇する機会を取り入れている。いくら言葉や写真で説明しても、なまで観ることでしか理解しえない人形劇のおもしろさの本質を体験してもらうことが、人形劇を知り、人形劇への関心や学びへの意欲をもつための近道だからである。

また、「人形劇演習」では、最後に発表会を開催し、学生がつくり上げた人形劇を、近隣の幼稚園・

保育園の園児に観てもらう。上演が終わると、子どもたちの笑い顔と「楽しかった」の言葉に、学生たちは感動で高揚し、観てくれた子どもたち以上の満面の笑みを浮かべる。人形劇づくりの苦労が、一気に喜びに変わる瞬間である。そして、後日、記録した子どもたちの観劇時の姿から、子どもが自分たちのつくった人形劇をどのように観ていたかという観点から、客観的に人形劇の作品評価を行う。観劇している子どもたちの表情、どこでどのような反応をしていたかを丁寧に見ていくと、自分たちの人形劇が子どもたちにしっかりと届いていたか、子どもたちの心を動かすような内容や演技であったかを考えることができ、学生の子ども理解や人形劇理解を深める学びになっている。観客である子どもを理解し、子どもにふさわしい、観てもらいたい作品をつくること。そして、その作品に自分の思いをこめて上演し子どもに届けること。上演の際には、子どもの反応を感じ、受けとりながら演技を進めること。こうした人形劇の活動は、保育・教育の活動と、なんと多くの共通点を有していることか。一連の人形劇の学びを通して、保育者をめざす学生たちは、こうした点にも気づくようである。

また、すでに何度か上述で登場しているが、筆者のゼミでは三・四年次の二年間にわたり、児童文化活動を通した実践的な学びとして「京都女子大学人形劇団たんぽぽ」の活動に取り組んでいる。人形劇をつくり、依頼をいただいた幼稚園・保育園、小学校、児童館、図書館、子育て支援事業の場などで、多いときは年間一五回ほど上演をさせてもらっている。学生たちは実際に子どもたちの前で人形劇を上演することを通し、子どもが人形劇をどう観てどう楽しむのか、子どもにふさわしい人形劇はどういった点に配慮が必要かなどを考え、人形劇と子どもについての理解を深めたり、ライブの芸術である人形劇だからこその観客と演者のやり取りのなかで完成する魅力を実感し、子どもにとって

人形劇の授業の様子

の人形劇の教育的意義を考えることになる。

こうした学びを終え、幼稚園・保育園に就職した卒業生の一人から、「複数人での人形劇上演は練習時間の確保などで難しいけれど、仕事に慣れてきたので、一人で演じる人形劇を、誕生日会で演じてみた」と、報告があった。一人で上演する人形劇『なかよし』は、二人の子どもが、かくれんぼや相撲、綱引きなどをして遊ぶ、日常的な子どもの遊びをスケッチしたような人形劇である。相撲や綱引きではなかなか勝負がつかなかったり、かくれんぼの鬼になった子がずるをしてひと悶着あったりするが、それでも二人はなかよし、という人形劇で、子どもたちは人形たちに自分を重ねて楽しむ、大人気の人形劇である。この卒業生が勤務する幼稚園では、人形劇は保育に取り入れられていなかったようで、子どもたちは誕生日会での人形劇を大変喜び、「先生、また、人形劇観たい。こんどは、いつするの」と、その後、何度も言われたそうである。また、同僚の保育者から、「自分も演じてみたい」と言われ、人形劇への関心が幼稚園に広がったことを喜んでいた。

別の卒業生は、授業でつくった熊の片手遣い人形を保育室に置き、保育のなかで活用しているとのことだった。あるとき、三歳児同士のトラブルへの指導において、言葉での説明ではお互いのことを理解することができなかった子どもに、その場面を人形で演じてみせた。すると、それを観た子どもは、「あんなことしちゃ、いけないよね」とつぶやいたそうである。自分が友だちにしてしまったことが、友だちを悲しませるよくないことだったという気づきにつながる経験になったようだと、その卒業生は話してくれた。自分に似ている人形（登場人物）に自分を重ねて観劇すること、客観的に舞台で展開される状況をとらえ、それぞれの登場人物の思いを想像しながら考えることへと促す人形劇観劇の意義を理解していたことが、保育に役立った一つの事例と言える。人形劇が保育者にとって身近にあることは、保育者の指導の幅を広げることになると言える。

人形劇は絵本や紙芝居に比べると、制作や練習にも時間が必要であり、台詞や演技をすべて覚えなくては上演できない。これが、保育者が人形劇に取り組むハードルを高くしている要因の一つではある。しかしながら、子どもは、信頼を寄せる保育者が自分たちのために上演してくれるという思いのなかで、人形劇の内容と同じくらいに、保育者の思いに対して喜びを感じながら人形劇を楽しむ。先述したが、保育者がなまの音声で台詞を語り、人形を動かして演じる人形劇には、保育者自身の精神がこめられる。保育者が、その人形劇にこめた思いが子どもに届けられることが、子どもの心を育てるのである。この心の交流こそが、道徳性を育てる教育のもととなる。

人形劇は楽しいものである。それは、観客としてその人形劇を観る子どもだけではなく、人形劇を演じる保育者も同じように感じることができる。一度でもその演じる喜びを感じる経験をもつことができれば、人形劇に取り組む保育者がもっともっと増えていくと考えている。

第五章　多難な児童期の道徳教育
――問題状況の原因を見つめ、革新への道を拓く

戦後、一九五八年から、「道徳教育」は、わが国の全国の小・中学校に導入され、週一回の「道徳の時間」で実施されるようになった。道徳教育の学校への導入によって、子どもたちはどのように変わったのか。子どもたちの学校生活は、導入以前よりもよくなったのか。

その導入・実施以来、六五年が経過した。この経過のなかで、社会では、由々しい凶悪な少年犯罪が次つぎに生じた。学校では、「学級崩壊」「校内暴力」「いじめ」などの憂うべき事態が頻発した。これらの事態は、現在も、全国各地で起こっている。

道徳教育が戦後の教育・学校の歴史のなかに多くの期待のもとに導入されたにもかかわらず、子どもの道徳性を疑う事件・事態が次つぎに起こる現実は、私たちに、これまでの道徳教育を根本的に見直す取り組みを要求してやまない。

私たちが、これまでの道徳教育を改善し、その革新の道を拓こうとするとき、大切なことは、憂うべき事態をひき起こしている原因をよく知り、その原因を除去して、新しい水を注ぎ入れることである。

本章では、憂うべき事態として、「学級崩壊」と「いじめ問題」を取り上げ、それらを道徳性の育成の視点から分析して、革新への道を見つけ出す考えを述べたい。そしてその次の第六章で目下の大きな関心事、つまり「特別の教科　道徳」および「考え、議論する道徳」に対する現場の教員の声を取り上げ、その後の第七章で、教師と子どもの信頼関係の問題に迫りたい。

1　「学級崩壊」に示された子どもたちの願い

授業が始まり、担任の教師が「今日は、教科書の○○ページからです。開いて準備してください」と言う。しかし、開かない子どもが、教室のあちこちにいる。かれらは、担任教師の言葉にまったく耳を傾けず、授業に関係のないマンガ本を読んだり、手遊びに夢中になったりしている。授業が始まってもペチャクチャおしゃべりしている子どももいる。教師は、業を煮やして、大声で言う。「今日は、○○ページからです。開いてください」。しかし、依然として教師の言葉に従わない子どもがあちこちにおり、教室の中を動きまわる子どももいる。

このように、教師の言葉に多くの子どもが従わず、授業が成り立たない事態は、「学級崩壊」と呼ばれ、全国各地で起こった。一九九八年六月一九日、この事態の生々しい場面がＮＨＫテレビで取り上げられ、放映され、大きな反響を呼んだ。「いま、全国の小学校で、学級崩壊という現象が広がっています。子どもたちが担任の先生の指示に従わず、授業が成り立たないクラスが増えています……」。このような語りで始まった映像には、教師の指示など、どこ吹く風で、教室の机の上を立ち歩いたり、授業とは無関係の本を開いて、勝手気ままに振る舞う子どもたちの姿が映し出されていた。筆者は、この映像を見て思った。「そこに映し出された子どもたちの言動は、見る者に何を訴えようとしているのか？　その子どもたちの言動のなかに示された心のうちの願いは何か？」。私たちは、この子どもたちの「何？」をはっきりと理解しなければならない。

「先生の授業は、つまらないです。ちっともおもしろくありません。少しも楽しくありませんし、まったく気のりがしません。私たちが心の底でどんなことを望んでいるのか、分かっているのでしょうか」。子どもたちは、心の中でこのような思いをもっているのだ。だから、子どもたちは、教師の指示を無視し、好き勝手にふるまう反抗的な行為に出たのだ。

「学級崩壊」をつきつけられて、教師が考えなければならないのは、身勝手な子どもの言動やそれをひき起こす子どもの無礼さではなく、子どもが心の底から発していることは何かを考え、知ることである。それを深く考えるとき分かってくるのは、「わたしたちは楽しい授業を受けたいのです」「わたしたちがワクワクするようなおもしろい授業を受けたいのです」という子どもの切なる欲求である。

この欲求は、学級崩壊などひき起こさない普通の子どももみな心の底にもつ欲求である。この欲求を満たすとき、子どもの「道徳性」である「真理の探究」の心が成長する。

たしかに「学級崩壊」は以前より少なくなっている。子どもは、以前よりも、身勝手や反抗心をむき出すことが少なくなっているように見える。しかし、実際は、子どもは以前とあまり変わっていない。反抗心の出し方が変わったにすぎない。反抗心を直接に教室で教師にぶつけるのではなく、学校・教室・教師から逃れるというやり方で反抗心を示しているのである。「先生に何を言ってもらちがあかない。それなら学校から逃れて、他の場——フリースクールのような場——に行って、そこで自分の願いを満たすようにしよう」。小中校の不登校の子ども三四万六四八二人（二〇二三年度、文部科学省）のなかには、こうした子どもも少なくない。

いま学校で教師が子どもの道徳性の育成でなさなければならない最も重要なことの一つは、子どもの欲求を授業で十分に満たすこと、すなわち、授業を、子どもを魅了する「楽しい授業」にすることである。では、いったい、具体的にはどうすればよいのか。

2　授業に音楽と絵を描く活動を取り入れる

子どもは、みな「歌を歌う」ことが大好きだ。歌は、ハーモニーとリズムが基本。子どもの心身もハーモニーとリズムで快適になる。歌を歌うと、子どもの心身は心地よくなり、学びへのエンジンがかかる。朝の体操と見てよいだろう。朝のはじまりから、「教科書の〇〇ページを開いてください。今日は、〇〇ページの〇〇行から始めます。〇〇さん、ゆっくりと読んでください」では、子どもは、気のりがしない。子どもが、はじめから「知的」な活動に入ることは、学びの本来の仕方に反するからだ。

歌を歌うとき、伴奏が入るのもよい。最もよいのは、ギター、ウクレレなどの弦楽器による伴奏である。なければリコーダーでもよいだろう。

歌がすんだら、教科書を開くのではなく、教師がその時間の授業で子どもが学ぶべき学習内容を、楽しさを呼び起こすなまの言葉で語りかける。話し終わったら、その概要の核心部を自分で描いた絵を黒板に貼って説明する。説明がすんだら、子どもたちに、その絵を参考にして各自がノートにカラフルな絵を描く活動を与える。絵を描くには時間を要するため、授業時間を四五分の倍にして九〇分とする。絵を描き終わったら、子どもたちに教科書を開いて読ませる。読み終わったら、新しく出てきた言葉・用語について説明し、質問があれば受けつけ、授業を終える。

これは、小学校四年生の国語の授業の具体例を示した、子どもたちが心から欲し願う気持ちを大幅に取り入れた授業である。従来の授業のやり方とはまったく違うが、この方式で授業を行うと、子どもたちは、見事に授業に没入し、楽しく学習活動を行う。立ち歩きなどまったくない。マンガ本を読む子どもなど一人もいない。ムダなおしゃべりをする子も皆無である。みな、夢中になって、教師の語った物語の内容を想像しながら、絵を描く活動に没頭する。授業の終わりに学ぶ新しい言葉の習得も早い。以上は、筆者の教え子で公立小学校に勤務する教員が実際に行った実例である。その教員は言った。「これから国語の時間ですが、いまから配るクレヨンで絵を描きます、と言ったら大きな拍手がわいたのです」。

このような、従来にはない、そしていまもほとんどない授業の方法に対しては、あちこちから疑問が出されるであろう。「国語の時間は、音楽の時間でないのに、どうして歌を歌うことから始めるのでしょうか」。「絵を描くのは図工の時間に、と決まっています。どうして国語の時間に、子どもたちは絵を描く必要があるのでしょうか」。

狭い日本のなかで、これまでの、いわば日本式とも言うべき教育方法しか知らない教員にとっては、前記の方法は、たしかに疑問が出される方法かもしれない。しかし、海外に出て世界的に「優れた方法」だとされる方法を現地に行って学ぶと、前記の方法がいかに適切な方法であるか、が分かる。

その方法は、本書でくり返しとり上げる「シュタイナー学校の実践」で一〇〇年にわたって長い間用いられてきた方法、すなわち「教育は芸術でなければならない」との考え方で用いられてきた方法である。その考えはどこからくるのかと言えば、その源は、子ども観、つまり、「子どもは、物事を理解しようとするとき、必ず芸術的な体験を通そうとすることを願い、欲しています。この欲求は、生涯のなかで特に児童期に強く現れます」との子ども観にある。先に示した方法は、この考えにもとづいて、示したものである。ここで私が強調しておきたいのは、そのような、音楽や絵を取り入れた授業方法の適切さである。その授業方法の注目すべき点は、それが一〇〇年もの長い期間の検証を経てきているということである。一〇〇年ものあいだの実践の積み重ねでその「適切さ」が実証された授業方法、それが、「芸術的な体験を取り入れた方法」なのである。

なぜ「適切」なのか。それは、子どもの心からの欲求を十分に満たし、子どもに学ぶことの楽しさ・おもしろさを存分に味わわせているからである。それが「適切」である理由は、このほかに、もう一つある。ここでそのもう一つの理由について書いてみたい。

3　芸術的な授業方法は、たしかに「真理の探究」の心を育てる

音楽や絵などを取り入れた授業は、子どものうちにどんな力を育てているのか。ただ「楽しい」「おもしろい」で終わってしまうのではないか。こう懸念する日本の現場の教員もいるかもしれない。しかし、シュタイナー教育を受けた子どもたちの状況を、現地で見ると、それが杞憂にすぎないことが分かる。

芸術的な方法を取り入れた授業は、子どもたちを、ただ単に「楽しい」の気持ちをもたせることで終わらない。この授業は、子どもたちを、その後の学年に進むなかで、道徳性の重要な柱、つまり「真理の探究」の心を確実に育て、真理の探究の行為へ導いていく。筆者は、この生々しい姿を、ウィーンのシュタイナー学校の高校生の卒業論文発表のなかに見ることができた。

ウィーンのシュタイナー学校では、筆者が先に示した芸術的な方法が、とりわけ中学校段階までのあらゆる授業に取り入れられている。小学校段階では、理科でも、歌や絵など、特にクレヨンで絵を描く活動がふんだんに取り入れられる。粘土による造形活動が入ることもある。筆者がじかに見た理科「ライオン」の授業について手短に書いてみよう。[1]

授業は、クラス二十五名の全員が朝の祈りの言葉を言った後、歌を教師の指揮で歌うことから始まる。この日の歌は、二部合唱であった。歌がすむと、担任教師は、まず一〇分ほど「ライオン」につ

いて、その生態を、時折、ジェスチャーをまじえて話す。「太陽が沈む頃、ライオンの活動が始まります。ライオンがひと声吠えると、サルたちもほかの動物もみな身をかくします……」。教師は話を終えると、三面鏡の黒板に、あらかじめ貼っておいた、カラフルな自作のライオンの絵を子どもたちに見せる。子どもたちのあいだに、感嘆の声があがる。

しばらく見たあと、子どもたちは、教師の絵を参考にしつつ、各自、思い思いに、ライオンの絵を描いていく。次の日もライオンの絵を描く。その次の日は教師のつくった粘土のライオンを参考にしつつ、自分たちも思い思いのかたちをしたライオンを粘土で作った。四日目にもライオンの授業があり、この日には、ライオンについての説明や質疑応答が行われた。

この授業を見て驚いたのは、子どもたちの、授業への没頭のすごさである。私は、子どもたちの喜々として授業に没頭する光景をいまでも思い出し、道徳教育の革新の一つの道はここにあるのではないか、と思った。

先に触れた「真理の探究」という道徳性の育成は、道徳教育の重要な目標の一つである。この育成で大切なのは、子どもに「学ぶことはとても楽しい」との思いを存分に感じることへと導くことである。学ぶことの楽しさを、小・中学校の段階でくり返し味わう体験をもつ子どもは、その後、「真理探究」の意欲を高めていく。それが最も目立ったかたちで現れるのは、高校段階に入ってからである。筆者はその意欲が明確に現れている姿を、ウィーン・シュタイナー学校の高校三年生全員が取り組む「卒業論文」の作成のなかに見てとることができた。[2]

4　高校段階で花開く「真理の探究」の心——シュタイナー学校の卒業論文発表会

もとより、「真理の探究」は、きわめて「知的な」活動である。現象や事実などの奥にある「法則」を自主的に自分の力で見つけ出す能動的な活動であり、時間と労力を要する活動である。結論を導き出すのに、一か月も二か月もかかる。実験の積み重ねを迫られ、半年も一年もかかることもある。何カ所もの調査の必要に迫られ、多くの地域を訪問する時間と費用が想像以上にかかることもある。一人の有名な作家の作品を研究する場合も、世に公刊された作品だけではなく、その作品の草稿まで丹念に調べる活動を行うと、予想を超えた月日の投入を迫られることになる。

ウィーンのシュタイナー学校では、「真理の探究」の活動である「卒業論文の作成」（卒業研究）は、高校二年段階に着手され、開始される。この頃の生徒は、物事を因果関係でとらえる思考、つまり、「なぜそれは起こったのか、その原因は何か、それはどのような経過・過程をたどり、どのような結果を生み出したのか」で考え、とらえる思考が発達してきている。それゆえ、研究のテーマ選びも慎重に行われる。テーマ選定は、研究の見通しが必要とされるので、指導者・教員との話し合いが不可欠である。テーマは、思想、芸術、物理、化学、政治、心理、文学その他多岐にわたる。約一年かけて卒業研究は行われ、卒業論文として作成され、展示室で公開される。誰でも閲覧することができる。その卒業論文をもとに、卒業研究発表会が、公開のかたちで催される。筆者

マヌエラ・ザイリンガーの
卒業論文

は、ドイツ語で書かれたすべての卒業論文を閲覧し、四日間にわたって行われた公開の卒業研究発表を傍聴した。生徒一人ひとりの卒業論文も研究発表もみな個性的なものであり、研究的・学術的なものであった。

研究発表は、一人約二〇分~四〇分で行われ、発表終了後は、会場の傍聴者が自由に質問することができた。質問には、かなり鋭いものもあり、返答に窮する生徒も何人もいた。容赦のない質問に答えることができずに、涙を流す生徒もいた。そのようなとき、指導者が出ることはなかった。発表終了後、涙する発表者を元気づけ、寄り添っていたのは、クラスの友人たちであった。

展示室に並べられた卒業論文は、高校生にこのような見事な論文が書けるのか、と筆者が驚くほどの出来ばえの研究論文ばかりであった。日本の大学生の卒業論文と同等以上のものが多く、なかには大学院の修士論文に匹敵するものもあった。

ここで筆者がとりわけ強く惹かれた見事な卒業論文の発表を紹介したい。発表者は、マヌエラ・ザイリンガーという名の女子生徒。発表テーマは、インドの舞踊に関する研究である。指導教官は、学外のインド舞踊の専門家。ザイリンガーは、研究発表に並々ならぬ趣向をこらしていた。その趣向は、二つあった。一つは、発表開始一〇分前にインドの香をたいたことである。この発表者は、インドの香が漂う、聴衆約一〇〇名がいるホールの舞台に登場したのである。もちろん、服装は、インド舞踊の衣装である。もう一つは、研究発表後の休けい時間に、聴衆者全員にインドのお菓子を配ったことである。

研究発表は、約二五分。インド舞踊の歴史と本質に関するものだった。ザイリンガーは、何十冊もの文献を読破してその歴史と本質を論文としてまとめたことを強調する一方で、自分の研究は、同時にインド舞踊を実際に演じることにも力を入れたものである、ということを力説した。実演は、研究発表後、一〇分間の休けいをした後で行われた。舞台での実演に際しては、指導教官がインドの楽器で伴奏した。伴奏のもとで、行われたザイリンガーの舞踊は、「見事!」の一語に尽きるものであった。約一五分の舞踊が終わったとき、満員の会場からは、割れんばかりの大きな拍手が起こった。

卒業論文は、二〇〇頁を超える力作。それに論文に記したインドの舞踊の習得と実演。他の多くの生徒の卒業論文の発表をも傍聴して、筆者は、「真理の探究」という重要な道徳性が、高校段階で開花し、注目すべき成長を遂げている姿に、シュタイナー学校の道徳教育のすごさを感じざるをえなかった。

先に述べたように、小・中学校で深く楽しい学びに没頭すると、延長線上で、つまり高校段階で「真理の探究」への自主的な活動が、めざましいかたちで活発になるのである。「真理の探究」の自主的な活動は、一四歳以降のシュタイナー教育の最も重要な目標の一つであるが、この目標を達成するには、それ以前の小・中学校の時期に「学ぶ楽しさ」を存分に深く体験しておかなくてはならない。

5　わが国では、道徳性「真理の探究」は育っているか

わが国の小・中学生そして高校生はどうなっているのだろうか。「学ぶ楽しさ」の深い体験をもっているだろうか。現実の子どもを見れば分かるように、純粋に学ぶことそれ自体を楽しむ深い体験をもつ子どもは、きわめて少ない。誤解を恐れずに言えば、多くの子どもが学習し勉強するのは、テスト・試験のためであり、学ぶことそれ自体を楽しむ「楽しさ」によるものではない。多くの子どもたちは、学ぶこと自体の楽しさではなく、テストでよい点数・よい成績をとるために学び勉強するのである。高い得点・高成績という損得で学び勉強しているのである。こうした学び・勉強で、はたして、純粋に真理の世界を探究する意欲や自主的活動は、育つであろうか。おそらく多くの人が「否」と答えるだろう。もちろん、テストがあっても純粋に「真理の探究」に意欲を燃やす子どももいることはたしかである。しかし、そうした子ども・青年は、一握りの少数である。

わが国の学校教育しか知らない人は、テスト・試験をあたり前のことと見る。それを疑問視する人は、ほとんどいない。だがシュタイナー学校の保護者や教師たちは、違う。かれらは、テストの負の側面、つまり点数・成績の重視が、子ども・青年の「真理の探究」の意欲にマイナスの力として働く場合が多いと考えるがゆえに、授業にテストは導入しない。かつて、筆者は、勤務先の大学でゼミの時間に、「シュタイナー学校には、テストはありません。国際的な学習到達度調査（ＰＩＳＡ）でトッ

プの成績をあげたフィンランドの小・中学校も同じです」[3]と話したところ、ある学生が次のような感想を書いてきた。「先生は、世界各国に広がるシュタイナー学校や国際的な学習到達度調査で高い成績を収めたフィンランドの学校には、わが国のようなテストはない、と話しましたが、テストがなくても子どもたちは、学び勉強するのでしょうか。それで学力はつくのでしょうか。私たちは、テストがあったから、小・中・高校で勉強してきたのです。テストがなくても勉強するなどということは、とても考えられないことです」。

思えば、わが国の道徳教育は、「道徳の時間」以外の、国語・社会・理科その他すべての時間で行われることになっているが、そのすべての時間で、テストによる成績評価が行われている。この現状は、「真理の探究」という道徳性の育成をきわめて困難なものにしている。いつもテストで高得点を、との心理的な圧迫にさらされている状況のなかで、はたして、純粋に真理を愛し、真理の探究に自主的積極的に向かう道徳性は育つであろうか。

テストで高得点を、との思いで、子ども・生徒が勉強に励むのは、有名中学、有名高校、そして有名大学入学の切符を手に入れるためである。とりわけ有名大学への合格・入学の切符を手に入れることの思いは、強く大きい。テストで高得点をとり、有名大学の切符を手に入れた青年のうちに「真理の探究」の意欲が育っていると見るとしたら、それは見当違いというべきであろう。それとは反対の事実、つまり入学後、自主的に本を読み、自主的に自分でテーマを設定し、研究・探究活動を行う大学生はこの上なく少ない事実が目立ち、そのような大学生は、年々減少しているからである。特に危惧されるのは、「真理の世界を広く深く探究する」ために、海外に留学して研究しようとする大学生・

大学院生が著しく減っていることである。この傾向は、特に文科系の領域で強い。

先に触れたように、「道徳の時間」を取り巻く他教科のテスト重視の状況が、子どもの道徳性の成長に及ぼす影響は大きい。その環境のなかで、「道徳の時間」がめざす「真理の探究」の心は育つだろうか。

くり返すが、シュタイナー学校には、テストはない。だから、子どもたちは、テストのために学び勉強することはない。楽しいから、好きだから、学び勉強するのである。「真理の探究」の心は、ここから成長してくる。テストのための学び・勉強では、この心は、なかなか育たない。

『学習指導要領』では、道徳教育は、学校の教育活動の全体のなかで、と記される。他の諸教科のテストによる評価をどのように取り扱うべきか。今後、「道徳の時間」における教育目標の達成との関連で十分に論議されなくてはならないだろう。テストで子どもたちを勉強へと追い立てるいまの状況をそのままにしておくのでは、「真理の探究」という道徳性の成長は、きわめて難しい。

6 「いじめ」問題で明るみに出た友情の希薄さ

クラスの友人の持ち物を隠す。友人のバッグの中にゴキブリの死骸を入れる。約束の時間を破った罰だ、と言ってその友人からお金を奪う。ネット上に「お前なんか死ね」と書き込む……。いま、全国の各地の小・中・高校で、多種多様ないじめが起こっている。

これらの状況が示していることは、ひと言でいえば、友人同士がお互いに愛しあってクラスで営む共同生活の根本、すなわち「友情」が失われていることあるいはきわめて希薄になっている、ということだ。わが国の『学習指導要領』では、「友情」が道徳教育の重要な目標に掲げられているが、この「友情」は、いま学校で危機的な状態にある、と見てよいであろう。たしかに、子どもがみんな「いじめ」をしているわけではない。「いじめ」は、子ども全体から見れば、少数と言えるかもしれない。「いじめ」は、一部の子ども同士の友情の希薄あるいは欠落と見ることもできるであろう。しかし、この見方は、必ずしも適切であるとは言えない。というのは、「いじめ」に走らない普通の子ども同士のあいだでも「友情」は、いじめっ子ほどではないにしても、想像以上に希薄な状態にあると思われるからである。

難しいことをお互に助け合ってなしとげる。貧しい家庭の子に積極的に援助の手をさしのべる。走るのが遅い子に、声援の言葉をかける。テストの点数や成績で見るのではなく、個性や良さで友人を見て「遊ばない？」と声をかける。さみしそうにしている子を自分の家庭に招き入れ、誕生日会を催し祝う。子どもは、本来、このような愛の心をもって生きることを願い、欲している。

しかし、子どもは心の底にこうした願い・欲求をもつにもかかわらず、その願い・欲求を実現できないまま日々を送ることが多い。いまの子どもがそうなっている原因として、二つのことが考えられる。一つは、子どもを取り巻くモノの氾濫・普及であり、もう一つは、子どもの前に立つ人、つまり、親や教師とりわけ教師の子どもへの愛の不足である。以下、この二つについて述べてみたい。

(1) モノ・ゲーム機の氾濫・普及

今日ほどモノが「氾濫」と言ってよいほど、家庭にあふれている時代は、わが国の歴史においてはなかった。そのことは、電化製品やクルマの普及を見るだけで分かる。子どもの生活で氾濫と言ってよいほどのモノは、ゲーム機やラジコンなどである。とりわけゲーム機で遊ぶ子どもの姿は、ある意味では、異常である。その異常さは、二点に現れている。一つは、手に持つゲーム機に目を奪われて、外のものに関心が向かなくなることである。筆者は、このことを新幹線で体験した。天気のよい秋の日であったので列車の窓の外は、次つぎに魅力的な秋の景色が現れていた。筆者は二時間の車中、その秋の景色に見とれていた。ところが、窓側に座っていた小学生(五年生くらいと思われる)は、窓の外の景色を一回も見ることはなく、ずっとゲーム機に夢中になっていたのだった。黄金色に実った稲、柿の木、紅葉の木々、遠くの山々、……このような見事な景色に興味はないのだろうか。筆者は、このようなことを思いながら、ゲーム機に没頭する子どもを見て思った。「ゲーム機は、子どもの五感をダメにする麻薬ではないのか。周囲の景色にも周囲の人にも関心も示さず、友人と遊ぶこともできなくなってしまう異常人間になってしまうのではないか」。

ゲーム機に夢中になる子どもの姿で異常さとして注視しなければならないもう一つの問題は、友人との直接的な触れ合いが少なくなり、その触れ合いのなかでじかに体験して学ぶ「友情」の成長がダメージを受けるということである。言うまでもなく、ゲーム機での遊びは、ほとんどの場合、一人遊びである。そこには、学校の友だちもいないし、近所の友だちもいない。このような遊びでは、友人の手助けのありがたさを体験することもないし、友人との協力の楽しさを実感することもできない。それゆえ、多くの子どもたちは、友情がどんなものかが分からない。群れて遊ぶ、という表現があるが、かつては、子どもたちは、集団で楽しく遊ぶことが多かった。集団での遊びであるがゆえに、仲間同士のぶつかり合いがあり、それをのり越えて協力することの大切さを、子どもたちは学んでいた。だが、いまは、こうした学びは激減している。このような状況のなかで、学校がすべきことは何か。なすべき大切なこととして考えられるのは、友人同士のぶつかり合いがあり、それを克服して協力して一つのことをなしとげる楽しい活動である。その楽しい活動の一つとして、クラス全員参加のクラス演劇を含む演劇を、筆者は推奨したい。このクラス演劇等は、第八章と第九章で論述するが、わが国の道徳教育に革新の道を拓く、うってつけの活動であると思われる。

(2) 友情を育てるのに大切な、子どもへの教師の愛

いじめの問題が取り上げられるたびに、声高に非難が向けられるのは、「いじめに走る子」に対してである。いじめに走る子がいなければ、たしかに傷つく子どももいないし、いじめ自殺に追い込まれる子どももいない。全国のどこの学校でも、教師たちは、みな子どもたちに、いじめは絶対にしてはいけないことです、と強く教える。しかし、どれほど強く教えようともいじめは起こり、昨年は過去最高の六一万件に達した。なぜそうなるのか。思うに、それは、いじめをひき起こす根本原因が除

去されず、小手先の対処で終わっているからである。

なぜいじめに走る子どもが次から次へと出てくるのか。この問題で考えなければならないのは、「いじめに走る子は、心に大きな『不満』を抱いて学校で生活している」ということだ。大きな不満。私たちは、いじめに走る子が他のどの子よりも、大きな不満をもって学校にきていることに、目を向けなくてはならない。子どもは、大きな不満で毎日を送っていると、心に住む悪玉菌に負けていじめに走ってしまう。

子どもが抱える「大きな不満」とは何か。この問いに対する答えを探すとき、筆者はかつていじめに走ったことのある小学六年生が、筆者の主催する親子楽器作りの休憩時間にもらした言葉を思い出す。「小学5年生のときの担任の先生はきらいだった。テストの点数の良い子やよく発言する目立った子たちをかわいがり、ぼくのような目立たない子はあまり相手にされなかった。学校はちっともおもしろくなかった」。この小学六年生の言葉から窺えることは、「教師に対する不満」、つまり「この子への愛の不足・希薄さ」である。この少年の心の中の不満をかみ砕いて言えば、「先生は良い子にばかり愛を注いでいる。ぼくみたいに目立たない、点数もあまりよくない子には、どうして愛を注いでくれないのですか。ぼくは、とても不満の日々を送っています」ということである。

子どもをいじめへと走らせる要因には、複雑な家庭事情その他さまざまなものがあるが、教師の子どもへの愛の不足・欠如は、その大きな要因の一つである。もとより、児童期のまっただなかにある小学生にとって、ことのほか大きな関心事は、自分が担任の教師から愛されているかどうかである。小学生は、それを教師の毎日の言動から敏感に感じとる。愛されていないと感じると、教師が嫌いになり、授業にも身が入らない。いつも「不満」を抱え、そのなかで、心の悪玉菌の台頭を抑えきれなくなる。そしてちょっとしたことで、弱い友人をねらっていじめに走る子どもが出てくる。不登校の挙に出る子どもも現れる。

逆にもし教師から深く愛されていると感じると、子どもは、教師が大好きになる。大好きになると、子どものうちで、黄金の道徳性、すなわち「友人への愛の意志」がめざめ、発動する。そのめざめ・発動は、教師の子どもへの愛にかかっているのである。

このような考え方にもとづいて道徳教育を行っているのが、シュタイナー学校であるが、この学校の教師たちは、子どもの道徳性の成長にはたす自分たちの責任の重大性を人一倍強く感じている。この学校の創設者・シュタイナーは、勇敢に子どもの教育に身を投じる教師たちを、たえず励まし、激励する言葉を送り続けてやまなかった。かれの言っていることを要約すると、こうである。「子どもたち一人ひとりに、感謝の心をもって、深い愛を存分に注いでください。そして、子どもたちみなが敬愛する、真の意味での権威者になってください。子どもたちは、このような担任の先生のもとでこそ、児童期の最も大切な道徳性である友情、つまりどんな友人をも分けへだてなく愛する真の愛の意志がめざめ、動き出すのです。このなかで、希望に満ちた愛で貫かれたクラス共同体ができ上がるのです」。

序章で、子どもの教師への信頼が落ちている事態を指摘したが、これは一歩踏み込んで言えば、教師が一人ひとりの子どもを愛する姿勢に欠ける、あるいは、子どもへの教師の愛が不足しているということである。いじめ問題から浮かび上がってくるのは、教師の子どもへの愛の不足あるいはその希薄さである。この事態は、子どもの「不満」を増大させ、いじめ問題をひき起こすことへとつながっている。いじめ問題をこのように教師の子どもへの愛の不足・希薄さに求めることに対しては、異議を唱える教員もいるかもしれない。しかし、この問題の原因をいじめに走る子どもだけに求める風潮を、ひとまず脇において、もっと教師自身に求める見方に立つことも必要ではないか。

かつて筆者は、長野県の公立小学校でダイナミックな教育実践を展開していたM先生に講演を依頼し、勤務先の同志社女子大学にきていただいた。先生は一二〇名の小学校教員志望の学生に対して、教員の心がまえについての考え方を一時間にわたって力強く語った。そのM先生の講演のなかで、筆者を惹きつけてやまない言葉がある。先生は語った。「小学校で問題、特に道徳上の問題をひき起こす子どもがいます。その問題に接すると、原因を子ども自身に求める教員が少なくありません。しかし私は、それは良くないことだと思っています。子どもが悪いのではありません。悪いのはクラス担任の教員です。子どもへの接し方、子どもへの愛情の注ぎ方がよくないから、子どもは問題を起こすのです」。M先生のこの言葉は、いまでも筆者の脳裏から離れない。

すでに述べたように、教師の子どもへの愛は、幼児期において、きわめて重要な心であり活動である。これなくしては、幼児の「感謝の気持・意志」は育成されない。この愛は、児童期、つまり子どもが小学校に入学後もこの上なく大切なものである。シュタイナー学校では、この愛は、何よりも優先される。この学校の考え方と同じ立場に立つのは、序章で取り上げた哲学者・思想家ラッセルである。かれは名著『教育論』の最終章で、幼児期と小学校の時期における子どもへの教師の愛を最も重要なものと位置づけたのであった。[4]

第六章　教科化された「道徳」への教員の声と革新の道
――公立小学校の道徳教育と子どもの現状

公立小学校における道徳の授業の現状がどのようであるのか。現場の教師二名にインタビューを行い、その実態を調査した。インタビューは、二〇二一年六月～九月にわたって、全八回行った。教師Aは四〇代、教師Bは三〇代で、ともにクラス担任を長く務め、校務分掌においても豊富な経験をもっている。本章は、二人へのインタビューをICレコーダーによって記録したものをもとに作成している。

1　公立小学校の教員は、現在の「道徳の授業」をどう思っているのか

（1）教科化による変化

質問　小学校では、二〇一八年に道徳が、「特別の教科　道徳」として教科化されました。三年が経過

して、どのような変化を感じますか？

教師B　それほどの変化は感じませんが、年間三五時間をきっちりやるということを意識するようになりましたね。そして、教科書のすべてのページを確実に終わらせなければ、というプレッシャーを感じます。気持ちに余裕がなくなって、常に急かされているようです。

質問　「考え、議論する道徳」が導入されて、授業にどのような変化がありましたか？

教師A　「考え、議論する道徳」といっても、教科書は、そこに書かれている道徳的価値が正しいことを匂わせています。道徳的価値に触れる程度ならいいと思いますが、教科化されて、完全に価値の教え込みになっています。そのうえで、子どもにその行為ができていますか、と詰め寄っています。道徳的価値の押しつけをしてはならないと言いつつ、実際には教科化によって、以前よりそれが強まっています。

教師B　議論するには、二つ以上の対立事項が必要ですが、答えはすでに決まっています。教科書を使い、その時間で教える道徳的価値が決まっているのに、どうやって議論させればよいのでしょう。子どもだって間違った意見の側にはなりたくないと思っています。だから、教科書の求める答えや教師が求める答えを探ろうとします。否定される側の意見に立ちたいと思う子どもはいません。正しいとされる意見以外の発表をして、通知表で悪い評価をつけられたくないと思っています。教科化され、評価が通知表に記載されるようになったことで、これまでよりよけいに子どもの本心を聞くのが難しくなりました。

教師Ａ　教師も子どもも答え探しに意味がないと分かりつつも、授業では、それを互いにせざるをえないという状況です。それに、教科書の発問は、登場人物の心情を考えさせるものばかりで、議論が中心という感じではありません。「そのとき、○○さんはどう思ったのでしょう？」という問いが多く見られます。それは、議論になるような発問ではありません。

(2) 教科書について

教科書には、たしかに教師Ａが述べるように、登場人物の気持ちを答えさせる問いが多く並んでいる。

たとえば、令和三年度使用の光村図書の教科書四年では、「泣いた赤おに」の教材（八〇頁）において、「人間の友だちができたとき、赤おには、どんな気持ちになったでしょう」「赤おには、しくしくと泣きながら、どんなことを思っていたでしょう」と発問されている（八七頁）。また、「ちょっと待ってよ」の教材（一一一頁）では、「『なんだよ、しっかりしろよ』と言われた静花は、どんな気持ちだったでしょう」「ため息をついた正広はどんなことを思っていたでしょう」「しょんぼりして椅子に座った友治は、どんなことを思っていたでしょう」「正広は、どうして『みんな、ちょっと待ってよ。』と言ったのでしょう」と、登場人物の気持ちを考える発問ばかりが並んでいる。

それぞれ最後の発問では、「友達の大切さ、公平な態度、分け隔てのない行動について考えよう」「友達とよりよい関係をつくっていくために大切なことはどんなことでしょう」と問いかけられているが、学びの中心は登場人物の気持ちを考えるものとなっている。

また、同じく六年生の教科書では、「みんなおかしいよ！」（一〇六頁）で、「友達と理解し合うために、あなたは相手に、自分の気持ちを伝えるのが難しいと感じたことはありませんか」「相手と理解し合うためには、どんなことに気をつければよいのでしょう」という最終的な問いに向けて、やはりここでも、「和花（私）は、どうして本当の事を言ったら友達が減ると思っているのでしょう」「絵里子に、『ありがとう』と言ったとき、真紀はどんな気持ちだったでしょう」と、登場人物の気持ちを考える問いが目立つ。さらに例をあげると、「コスモスの花」（一一一頁）の教材では、「友達とはどんな人のことかを考える」ために、「『ぼく』が北山に初めていただいた『北山なんてー。』という気持ちにはどんな思いがこもっていたでしょう」「『ぼく』はどうして『やめろよー。』と言ったのでしょう」（一一五頁）とやはり、登場人物の気持ちを子どもに考えさせている。

「人数が多い方の意見が正しいのか、それとも少数の意見でも正しいと言えるのか」「正義のヒーローなら、悪者をなぐっていいのか」「昆虫は殺していいのに、なぜ人間は殺してはいけないのか」など、二つの対立する道徳的価値が子どもたちによって議論されているのではない。すでに、その時間に教えられる道徳的価値が決められており、それが正しいという前提で授業は進められるのだ。

登場人物の気持ちを考える問いでは、議論にはならない。こうした教科書の現状を見ると、小学生という発達段階においては、小学校では、「議論する」ということがそぐわないことを示しているようにみえる。

(3) 教科化後の子どもの変化

質問　教科化されたことで、子どもたちの道徳性が改定前より育っているという手応えがありますか?

教師B　教科化されて、検定教科書を使って授業が行われるようになりましたが、子どもは教科書の中は教科書の中のことと思っています。教科書によって、社会のルールやマナーが分かったり、こんな立派な人物がいたとか、世界ではこんなすばらしい活動が行われているとか、道徳の領域の知識を知ることができるという意味では教科書で学ぶことはいいのですが、教科書で学んだからといって、道徳的行動につながるかというとそんなことはありません。毎日クラスで教えていて、道徳の教科書を読んだ次の日から行動が変わった、という子どもを見たことがありません。子どもは、教科書で習った後でも、ごみは拾わないし、好きな友だちにしか挨拶をしません。道徳ノートには、ちゃんと「これからは、ごみを見つけたら拾いたいと思います」「私はクラス全員に挨拶するのがいいと思います」と、書いていましたが、そうした変化は見られません。

質問　なぜ、道徳の授業を行っても、子どもに変化が起きないのですか？

教師B　子どもも、教科書は、「教科書の中の世界だ」と思っていて、「自分の日常とは違う」と捉えています。道徳の教科書に書かれていることを読んで、それが正しいといくら頭で理解しても、じゃあ、その行動をしようとはなりません。行動するようになるには、実際に自分が同じような体験をして、その時にショックを受けたり、感謝の気持ちをもったりと、いろいろな感情を抱いて、そして、自分を変えようという強い思いが起きなければ子どもは変化しません。それで言えば、いまの子どもは、圧倒的に経験自体が足らないと思います。「友情」が教科書に出てきても、その言葉は知っていますが、それがどんなものなのか分かっていません。「友情」を知るためには、外に出て、友だちと一緒に遊んで、そして、楽しい思いをしたり、喧嘩したりすることが必要です。そうした機会がいまの子どもは圧倒的に少ないのです。だから、友情を教えるためには、教科書を読ませるのではなく、友だちとかかわる経験をたくさんさせることの方が大事だと自分は思うのです。

教師A　議論で「友情」について分かるようになるかといったら、それも違います。議論によって「友情」という言葉をうまく説明できるようになるかもしれないけれど、「友情」という言葉から抱く感情は育っていない。頭で理解したからといって、言葉でうまく説明できたとしても、それだけで、「友情はいいものだ」「友だちを大切にしたい」という感情が高まるわけではありません。それで、友情を育みたいという思いが強まることはないのです。

それから、「考え、議論する道徳」に関して、もっと気になっているのは、この「議論」という言葉です。「対話」ではないんですよね。「対話」は、自分とは違う考えの相手の思いを受けとめて、自分と相手の意見から、よりよい案をつくろうと行うものだけど、「議論」は、自分か相手か、どちらの意見が正しいのかを主張し合うものです。それぞれが自分の理屈を言って、相手を論破することを目的として行われます。「対話」が調和をめざしているのに対し、「議論」は戦いで、相手を叩き潰すようなイメージです。それが小学生にはそぐわないのです。

教師B　子どもたちは、クラス全員で仲良くしたいと思っています。でも、議論すると、その関係がギクシャクして、ギスギスしたものになります。だから、なかなか発言したがらないのです。議論することと自体を子どもは嫌がるのです。

議論するなかで、自分の言葉が相手を傷つけることもある。子どもは、本質的に友だちと仲良くしたいという願いをもっている。助け合って、一緒に課題を解決して、みんなで成長していきたいと思っている。議論によって相手を論破できる人がすばらしい人間だ、と教師が評価するようになれば、子どもは褒められようと、そうした人間をめざすようになる。議論する相手である友だちが、自分の競争相手となってしまう。そのせいで、友だちには弱みを見せられないようになるし、助けを求められないようになる。そして、相手を助け、教える行為もまた、自分が不利になることと考えるようになる。それは、友愛やクラス共同体そのものを壊すこととなる。

「議論」を強要することで、相手の立場になって、その気持ちを考えることができるようになるのだろうか。相手を論破できる力をつけることが、友情を育むことより優先されれば、他者を蹴落としてでも自分が勝つことが当然、という人間の基礎を子どもに植え付けることになってしまう。それは道徳の精神と真逆ではないだろうか。

(4) 道徳的行為をするのに理由がいるのか

教師Bは、「私は思うのですが、道徳って、そもそも、こっちをした方がいいとか、こうするのはなぜなのか、とか理由を考えたり、理屈を説明したりするようなものなのでしょうか」と疑問を投げかける。

山で遭難した際、一緒にいた人に自分の持っているチョコレートを分けてあげたとして、「なぜ、あなたは自分のチョコレートを他人に分けたのですか」と尋ねられても、その人は理由を答えられるのだろうか。そのとき、隣にいる人に自分のものを分けてあげようと思ったから、あげただけなのだろう。自分の中で、隣の人も助けたいという思いが湧き起こったから、そのように行動しただけなのである。自分の体力がその人の体力よりも残っていたからとか、相手の体力を高めた方が、自分が生存する可能性が高まるからといった理由によるのではない。ましてや、その人を助けたら、後でお金がたくさんもらえるとか、人を助けたことで褒められるからとか、教科書でそれが正しい行動だと習ったから、と考えて行動に移す人はいないだろう。

道徳的行為をするのに、理屈や理由などないのだ。なぜ、そうした行動をとったのかを説明しようとすれば、あとからいくらでも理屈は述べられるが、そのとき、とっさに自分がそうした行動をとったのは、道徳的感情とそれを実行しようとする意志が湧き起こったからだろう。子どもであったらなおさらである。「あなたは、なぜ友だちを助けたの？」と問われても、答えなど出てこない。なぜ、○○さんは友だちを助けたのかと議論を強制しても、「助けたいと思ったから」というつぶやき以上の言葉は出てこないのである。

行為する理由を理解して、それを行う道理が分かりさえすれば、子どもがそのように行動すると考えるのは幻想なのだ。「頭で分かれば行動する」と大人が思うようにはいかないのである。

(5) なぜ、人は道徳的行為をするのか

では、なぜ人は道徳的行為をするのだろうか。

人は、困っている人を見ると、助けたい、何とかしてあげたいという思いを抱く。そして、助け、その人に笑顔が戻ると、自分もうれしい気持ちになる。逆に、人を傷つけている人、人の物を盗んだり、だまし取ったりする人を見ると、不快な、ザラザラした気分になる。

道徳的な善い行いを見たり、したりすると心地よく、快い感情が自分の中で湧き起こり、不道徳な悪い行いを見たり、したりすると不快な気分になる。それは、幼い子どもであっても同じである。「善い行いをしたい」、「悪いことはしたくない」と、子どもたちも思っている。

教師Ｂ　子どもに接していると、子どもは道徳的だなと感じる場面が多いです。子どもは困っている友だちをすぐに助けようとするし、みんなで仲良くしていることに喜びを感じているようです。それが自然に見えます。逆に、クラスで傷ついている子どもがいると、悲しい表情をしますし、悪いことをする友だちがいると嫌そうな顔をします。

教師Ａ　しかし、そうとも言えません。自分も本来の子どもは道徳的だし、道徳的な快・不快をもっていると思いますが、そうでない子どもの姿も見ています。それは、自分が有利になるように嘘を言ったり、友だちを傷つけたり、自分だけが得するように行動する姿です。

(6) 快・不快と損得勘定

いま、大人たちの「人より高い地位を得たい」「金やモノをもっとたくさん手に入れたい」という欲望が至るところで蔓延している。そういう人びとは常に、何をしたら自分が他人より得するのかを計算している。そして、それは時に、道徳的判断よりも優先される。

損得勘定で物事を考えるようになると、道徳的行為の原動力として働いていた快・不快の感情が、真逆に作用するようになる。損得勘定で動く人間は、他人より多くの金やモノが手に入ると得であり、人を助け、自分の時間や労力、金が減ることを損だと考える。それにより、自分が得すれば心地よく、自分の取り分や利益が減って損すると不快に感じるようになる。損得勘定の快・不快が、道徳的な快・不快を超えてしまう。快・不快は損得感情によって、本来のあり方と逆転してしまうのだ。

そうした視点で道徳の教科書を見てみると、検定教科書になって以降、道徳的な物語が紹介されるだけではなく、「そうした行為がよい理由は何か」という理屈を並べ、その行為を正当化するものが増えている。これをすれば得だから、利益があるからやるという精神は、道徳とは真逆のものである。子どもに、どちらの行為がより益があるのかを考えさせ、その正しさを訴える教科書の根底には、道徳を数や量で比較できるものと捉え、どちらがどのぐらい益があるかを考える損得の思想があるのかもしれない。教師Aが指摘した子どもの変容は、こうした大人の考え方の影響を強く受けているのである。

(7) 子どもの変容・別の自分を演じること

教師A　子どもの変容について、もっと気になることがあります。この前、怖い光景を見ました。朝、六年生の教室前の廊下を通ったのですが、中が真っ暗なのです。子どもが全員自分の席に座っていて、何もしていない。電気すらつけていない。真っ暗な中、しゃべることもしないで、ただ前を向いて座っているのです。まるで置物みたいに。普通、朝の自由な時間なのですから、友だちの席のところに集まって、楽しそうにしゃべったり、遊んだりするものです。そうした子どもらしい姿が失われているのです。自分には、子どもが自ら自分の個性を捨てているように見えるのです。

教師Ｂ　私も同じことを感じています。特に、高学年の子どもの様子を見ていると、人に興味がないのです。何事にも無関心で、目が死んでいるのです。以前、自分が受け持ったクラスでもそうでしたし、今年受け持った子どもたちも同じでした。

教師Ａ　いまの子どもたちは、教師に対して、なかなか本当の姿を見せようとしません。本当の自分に、殻をかぶっています。殻を何枚も積み重ねて、別の自分を演じています。むき出しの自分をさらせば、それが傷つけられることが分かっているからです。

まわりの大人、親や教師が、自分の理想像を子どもに押しつけているのです。親と子ども、教師と子どものあいだには、強い関係がありますから、子どもはそこから逃れられません。子どもは、大人が求める理想の子どもになろうと必死なのです。

教師Ｂ　親も教師も、「そうすることが子どものためなのだ」、と口では言いますが、本当は自分のためではないでしょうか。親が子どもに理想の姿を押しつけるのは、自分の子どもがすばらしい原石だと思っていないし、立派に育つと信じていないからでしょう。だから石を磨こうとするのではなく、メッキをつけてよく見せようとするのです。

また、子どもを自分が将来楽して生きるための投資と考えている親もいます。実際に自分がお金をかけた分、倍にして返せと子どもに言った親もいます。子どもは、自分のための存在なのです。まるで、身につけるアクセサリーのように子どもを見ています。人が羨むような子どもならよくて、自分が恥をかく、自分の足を引っ張る子どもはいらないのです。子どもは、親に捨てられるのではないかと、ビクビク不安を感じながら生きています。実際に家から追い出されることはないとしても、まったく関心をもたれないという、精神的に捨てられた子どももいます。そういう子どもは、目が死んでいて、無気力になっていたり、クラス担任にとても甘えてきたりします。

教師A　自分の個性を自ら捨てる傾向は、教師にも見られます。同僚や後輩から「神」と呼ばれる教師がいて、その人は、校長や他の先生たちに特別扱いをされて、ちやほやされています。けれども、なぜか本人は幸せそうではないのです。

自分の本心を出すと、非難され、傷つくから出したくない。自分の本当の姿を見ることは嫌だから蓋をする。そして、別の自分を作り上げる。それは、本当の自分とは違う偶像です。作り上げた自分は、人から褒められる自分、他の人がいいねという自分です。でもそれが本当の自分ではないことを、本人はよく分かっています。本当の自分ではないという不信、いつか本当の自分が他人にさらされ、嘲笑されるかもしれないという不安、そうしたモヤモヤが自分を追い詰めていきます。常にみんなの空気を読み取り、それに適したように行動する。たとえ、自分のやりたくないことであっても、やらざるをえない。そうした自分に無自覚であっても、ストレスはかかり続けています。

一方で、そうした人は自由で、自分らしく生きる人を妬み、攻撃します。自分のように、個性を捨て、みなと同じように他人に合わせろというのです。そして、そのように振る舞う自分を正当化し、「大人とは、こういうものだ」と言うのです。本当の自分を押し殺して、世間に合わせろと迫り、ゾンビのように仲間を増やそうとします。

こうした大人の考え方が子どもにも波及しています。本当のその子らしさを出させるのではなく、「いい子ども」とされる子どもにしようとする。子どもは、「自分はこう感じる、こう思う、こうしたい」を封じられて、本心を明かさず別の自分を演じることに強いストレスを感じています。親や教師から正論を振りかざされ、従うしかない状況に心が壊れていくのです。

(8) 自分であること——その体をもった人間はひとりだけ

「特別の教科　道徳」となったことで、「評価」が導入されたこともまた子どもを追い詰めている。先生から良い評価をもらうには、みんなが正しいと言うものを正しいと答え、世間で認められる自分を演じなくてはならない。自分は違う考えなのに、それを言ったら、悪い評価がついてしまう。怒られる、批判されると分かっていて、それを口にする子どもはいない。先生や親に褒められる自分でいたいのだ。自分が思っていないことでも、嘘をつき、演じることがくり返される。本当の自分から離れ、別の自分がつくられていくことに不安を感じるようになる。

さらに、自分が演じている人物には、他の人でもなれる。そう、自分じゃなくてもいいのだ。「代わりはいくらでもいる。お前じゃなくてもいいんだよ」とまわりの人の囁きが聞こえる。自分より優秀な演者が現れれば、自分にとって替わられる。このように、別の偶像に換えたことによってできた、モノ化した自分を畏れるようになる。人間は、自分なりのものの見方や考え方があるからこそ、自分であると言える。それを捨てて、別の自分をつくり、みんながいいという感じ方や考え方をするようになれば、もう自分が存在する意味はなくなる。

世界を見て、世界を認識しているのは自分なのだ。客観的だとか、世間で言うところの価値などは、しょせん、誰かの頭の中でつくった世界なのである。世界を写すスクリーンの下には、自分の肉体がある。世界は自分の肉体からしか見ることはできない。そうした意味で、世界は自分がつくっていると言える。

大人が決めた客観的に正しいとされることを子どもに植え付けるのではなく、子どもを認識する主体と認め、その本性を伸ばす手助けをすること、それが教育者の使命である。人間を体と心に分裂させ、存在を理念と現実に区別してはならない。自分の体があるからこそ、世界を作り出せているのである。そして、自分の体があるからこそ、自分が存在する意味が生まれるのである。

(9) 子どもの主体（本性）を伸ばす教育

質問　公立小学校での道徳教育の現状と子どもの実態をお聞きしましたが、それに対して、どのような教育実践を心がけていますか？

教師A　子どもが作り出した別の人物と会話しても意味がありません。本当に子どもの道徳心を育てようと思ったら、まず子どもの核の部分を引き出さないといけない。子どもがかぶった殻を一つ一つ剥がして、素の状態で向き合えるようにするのです。

子どもは、本当の自分を出したら、あきれられて、見捨てられるという恐怖心をもっています。ですから、「先生は何があっても君を見捨てないよ。絶対に守るよ。君が大切だよ」という思いを言葉と態度で示し、子どもに安心感を与えます。

子どもが損得で行動するのは、将来に対しての不安があるからです。このまま安全に過ごせなくなるのではないか、他人によって窮地に追い込まれるのではないか、といった不安があるから他人を信用できなくなるのです。だから、不安を払拭することによって、他人を信頼できるようにさせたいのです。

そのため、子どもが本音を出してくれるまで、その子に愛情をもって接し、信頼してもらえるよう努めます。本心を出しても、絶対傷つけられないという安心感があって初めて、子どもは自分の核を見せはじめます。それができた状態になってやっと、子どもの心に語りかけることができるのです。そこから本当の「考え、議論する道徳」が始まります。「君はなぜそう思うの?」「その行動は正しいのかな?」という教師の問いかけに、初めて本当の自分で答えようとします。

教師B　私も目を見て、子ども一人ひとりに語りかけるようにしています。心の中で思っているだけではなくて、「君は、そのままの君でいいんだよ。先生は君を認めているよ」と口に出して言います。それほどしっかりと子どもに言わなければ、いまの子どもには伝わりません。それぐらい、子どもたちは大人に不信感をもっています。

教師Ａ　子どもが教師に対して心を見せてくれるようになるまでには、ものすごく時間と労力がかかります。毎日毎日子どもを見守り、少しの変化でも気づいてあげられるように気を配っています。特に、子どもがこうしたい、ああなりたい、というシグナルを見逃さないようにしています。子どもが求めるそのときに必要とするものを与えると、関係性がより深まっていくのです。

教師Ｂ　農家の人が言っていたのですが、野菜を育てるのに一番大事なことは、土づくりだそうです。土さえしっかりしていれば、あとはそんなに手をかけなくても、野菜は立派に育つそうです。土づくりが何よりも大事だと。教育も似ています。教育で土づくりにあたるのは、子どもの心に喜びを与えることではないでしょうか。楽しいなあ、おもしろいなあ、ワクワクするなあ、という喜びの心で子どもが満たされれば、そこから先はその子自身の力でどんどん伸びていくはずです。教師は、土づくりのように、心を豊かにするための喜びを与えることが仕事なのだと思います。道徳的な感情も同じで、子どもの中にあるものを素直に伸ばしてあげたいのです。

教師Ａ　よい教師というのは、「友だち先生」といった、子どもに下の名前で呼ばせて、友だちのように接する人ではありません。ましてや、何でも教師が決め、ただ子どもを自分の命令に従わせるだけの威圧的な人でもありません。しっかりと子どもが安心と安全を感じられる空間をつくり、その子らしくのびのびと発言できる、振る舞える場をつくることができる人です。そして、子どもが自分なりに判断し、決定できる機会を与えられる教師が、よい教師なのです。道徳も、法律だからそうする、それがルールだからそうするというのではなく、子ども自身がこうしたいという思いから行為できるようにさせたいのです。

教師B　子どもは、信頼関係ができてくると、授業の中でもよく発言するようになります。そして、自然に子ども同士で集まって遊ぶようになります。うちのクラスも二学期の終わりには、決まりではないのに昼休みに外に出て、みんなで遊ぶようになりました。それに、助け合う姿もよく見かけるようになりました。

教師A　この前、校外学習の準備をしていたのですが、キャンプファイヤーで歌う曲を教室で流していたら、子どもたちが立ち上がって、歌って踊り出したのです。そして、先生も一緒に踊ろうと言うのです。四年生ですよ。子どもらしさがよみがえってきたな、とうれしくなりました。

2　子どものうわべではなく、核に向かう「考え、議論する道徳」の授業

いまの道徳教育で問題なのは、それがうわべだけの道徳にとどまってしまうことである。道徳的に

正しい振る舞いだと、自分が信じるからそうするのではない。社会や、他人から、そのようにしろと命令されているから、法律やルールで決まっているからという理由によって行動しているにすぎない。だから、グレーゾーンを狙う。訴えられなければいい、捕まらなければいいと、違反しない範囲で不道徳な行いをする。人が見ているからそうしたのであり、人がそうすべきと言うからやったのであって、心からそうしたいと思っての行動ではない。出発点が自分の核の部分からではないのだ。

インタビューから、二人の教師が子どもの本当の心に働きかけようと努めていたことがわかったが、それは、うわべだけ変わっても意味がないことを経験から実感しているからである。「人が見ているからそうする」「みんながそうしろと言うからやる」というのでは、本当の道徳心が育ったとは言えない。「考え、議論する道徳」も、うわべではなく、子どもの真の部分が変容するものでなくてはならない。

「考え、議論する道徳」は、自分とは違う考え方、感じ方を知り、自分と照らし合わせ、何が道徳として正しいのかを再構築するために行うものである。これまでの自分を振り返り「自分はこうしていた」「こう思っていた」「こう感じていた」と自分を見つめ直し、「これでいいのだろうか」「変えた方がいいのだろうか」と問い直す。

一つの正しいとされる考えがあって、相手をいかに説得し、従わせるかを競うものではない。みんなの考えが一つにまとまることもありえないし、「みんな違ってみんないい」でおしまいでも意味がない。それだと、自分の考えを改める必要もないし、自分の感じ方に疑問すら投げかけていないからである。

一人ひとり違う考え方があって、人の考えを聞くなかで、自分の考えをより良くしていく。相手の考えに一〇〇パーセント賛同する必要もないし、自分の考えを一〇〇パーセント相手が受け入れてくれるはずもない。「自分はどう考えるのか」「どうしたいのか」と、問いが自分に向けばいいのだ。「考え、議論する道徳」を実践する時、それぞれの子どもが自身に問うことができたのかが注視されるべきなのである。

議論によって、みんなの求める理想の姿を知り、その殻を自分にかぶせるのではなく、本当の自分に問いを向け、自分はどうしていけばいいのかを構築し直す。他人の意見を受け入れて自分を変えたり、そうではないと自分を変えなかったり、自分の核と照らし合わせ、つくり変えていく。議論は、そのために行われるのだ。

みんなが正しいという意見をただ受け入れるだけでは、自分との照らし合わせは起こっていない。自分の考えが正しいからと意見を押し通し、主張し続けることも、自分に問いが向いていない。自分を見つめることは辛く、自分の醜い部分には目をつぶりたくなる。自分を変容させ、生き方を変えることは容易なことではない。自分をしっかりもって、他人の意見を自分の核と照らし合わせながら、自分を成長させていく。それが生きる力ともいえる。

自分に殻をかぶせるだけの学びも、「いいね」と言われる演じ方を身につけるだけの学びも、論破して相手を倒すだけの学びも、自分と向き合うことができていない。二宮金次郎の題材は古いからだめだとか、子どもに身近な現在活躍する人物の題材がいいとか、正しい挨拶の仕方は何なのかとか、パン屋より和菓子屋がいいとか、そうしたことより大事なのは、その題材が、子どもにとって、自分の心と向き合えるような、心に響くものであるかどうかなのだ。道徳の授業が、子ども自身がうわべの部分でなく、自分の本性に向き合い、それを問い直す機会になるよう、教師は実践し続けているのである。

3　革新の道をめざして

小学校の道徳教育において、議論を導入したことには、二つの目論見があった。一つは、議論することによって、子どもが「自分事」として捉えられるようになること、もう一つは、その行為を行う理由や理屈を考えることによって、それを実行できるようになることである。

しかし、小学校の教員が現場で感じているように、子どもが教科書によって道徳的価値を知ったからといって、そのように行動するようになるわけではない。また、それを行う理由を理解したからといって、そのように行動するわけでもない。「知識を得たからやる」ようにはならないのだ。検定教科書でいくら正しい行為を習っても、日常生活では、子どもはなかなか変わらない。道徳の授業が、その中だけで閉じたものとなり、日常生活とつながっていかないのだ。

当事者意識をもたせたいと始まった「考え、議論する道徳」は、子どもが自分で道徳的価値について考える方向にではなく、教科書によって道徳的価値を子どもに教え込む結果となっている。議論させ、その行為を正当化する理屈を並べ立てても、いくらその正しさを理解したとしても、道徳的な振る舞いをするようにはならない。道徳的行為を起こさせるには、自分の道徳的な快・不快の感情が強く働かなければならない。日常生活の中で、道徳的判断を求められる場面に出会ったとき、判断するのは自分の核の部分である。それは頭で考えて出てきた行為ではない。自分の心が動いたから、実行できたのだ。ゆえに、子どもの頭にではなく、心に目を向ける必要がある。どうしたら子どもの心に響き、変化するのかと試行錯誤する。子どもの本音を引き出し、そこにアプローチできるよう、時間をかけ、誠実に向き合い続ける。二人の教師の言葉からはそうした思いが伝わってくるのだった。

自分らしく生き、自分の本性に従って生きる生き方を放棄してはならない。他者を尊重し、他者とともに調和して生きることをめざす一方で、自分らしく生きようとすれば、他者との摩擦が生じ、苦しみがもたらされる。しかし、自分の内から湧き起こる「これが道徳なのだ」という思いに従って行為すれば、自分が納得し、満足した気持ちになれる。それこそが自分に誇りを与え、心穏やかに生きられる自分らしい生き方なのである。

また、人は本当の自分を認めてもらい、ありのままの自分を受け入れてもらえることで、心満たされ、幸せを感じる。人とのかかわり方を学ぶ道徳においても、本当の自分が変容しなければ、つくった自分をどれだけ変えてみせたとしても心満たされる関係を他者と結ぶことはできない。人にやさしくしたり、やさしくされたりする関係、他の人と助け合い、支えあい、励ましあって生きる関係は、ありのままの自分においてでしか築くことはできない。そのためには、子どもの頃から、自分の心とかけ離れた態度をとり、本心でない言葉を発することをくり返してはならない。

子ども自身が認識主体であり、世界を感じ、意味づけ、価値づけていることを認める教師と、誰かの決めた、正しいとされる世界のルールに従う人間を育てようとする教師とでは、教育のあり方はまったく違う。二人の教師が、ありのままの子どもの姿を認めようとしていたのも、それが教育の正しいあり方だと信じるからなのだろう。

第七章　子どもとの信頼関係を築く
――革新の道を拓く根本

教育現場の教員の声に示されているように、教師の前で「本心」を隠す子どもが目立ってきている。これでは、道徳の授業は成り立たないし、子どもの道徳的な成長は、難しい。「本心」で教師と向き合い、クラスの友人たちと話し合える状況を作り出すには、教師はどうすればよいのか。

1　信頼関係とは何か、なぜ重要なのか

もとより、子どもたちが、クラス担任の教師の前で「本心」を隠し、偽りの自己を出して生活していることは、教師への子どもの信頼が欠落していること、つまり両者の信頼関係の希薄さ・欠落を示すものにほかならない。もし信頼関係が厚く深ければ、子どもは「本心」を外に出し、本心をぶつけて話し、共同生活を営む。道徳の授業の成否は、その信頼関係が十分にあるか、ないかにかかっている。「真理の探究」、つまり外からの強制ではなく自発的自主的に学び探究しようとする力も、信頼関

係が深く厚いものになると、めきめきと活発になる。テストの訓練などすることなしで、テストを受けても、ごく自然に高得点をとる。

ここで信頼関係を、子どもの「教師への尊敬」あるいは「教師への敬愛」の関係としてとらえ、その大切さをより鮮明にしたい。

信頼関係とは、教師が子どもから深く尊敬されていること、すなわち、子どもの「教師への敬愛」が深く存在している関係のことである。道徳の授業で子どもが「本心」を出して、実り豊かな学習を進めることができるかどうか、「真理の探究」「友情」をはじめとする道徳性を伸ばすことができるかどうか、それは、ひとえに「教師への敬愛」「教師への尊敬」の有無にかかっている。この敬愛・尊敬は、それほど大きく重いことがらなのである。わが国の教員でこの重大さに、真正面から向き合い、それを取り上げる者は、どれだけいるだろうか。

しかし、目を海外に転じてみると、わが国とは違った状況があることが分かる。その違った状況の注目すべき実例として、先の第五章で触れた国の教育、即ち国際的な学習到達度調査（ＰＩＳＡ）でトップの成績を収めたフィンランドの教育をあげることができる。フィンランドの子どもは、一六歳頃までテストのたぐいはほとんどないが、自主的意欲的に学び勉強する。その姿からは、「真理の探究」の確実な成長を見てとることができる。それが、世界各国から注目されるほどになっている状況は、言い換えると、この国の教育が「成功」していることを示している。なぜ成功しているのか。その成功の秘訣を知りたいと思う人は多い。ＩＣＴ教育を取り入れているからか。それとも子どもたちにテストの練習をさせたからか。カリキュラムが優れたものだったからか。

その秘訣について思いをめぐらすとき、フィンランドの首相・バンハネンが朝日新聞紙上で二〇〇八年五月五日の子どもの日に述べた言葉は、千鈞の重みをもって私たちに迫ってくる。バンハネンは、フィンランドの教育の成功の秘訣として「何よりも教師に対する敬意」をあげ、さらに「フィンランドの教育が成功した理由は簡単だ。教育で重要なのは教師であり、わが国では教師が尊敬されている」と言い切ったのであった。

たしかにわが国でも、教師への敬意はないわけではない。しかし、前掲の首相・バンハネンが言うほどにはなっていない。総じて、敬意は、年々減少している。この事態は何としてでも変えなくてはならない。教師への敬意・敬愛を増大させるには、教師はどうすればよいのか。そのために教師の行うべきことは、大きく分けると、三つある。第一は、教師は、どんなことがあっても、子どもの人権を守り、法に触れることはしないことである。子どもへのワイセツ行為・盗撮などは、断じて許されない。第二は、子どもからの敬意・敬愛を得ることの難しさを知ることである。第三は、教師は日常の教育活動において、「今まで通り」にとらわれない姿勢を持ち、実技の導入に力を入れ、はつらつさに生きること等である。以下、第二と第三をとり上げ、述べたい。

2　信頼関係（教師への敬愛）を育てる難しさを知る

一般に、厚い信頼関係というとき、引き合いに出されるのは、親子の信頼関係である。子は、幼いときから親の世話・援助によって育つがゆえに、親を深く信頼し、子と親との信頼関係は、厚く濃いものと思われている。

しかし、この見方は、適切ではない。たしかに、外見上は、親子の信頼関係は、厚く濃いように見える。だが、これは外見上のことであって、よく見ると、弱く薄いことも少なくない。かつてここに注目した評論家の一人に、『少年A矯正2500日全記録』（文芸春秋、二〇〇四年）の著者・草薙厚子がいる。通常、「自分は親から愛されている」と、ほとんどの子どもは思っている、と世の人たちは見るが、草薙によれば、実際は違う。「自分は親に愛されていないんだ」と思っている子ども、とりわけ少年男子は、年々増えており、四〇パーセントを超える。草薙は、親子関係の悪化が近年見られることに注目する。つい最近、筆者は、草薙の見方を裏づけるような出来事に出会った。ある講演会の後だった。講演会の講師だった筆者に、一人の母親が来てこう言った。「小学校三年生の娘のことで気になることですが、娘が時折〝お母さん、わたしのこと、ほんとに好き？〟と聞いてくるんです。なんと答えたらよいのでしょうか」。

草薙の見解や筆者の体験から分かることは、信頼関係を築くことは、容易なことではない、ということである。親子でさえ、信頼関係を厚く深いものにすることは難しいのに、学校で子どもと教師との信頼関係を厚く深いものにすることは、はたして可能なのであろうか。一クラス、約三〇名。担任として責任を負うのは、一年間。このような状況下で、教師は、一人ひとりの子どもと厚い信頼関係あるいは、自分への深い敬愛の心を育てることは、できるであろうか。特に担任が一年間という短期では不可能に近いのではないか。

短期の担任制が強まる全国的な傾向のなかで長期の担任制を取り入れている学校もないわけではない。かつて筆者が交流をもった長野県の学校には、五年間の担任制の学校もあったし、三年間の担任制をとる学校もあった。担任の長さは、子どもと教師の信頼関係の構築のうえで、子どもの「教師への敬愛」の心を育てるに際して、この上なく大切な要因である。第八章で記されているように、シュタイナー学校では、八年間同一クラスを受け持つ八年間一貫担任制をとっている。担任制の問題を抜きにして、道徳教育を論じることは危険であり、その成果を期待することは難しい。

子どもからの敬愛を得るために大切なことは、教師がたえず子どもの声に耳を傾け、子どもの側に立つことである。また惰性・口先き人間に堕ちる危険性を自覚し、実技・実行を心がけ、高い理想をもって実践に生きることである。次にこのことを九点に分けて述べたい。

3　教師が留意すべき九大事項

多忙な現場での教員生活は、朝の始まりから午後の終わりまで、子どもにとり囲まれ、子どもに見られている生活である。子どもへの影響は、大きい。その生活は、継続・積み重ねであり、少しずつ効力を発揮する。以下、九つの留意すべき点をまとめて記してみよう。第一は「通知表」「授業」その他で、子ども一人ひとりを傷つけたり、悲しませるような言葉は、絶対に用いないことである。もとより、言葉は「諸刃の剣」である。もし教師が子どもに対して不適切な言葉を使用すると、子どもがその言葉で著しく傷つき、教師への信頼がガタ落ちになり、授業を嫌うようになることを、担任は十分知っておかなくてはならない。その反対に、適切な言葉は、子どもに「本心」を言葉で表現することに喜びを感じ、積極的に授業に参加するようになる。こうした現実にしっかりと対処し、子どもとの深く厚い信頼関係を築くうえで大切なことは、言語・言葉の本質がどのようなものであるかを、教師がしっかりと学んでおくことである。思えば、序章で示した世界中の注目を浴びたスイスのペスタロッチーは、生涯にわたって「言語の本質」の問題に取り組み、言語・言葉のもつ危険性を世に訴えた教育実践家・思想家である。今日は、言葉の洪水と言われるほど、多様な言葉が横溢状況にある時代だが、この状況の中で教員生活を送らざるをえない教師は、ペスタロッチーを見習って、言語・言葉の本質を深く理解しておくことが必須である。

第二は、教師は、普段の学校生活のなかで、子どもが「嫌がる」ことは、できるだけしない、ということである。子どもが嫌だと思っていることを、良いことだと錯覚し、その「嫌がること」を押しつけている教師は、きわめて多い。そのようなことの弊害は、教師への不信・信頼関係の弱化となって現れ、道徳の授業へのしぶしぶ参加の事態を招来する。「あの先生は授業ではかっこいいことを言い、人を励ますことのすばらしさを説くが、実際にはわたしたちを励ますどころか、苦しめる嫌なことを平気でやっているじゃないか。言行不一致。とても信頼できない」。

これまで長い間、子どもに「嫌な思い」をさせてきた筆頭格は、「宿題」である。毎日のように課される「宿題」ほど、子どもを「嫌がらせる」ものはない。戦後、時代の経過とともに「宿題」の量は増加し、前世紀も、今世紀に入っても、その多さに悲鳴をあげる子どもが少なくない。少なくない、というよりも実に多くなっている、と言った方がよいだろう。「宿題」を嫌う子どもたちの思いは、しばしば新聞の声の欄に掲載される。二人の子どもの声を紹介しよう。

一つは、広島市の小学校六年生が朝日新聞に投稿した声である。この六年生は次のように書いた。

「勉強もういい、自由がほしい」

三月に卒業をひかえている小学六年生です。先日、私たちは社会科の時間、クラスで「もし○○大臣になったら、どんな政治をしたいか……」というテーマで作文を書きました。クラスで一番多かったのは、「文部大臣になったら……」という内容でした。みんな、「宿題を出した教師には、ちょうえき一〇年の刑を与える」とか、「テストを出した教師は死刑だ」。ほかにも、「授業は午前中だけ」「学習塾は全部廃止する」などと書いていました。私たちの先生も、授業は午前中だけにして、午後からはきょうやった勉強の分からなかった子どもへの補しゅう授業にあてたいと言っている。私はこの意見に大賛成だ。今の私たちは、勉強だ、テストだ、塾だ、とふり回されている。私たちはもっと遊びたい。もっと自由になりたい。未来をつくっていくのは私たちだ。次の世代の子供たちのためにも、宿題をなくし、テストをなくし、授業時間を減らしたい、と思います。（朝日新聞、一九八九年二月一六日付）

もう一つの声は、神奈川県の中学三年生がやはり新聞に投稿したものである。

「夏休み　好きなこと突き詰めたい」

今は私にとって、中学生最後の夏休みです。でも、学校からはほとんどの教科から宿題が出されていて、それをやらなければなりません。私は夏休みの宿題は必要ないと思います。勉強の習慣を身につけることは大切ですが、普段の宿題などで多くの人はそれが出来ていると思います。宿題がなければ、むしろ自分で課題を見つけて取り組んで、自立にもつながると思います。そもそも普段の生活がとても忙しく、私は大好きな読書をする時間がなかなかありません。小学生のときには週に四冊位は本を読んでいました。だから夏休みこそ、本を読む時間にあてたかったのです。好きなことを突き詰める機会は、将来必ず役に立つと思います。やりたいことが見つかり、人生がより豊かに楽しくなるはずです。夏休みを有意義に過ごすためにやるべきことは、人それぞれ違うのではないでしょうか。（朝日新聞、二〇二二年八月一九日付）

これら二人の子どもたちの声から分かるように、「宿題」は、子どもたちの「嫌いなもの」の筆頭格である、と見てよいものである。これを長い間、学校の教師たちは、子どもたちに強制してきた。この強制によって、教育で最も大切な働きをする「信頼関係」が希薄になり、弱化の一途をたどった。担任の教師への信頼が薄くなると、子どもたちは、教師の言葉を聞かなくなり、授業中は、勝手に自分の好きなことをしはじめる。ある子どもはマンガ本を取り出し、ある子どもはゲーム機に向かう。教師が、教科書の○○ページを開いてください、と言っても多くの子どもは、その教師の指示に従わない。先に取り上げた「学級崩壊」という事態が起こるのである。

子どもが楽しく読んでいるマンガ本を教師が取り上げようとすると、「何で取り上げるんだ」と、教師になぐりかかる子どももいる。なかには、あの教師は、クラスのみんなの前で、ぼくをバカにした言葉を言った、もうぼくは先生の顔など見たくもない、と保健室登校に走る子どももいる。また、登校することを拒否する子どもも出てくる。一昨年、公的な調査では、不登校の大きな原因に「教師への不信」があることが、テレビ、新聞等で報道された。不登校の子どもは、いまから二〇年前は、約一二万人だったが、一昨年は二九万九〇〇〇人まで増えた。従来、学校側は、子どもの不登校の原因を、子ども自身の学習意欲の低下など子どもの側に求めてきた。しかしこの見方は、昨年の調査で修正され、その原因が「教師に対する不信」にあることが分かってきたのだ。

本書の「序章」で、すでに今日、子どもと教師の厚い信頼関係の欠落が大きな問題であることを、道徳教育の視点で指摘した。

子どもとの「信頼関係」の「希薄な」あるいは「欠如した」教室で、はたして道徳の授業は成り立つだろうか。「先生は、口先ではうまいことを言うが、多くの活動で私たちの嫌がることを押しつけている。先生の前で本心を言ったら、どうなるか分からない。はたして、わたしたちを元気づけ、楽しい学校生活を送る希望と力を与えてくれるだろうか。私たちの嫌がることを平気で押しつけてくる先生は信頼できない。わたしたちは、教室で我まんして座っていますけれど、私たちを軽く見ないでください。私たちは、心から信頼し尊敬できる先生を求めているのです。そのような先生のもとで学びたいのです」。これは一五年ほど前に、ＮＨＫテレビで放映された番組で中学二年生が語った言葉である。

かつて筆者は、広島県東広島市の中学校で、中学生の男子生徒が最も嫌がること、すなわち、頭髪を刈って「丸刈り」という丸坊主にして登校することを義務づけ、強要していた出来事に出会った。その、最も嫌がることを校則で規定していたため、中学生はどうすることもできなかった。何人もの生徒が、学校へ通うのを嫌がり、不登校の生徒も続出していた。私は、「丸刈り」でダメージを受け、中学一年から不登校になっていた少年と知り合いになり、その少年から、心の内を知ることができた。「ぼくの大切な髪の毛を校則だからといって勝手に教師が切るのは、許せない。そんなことをする教師は最低の人間です。信頼なんて、まるでありません。授業で教師の顔を見るのもいやになりました。教師の言葉を聞いて、尊敬どころか、怒りが湧いてきました。でも広瀬先生とお会いできて、ほんとにうれしいです。ぼくの心を分かってくれる大人もいるんだ、と思うと、元気と力が湧いてきました。ありがとうございます。校舎の中で死んで抗議しようと考えていましたが、やめることにしました」。

この少年と出会って、筆者は、「丸刈り校則」廃止の市民運動を展開し、約一〇か月でこの校則廃止を勝ちとることができた。市民運動を展開するなかで、何度も何度も校長・教頭・教師たちと話し合いをもった。そのなかで分かったことは、学校・教師たちの硬直さであり、子どもの心への理解の欠落であった。これでは、とうてい、子どもと教師のあいだには「信頼関係」は生まれない。

くり返すが、「信頼できない教師」には、子どもは、一切「本心」を明かさないし、それを言葉で話し、表現することも、しない。

いま教師の行うべきことは、子どもとの「信頼関係」の構築である。この構築にあたっては、教師は、子どもが最も嫌がっていること、すなわち、「宿題」を出すことをやめなければならない。これが、学校の「道徳教育」の第一歩である。

第三は、前章で、現場の教師が示したこと、すなわち、子ども一人ひとりの目を見て、語りかけることである。「君は、そのままの君でいいんだよ。先生は何があっても君を見捨てないよ。絶対に守るよ。先生は、君を大切に思っているよ」という思いを言動で示すことである。前章の執筆者・本間夏海は、小学校に教員として勤務していたとき、子どもとの「信頼関係」を深く厚いものにしようと、心がけていたことがあった。

その心がけていたことの一つは、毎日、子どもたちが下校するとき、下駄箱のところに立ち、子ども一人ひとりの顔と目を見て、「〇〇ちゃん、あしたまたね。先生は、またあした会えるのを楽しみにして待っているからね。さようなら」と言葉をかけることだった。その際、本間がとても大事にしていたことがあった。それは、「握手をすること」であった。本間は、大きな手を出して、一人ひとりの名前を呼び、子どもの手をギュッと握って、別れるのだった。

この本間の心からの思いのこもった言動は、クラスの子ども一人ひとりに、この上ないよい影響を与え、「信頼関係」を厚く強いものにしていった。「下校のとき、握手をして別れる子どもの表情を、私は忘れることができません。私の一生の宝であり、思い出です」と本間は、私あての手紙に書いたのだった。

第四は、教師自身が魂のこもった自主教材を作成し、それを「道徳の授業」で使用することである。年に二回でもよい、三回でもよい、一〇～一五分程度の、子どもの心に食い入る「お話」をつくって、教師自身が「なま」の言葉で語り聞かせることである。その場合、語り終わった後、教師が自分で描いたカラフルな絵を提示し、「これをもとに、各自、自分の好きな絵を描いていいよ」と言って、絵を描く活動を導入することは、「信頼関係」をとても豊かなものにする。教師のなかには、「道徳の授業に絵を取り入れる」と聞いて、絵を入れてどんな効果が?と問う人がいるかもしれない。だが、疑うより、実際に絵を導入してみた方がよい。この場合、授業時間は二コマ続きとして、道徳の授業を展開する。終わった後、多くの子どもが言うだろう。「とても楽しかった。心から夢中になれた」。絵を描いた後、その絵をもとに活発な話し合いが生まれることは、言うまでもない。

「宿題は嫌いだが、授業で絵を描くことは好き」という子どもは、圧倒的に多い。絵を描く活動を授業に取り入れることは、子どものうちに、「先生は、私たちの心の願いをしっかりと受け入れてくれるんだ、先生の授業はとても楽しい、とても信頼できる先生だ」との思いを強く抱かせる。教師は、絵を描くことの重要性を、十分に認識しなければならない。

この重要性を認識していたがゆえに、筆者は、教員志望で「道徳教育」の講義を受講する大学生たちには、講義の時間に、クレヨンで絵を描く実技をもとり入れた。大学生たちには、さらに「道徳の授業」の展開の方法として、「指導案」の作成だけでなく、弦楽器・バンドーラによる前奏、間奏および後奏の実演をとり入れる活動をも教えた。大学の教員養成こそ、「革新」されなくてはならないと考えるからである。

第五は、教師自身がノコギリ、ノコヤスリその他の道具・工具を使って、作品(モノ)を作ることおよび子どもに作品(モノ)作りの機会を与えることである。お金を出せば何でも手軽に買える現在、そして映像・画面の過多の状況下でも、子どもは、心の奥で、自分の手で道具・工具を用いて作品を制作することへの欲求を持っている。筆者は、この欲求を満たすべく、長年にわたって、木材を切ったり削ったりし、接合して弦楽器――子ども用のギターに似た楽器――を、生徒が一人一台制作する教育実践に取り組んできた。

六年前には、大阪の私立・金蘭会中学校の一年生二五名に、総合的な学習の時間に、約三五時間かけて、「弦楽器・バンドーラ作りと合奏」を教えた。教育的な成果は、想像をはるかに越える良好なものだった。道具・工具、つまり、ノコギリ、ノミ、ノコヤスリ等を使って進む作業に子どもたちは、「友人と助け合って」喜々として、取り組んだ。嫌な顔をする生徒など皆無。完成した弦楽器での合奏では、皆が「協調」して心から楽しむ。制作の作業では、乗り越えなければならない難所がいくつもある。そこでは、教師によるマンツーマンのていねいな「手助け」が必ず入る。完成したバンドーラは、芸術性の香り高い、まさに「世界でただ一つの私の弦楽器」である。生徒たちの感激は、ことのほか深く大きい。ある生徒は感想にこう記す。「こんなに見事な弦楽器を完成できて夢のようです。私のこれまでの一三年間の人生で、これほど楽しく充実した学習活動はありませんでした。先生と友だちに心からお礼を言いたいです」。生徒の教師への敬愛の念は、いやましに増していく。

弦楽器・バンドーラ

授業その他で、教師が「人格に裏づけられた言葉」を使うことは大切だが、同時に生徒一人ひとりを、心の深い欲求を満たす重厚な作品の制作へと導く力量を持つことは、必須のことである。

（付記、この「弦楽器作りと合奏の教育実践」は、二〇一八年、読売新聞社より、第六七回読売教育賞優秀賞が授与された)。

第六は、クラスの子ども全員を指導し、クラスをまとめる力量を身につけることである。その力量として、たとえば、楽器による合奏、また合唱、さらに全員参加の演劇を指導できる力量などをあげることができる。先の第五章であげた長野県のM教諭は、これらの力量を兼ね備えた教師である。教諭は、合唱の指揮ができるようにと、休日は指揮法の専門家について、「指揮法」をも学んでいた、とのことであった。教諭の指揮による合唱を、筆者は実際に見たが、その合唱は、迫力満点の、聴衆を魅了するものだった。こうした力量を具備することが、子どもと教師との信頼関係をどれほど厚く深いものにするか、それを筆者は、二年間、M教諭のクラスとの交流を通して、明確に確認することができた。

第七は、クラスの子どもたちの前に、崇高な役割を与えられて教育者として立てることに感謝することおよび一人ひとりの子どもの顔を思い浮かべて、その子の成長を「祈る」ことである。思えば、元気よく登校する子どもの家庭・境遇はみな異なっており、複雑で恵まれない事情を背負っている子どもも少なくない。そのなかで懸命に生き、成長しようとしている子どもを思い浮かべ、就寝の前に「いつも君のことを思っている。明日も元気な君に会えることを楽しみにしている」と「祈る」ことである。もし風邪等で欠席を余儀なくされている子どもがいたら、その子のために祈り、またハイキングに行くときに、家庭の事情で弁当を持ってこれない子どもには、校長と相談のうえ、弁当を用意しておくなどの配慮も必要であろう。

第八は、子どもを、テストの点数・成績の善し悪しで見ないことである。そうではなく、子ども一人ひとりの個性を大切にし、短所・欠点ではなく、長所・良い点に目を向けてそれを伸ばすように心がけることである。

第九は、教師自身が高い理想をもち、それに向かって自己を高めていく自己教育・向上の姿勢をもち続けることである。もとより人は、与えられたことや同じことをくり返していると、精神的な新陳代謝が行われなくなり、精神上の腐りが生じる。はつらつとした心の輝きが消え、生き生きとした活気を失う。これでは、子どもからの敬愛は、得られない。はつらつとした心の輝きや生き生きした活気は、教師が高い理想や未知の世界に挑戦することによって生まれる。とりわけ、学問的な領域や芸術的な領域への挑戦は必要であろう。そして、海外研修等によって異なったレベルの高い文化・教育に触れることは、「内向きになりがちなわが国の教員」には、必須のことがらだと言ってよい。《井の中の蛙大海を知らず》のような教師では、子どもから深く信頼され、子どもに理想と夢と真理への力を育てることは難しい。

以上、子どもとの信頼関係を築くうえに大切な事柄を九つに分けて叙述した。この信頼関係の構築は、とりわけ「考え、議論する」道徳の授業の成立に不可欠の条件である。既述のように、信頼関係の低下は全国的な傾向である。これでは、子どもたちは、「本心」を出して授業に参加できないし、議論による道徳性の向上も望めない。もとより本心を偽ってウソの自分を演じると、言葉はその当人の道徳的堕落を招来する。それゆえ、大切なのは、子どもが本心を出せる教師との信頼関係の構築である。これを考えずに道徳の授業を行うのは危険であることを、教師は知らなくてはならない。

第八章　道徳性を育む教育課程と教育方法
――シュタイナー学校の第七学年（中学校一年）を中心に

わが国では、六歳に達した子どもは、みな小学校に入学する。ランドセルに教科書とノートと鉛筆を入れて、学校に通う子どもの姿は、これを見る親・保護者・教師に、未来を感じさせる、実にほのぼのとした光景である。

子どもは、学校で、担任の教師のもとで、「国語」、「算数」、「生活」、「音楽」その他の教科、特別の教科としての「道徳」を学び、「外国語活動」や「総合的な学習の時間」および「特別活動」のなかで多様な学習のときをもつ。外見上、子どもたちは、みな学校生活を滞りなく享受して楽しんでいるように見える。しかし、それは外見上のことであって、実際は違う。学校は嫌いだ、おもしろくもないし楽しくもない、といって登校を拒否する子どもが全国各地にいる。二〇二三年度の小・中学校の子どもの不登校は三四万を超える。これは驚くべき件数だ。この、数多い不登校の子どもたちは、私たちに何を訴えようとしているのか。教師・教育者は、子どもたちが心の中で訴えようとしている声なき声に耳を傾けなくてはならない。

子どもを未熟な、程度の低い人間と見る者は少なくない。不登校の子どもを学習意欲に欠けた者と見る教育関係者は多い。だが、こうした見方は、不適切である。子どもを大切にしない見方であるといってよい。そのような見方に立つ者には、子どもの本当の心は分からない。

子どもを、畏敬の念をもって、その心の奥を見るとき、聞こえてくる声がある。「ぼくはほんとうは勉強したいのです。真理のすばらしい世界を探究したいのです」。「友だちと一緒に仲良く学び、遊びたいのです」。「友だちに協力の手をさしのべ、一緒に楽しく生活したいのです」。「先生を信頼して生活したいのです」。子どもは、口には出さないが、心の中でこうした思いや願いをもって生きている気高い存在なのだ。登校を拒否するのは、そのような切なる思い・願いを満たすような教育を学校が行っていないからである。

「いまの学校は私たちの切なる思いや願いを満たし、かなえてくれる場にはなっていません。だから私たちは学校に行くのを拒否するのです」。全国各地で不登校の子どもは、このような声を発しているのである。私たち教育関係者は、子どものこの声に耳を傾けなくてはならない。

言うまでもなく、子どもの声が訴えていることは、いまの教育を変えて、子どもの思い・願いが満たされる真の教育にしてほしい、ということだ。教育は、子どもの願いを満たす方向に進んでいるだろうか。六年前に教育課程が改定され、「道徳」が「特別の教科」として登場した。よりよい学校教育が期待されて今日に至っているが、不登校の問題は、いじめ問題とともに、克服の兆しは見えない。むしろ好ましくない方向に進んでいる。学校教育はどうしたら子どもの願いを満たす方向へと向かうことができるのか。教育の革新が必要だと思われるが、その革新の道はどうしたら拓けるのか。

思うに、この問題を考えるとき、大切なことは、子どもに学ぶ喜びと楽しさを与え、友情への欲求や真理探究心を満たし、教師との信頼への願いをかなえる、質の高い学校の実践例に学ぶことである。本章では、その優れた、国際的評価の高い実践例としてシュタイナーによって創設されたシュタイナー学校（自由ヴァルドルフ学校）を取り上げ、この学校について論述したい。

この学校の魅力は、カリキュラムと教育・授業方法が一体となって子どもに作用し、教育の目標、すなわち「真理探究への欲求」「友情への欲求」「手助け・協力への欲求」「教師との信頼関係の構築への欲求」といった言葉で表現される道徳的欲求が子どものうちで満たされていることにある。これらの欲求が満たされるがゆえ、子どもたちは、この学校に喜んで通い、楽しく日々の生活を送る。

筆者は、家族でウィーンに住み、シュタイナー学校に通った。ここでの楽しい日々の生活から、筆者は、はかり知れない良い影響を受けた。この学校での体験を組み入れつつ、「道徳性を育むシュタイナー学校の教育課程と教育方法」について書いていきたい。

1　カリキュラムに示された教科の授業――歴史の授業の実例

日本語のまったく通じない学校生活。学校は九月から新学期が始まる。それで夏休みに、ウィーンのシュタイナー学校のある保護者のもとで、ドイツ語を習った。簡単な日常会話等はできるようになったが、授業の理解には程遠い語学力だった。しかし、第七学年（日本の中学一年に相当）に編入した筆者は、雨の日も雪の日も「楽しく」学校に通った。日本に住む祖母は、不登校にならないか心配している、との手紙を送ってきた。だが、筆者はその心配をよそに、喜び勇んで学校に通い、学んだ。「グーテンモルゲン、アヤコ！（綾子さんおはよう）」。朝、登校すると、教室の入り口で、担任のアッペル先生が、こう言って、握手して笑顔で私を迎えてくれた。教室に入ると、先に登校していた友人たちが、「アヤコ、グーテンモルゲン（おはよう）」と言って筆者に手をさしだし、温かく迎えてくれた。クラスのみんなが着席すると、授業が始まる。先生の合図で、みなが声を出して歌を歌う。歌い終わると、次は小詩（祈り）の言葉をみなが一緒に唱える。それがすむと、先生が、おもむろに語りはじめる。美しいドイツ語だ。どのようなことを話しているのか、授業に出席した当初はほとんど理解できなかったが、慣れてくると、大すじが分かるようになった。

朝の八時三〇分から始まる授業は、「主要授業（ハウプトウンターリヒト）」と呼ばれ、一〇時一〇分まで、休けい時間なしで、一〇〇分間続けられる。この日の主要授業は、「歴史」である。先生の語り・お話は、クラスの皆が小詩を唱えた後にはじまる。時間は約一五分〜二〇分ほどである。先生は、お話を終えると、観音開きの黒板を自分の手で開く。すると、かなり大きな見事な「絵」が現れる。この日の絵は、コロンブスがアメリカ大陸に渡ったときに使われたあの「サンタ・マリア号」だ。「シェーン（すばらしい）！」の感嘆の声が教室のあちこちから上がる。この絵は、先生が、前日、今日の授業のために、色彩豊かに描き、黒板に貼っておいたものだ。

この絵をモデルにして、二五名の生徒は、カバンから色鉛筆を取り出し、大判のノートにサンタ・マリア号の絵を描きはじめる。筆者も、先生のお話はこのサンタ・マリア号にコロンブスが乗ってアメリカ大陸に渡ったときのことだということを思い浮かべながら、力強く描く。先生は、一人ひとり

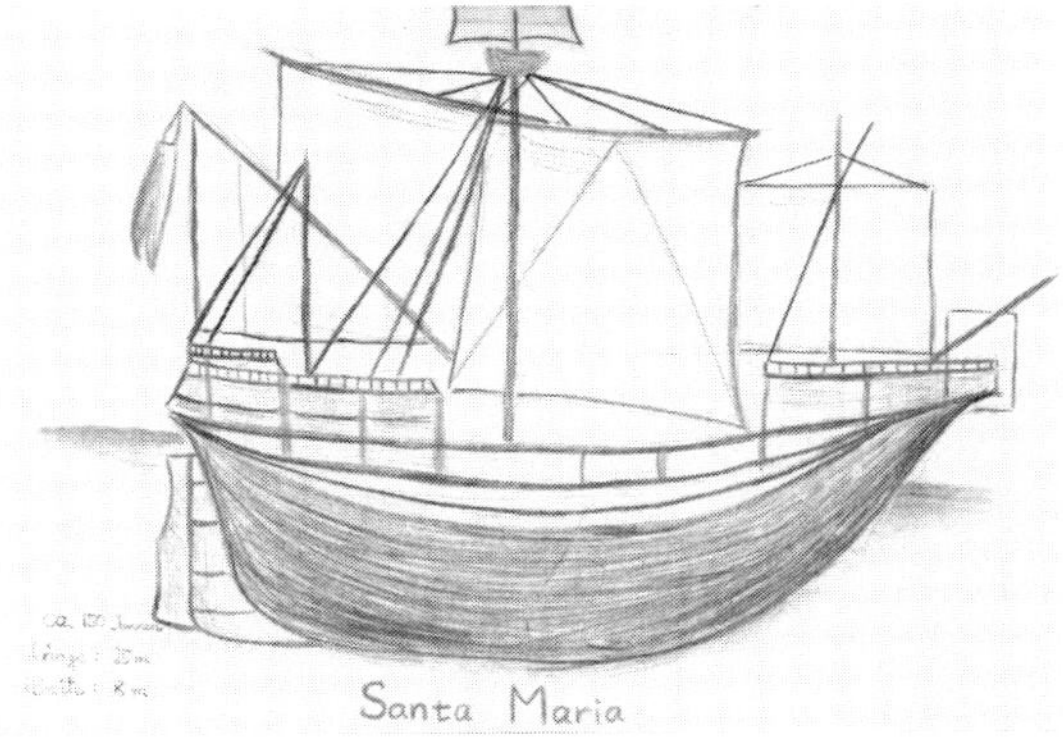

サンタ・マリア号の絵（筆者が描いた絵）

の生徒を見ながら、「堂々としていてすばらしい」「マストが良く描けているね」などと、褒めながら見て回る。描く時間はたっぷりある。先生は頃あいを見て、黒板の右方に、「コロンブスのアメリカ大陸の発見」という言葉を書き、その下に五行、言葉・文章を書く。今日のお話の特徴を簡潔に記したものだ。絵を描く活動が終盤に近づくと、生徒たちは、黒板に記された文章を写す。

絵を描く時間は、約一時間一〇分。生徒たちは、みなサンタ・マリア号を描く活動に没頭する。筆者も色鉛筆を使って夢中になって描いた。描き終わると、隣の友人と絵を見せあう。お互いに「シェーン（すばらしい）！」と褒めあう。描き終わって思ったことは、「実に楽しかった」である。日本の学校で歴史を学ぶ社会科の授業の時間に絵・写真などを見ることはあっても、絵など一度も描いた経験のない筆者にとって、シュタイナー学校での学習活動は、この上なく楽しくおもしろいものだった。祖母が手紙に書いていた「不登校」はまったく吹きとんでいた。

後年、筆者は、日本の高校に入ってから、世界史の授業の中で、アメリカ大陸に渡ったコロンブスについて学ぶ機会があった。その授業では、教育課程の構成に応じて作られた教科書が使用された。そこには、復元されたサンタ・マリア号の船（旗艦）の写真も掲載されていた。高校でのこの授業は、教科書に記された内容を教師が詳しく説明するかたちで行われ、心に響くものはほとんどなく、楽しい思いをもつことはなかった。船の写真は、筆者の記憶には残っていない。

これに比べると、シュタイナー学校で学んだサンタ・マリア号は、その後、日本に帰ってからも、ずっと筆者の記憶の中に生き続けた。それは、学んだ「楽しさ」が心の底の奥深くまで響く「深く大きな楽しさ」だったからである。このことを示す出来事をここで記してみたい。

いまから三〇年ほど前のことである。高校三年生であった筆者は、大学受験のための勉強に力を入れていた。大学入試センター試験直前の受験勉強で前年の試験問題を解いていた。その試験問題の一つに、「コロンブスがアメリカ大陸発見のときに使ったサンタ・マリア号は、次の四つのうちのどれか」との問いがあった。問いに示された船の写真を見て脳裏によみがえったのは、シュタイナー学校の授業で描いたサンタ・マリア号の絵であった。四つのうちのこれがサンタ・マリア号だ、と筆者は即座に選ぶことができた。実際に自分の手でサンタ・マリア号の絵を描いたことで、サンタ・マリア号は、私の中に深く刻み込まれていたのであった。

研究の道を歩んでいる筆者が強く思うのは、あの、シュタイナー学校のカリキュラムに沿って、それと一体になった教育の方法の偉力には、目を見張るものがある、である。

シュタイナー学校は、教育方法の学校と言われるほど、カリキュラムと教育方法は、一体化されており、教師による質の高い実践を産んできた。その実践は、子どもたちに学ぶ喜びと楽しさを与え、毎日を心地よく快適に送る生活の道を歩ませるものである。シュタイナーは、教師たちに、子どもたちが「学校に行って生活するのが一番楽しい」と言える教育をたえず求めていたが[1]、そうした教育がシュタイナー学校では、一〇〇年以上にわたって行われてきたのである。

2 人間学に基づくカリキュラムと教育方法

第七学年の子どもたちのコロンブスに関する学習は、この学校のレールプラン[2]（Lehrplan der freien Waldorfschule）つまりカリキュラムに基づいている。ここには、第一学年から第一二学年（高校三年）まで、各学年の子どもたちが学習すべき教育・授業内容の大枠・概略が記述され、示されている。

第七学年の授業内容としては、「ドイツ語」、「歴史」、「地理」、「自然学」、「物理」、「化学」、「数学」、「幾何学」、「オイリュトミー」、「音楽」、「英語」、「フランス語」、「体育」、「家庭」、「手工」、その他である。これらの授業内容の概略が、各々、五行から一〇行ほどで記述される。たとえば、「歴史」の授業については、一五世紀から一七世紀のヨーロッパおよびその他の外国の歴史的な出来事について取り上げ、発見・発明の時代および自然科学の躍進の時代の状況を念入りに取り上げること、と記述される。先にあげたコロンブスは、カリキュラムに記されたこの記述にしたがって、授業で取り上げられたものである。

ただし、授業で具体的な出来事およびそれにかかわった具体的な人物を取り上げるにあたっては、教師の自由な選択が認められる。それゆえ、その選択および選択した出来事、人物を客観的な歴史的事実にもとづいて、子どもに語る授業の準備は、大変である。資料、研究書等をもとに多大の時間を費やして勉強しなければならない。

シュタイナー学校では、教育課程・カリキュラムの編成は、二つの重要な原則のもとに行われる。この原則について書いておきたい。

その一つの原則は、客観的学問的に承認された知識・文化財を取捨選択するということである。もう一つの原則は、人間学つまり、子どもは、自己の本性のうちにいかなる欲求をもっているのか、についての研究に基づいて、各学年の子どもが学ぶべき文化財を取り上げる、ということである。

シュタイナー学校のカリキュラムは、この二つの原則にしたがって、編成され、授業が行われる。二つのうち、後者、すなわち人間学に基づくコロンブスの選択について、詳しく見てみよう。いったいなぜ子どもたちは、歴史の時間にコロンブスを学ぶのか。

シュタイナーの人間学によれば、七学年の一三歳から一四歳の子どもの特徴として、三つの本性の欲求があげられる。第一は、広い世界を知的に知りたいとの欲求が、きわめて強く出てくるということである。人間は、長い歴史の世界の中で、どのような生き方をしてきたのか、七学年の年齢の子どもは、人間の営み・生き方に関心を示し、これを知りたいと思うようになる。この子どもの欲求を考えるとき、未知の世界に漕ぎ出し、新しい世界を発見しようとたくましく生きた、大航海時代のコロンブスを学ぶことは、子どもの心を満たし、学ぶことの喜びと楽しさをもたらす、この上ない学習になる。

第二は、第七学年の頃になると、子どものうちに、出来事・物事を因果関係で、つまり、「その出来事はどんなことが原因で起こったのか、それはどのような経過をたどってどのような結果（結末）で終わったのか」の流れの中で知的に考え思考し理解しようとする欲求が、小学校の高学年のときよりも、ずっと強く現れてくることである。教師は、それゆえ、この子どもの欲求を十分に満たすことを考えて授業を展開しなければならない。アッペル先生の語る口調は淡々としたものであったが、コロンブスを冒険の航海へと向かわせたもとになったこと、雨や風、嵐に遭遇して沈没しそうになった航行途中の様子、そしてアメリカ大陸に到着したときの大歓喜のさまは、これを聞く生徒たちの想像力をかきたて、満ち足りた思いを抱かせたのであった。

第三は、児童期の小学生の頃から明確に示されることであるが、第七学年の中学生以後も「芸術的な活動」への欲求が、依然として強いことである。もとより、シュタイナー学校の子どもは、入学後、一学年、二学年……と学年が上がるにしたがって、文字を書く学習のなかでも、動物についての学習のなかでも、「主要授業」の中では、必ず絵を描く活動に時間を費やす。ときには、粘土でライオン、ウシ等を制作することもある。これらは、みな「子どもは小さな芸術家であり、いつも芸術的な活動を通して多くを学びたい、との欲求をもって生きている」とのシュタイナーによる子ども観に基づいている学習活動だが、七学年の授業もその子ども観を踏襲して、絵画を描く活動が存分に取り入れられる。アッペル先生が、自らの描いたサンタ・マリア号を提示して、生徒たちが、それをモデルにしてサンタ・マリア号を描いたのも、そうした子ども観に由来するものなのである。

以上、シュタイナー学校では、カリキュラムの編成や教育方法が、客観的文化財を踏まえつつ、強く人間学を支えとして、実際に実践されていることを述べた。

シュタイナー学校での学びの生活は、筆者に学ぶことの楽しさを存分に味わわせてくれた。二四万件もの不登校の実態を知るにつけ、筆者は、もしシュタイナー学校での生活を、子どもたちが享受できたら、どれだけ多くの子どもたちが救われるだろう、と思わずにはいられない。

楽しく学校に通うのは、筆者だけではない。クラスの友だちは、みんなが毎日楽しく学校に通っていた。不登校などありえないことだった。筆者は、毎晩いつも、明日はどんなことが学べるのだろうか、と楽しさの思いを抱きながら、眠りに入っていったのであった。

子どもたちに学ぶ楽しさを味わわせ、かれらを学校にひきつける要因には、前述のような授業の形態のほかに、いくつもの要因がある。次にそれについて書いてみよう。

3 テストのない授業——「真理の探究」への純粋な意欲を育てる

シュタイナー学校に、子どもたちが喜んで通う要因には、授業が子どもの心の欲求を満たす活動を存分に取り入れていることにあるが、さらに注目すべき要因がいくつもある。ここでは二つ書いておこう。

その一つは、テスト・試験がない、ということである。日本の学校では、中間テストや期末テストを見るだけで分かるように、テストはあたり前のことであり、常識である。しかし、シュタイナー学校には、このあたり前のことがない。テストがなかったので、この学校は、筆者にとって、この上なく居心地のよい場であった。日本では、テストの答案は、点数がつけられ、さらにクラスや学年の平均点等が記された用紙が渡された。それを見ると、自分がクラスでどのくらいの位置にあるかが分かる。平均点よりずっと上をとった生徒は優越感をもち、平均点以下の生徒は、劣等感におそわれる。一喜一憂している友だちの姿をあちこちで見てきた。学校のテストが子どもたちに競争心をあおって勉強へと向かわせることはできるだろう。しかし、マイナス面も多い。

シュタイナー学校の関係者たちは、そのマイナス面の重大さに注目するがゆえに、テストによる点数評価は行わないのである。そのマイナス面は二つある。一つは、お互いに助け合ってクラスの中で生活するという姿勢の成長が妨げられることである。C・リンデンベルクは、著書『自由ヴァルドルフ学校』のなかで、点数評価をしないシュタイナー学校について詳しく述べ、さらにこう書く。「クラスの中に競争原理が働いていると、子どもの名誉心や自己顕示欲は刺激され、促進されて、非常によくない結果をもたらすのである」[3]。このリンデンベルクの見解に、筆者は、さらに付け加えたいことがある。それは、たえず平均点以下の点数しかとれずにいる子どもたちの心情である。推察するに、かれらは、たえず「不満」を抱いて学校にきている。筆者は思う。それでかれらは、ちょっとしたことで不満のはけ口として、いじめに走るのではないか。

テストによる点数評価のない授業の方が、子ども同士の相互協力という道徳性が成長し、心温かい仲良し学級が生まれやすい。筆者は、日本の学校よりも、シュタイナー学校のクラスの方が、はるかに協調性に富んだ温かいクラスであることを身をもって体験した。日本人の筆者には、クラスのみながとても親切であり、クラス劇のときには、全員が一致団結して、演劇をやり遂げた。ウィーンのシュタイナー学校でのテストのない生活は、当時の筆者を心身ともに健康にし、その後の人生を前進させる大きな力となっていると、現在でも思っているのである。

テストによる点数評価のマイナス面のもう一つは、『学習指導要領』にも記されている教育の目標、すなわち「真理を求める態度」[4]の育成、あるいは「真理の探究」への意欲の育成が難しいのではないかということである。

もとより、シュタイナーの人間学によれば、「真理の探究」への意欲が顕著に表れるのは、「思考力」が際立って発達してくる一四歳以後の思春期・青年期においてである。この時期に「真理の探究」への意欲が順調に成長するには、それ以前、つまり小・中学校の時期に、この意欲が十分に育つための準備とも言うべき教育が十分になされなくてはならない。第一学年から第七学年まで、この準備ともいうべき教育が不適切である場合、思春期・青年期で「真理の探究」の能力を十分に育成することは難しい。

シュタイナー学校では、この準備ともいうべき教育に全力を注ぐ。その教育として、最も適切な教育方法である、と考えられて行われる実践が「テストのない授業」であるが、この教師たちが心得ているのは、テストのマイナスの側面である。その側面とは、子どもが勉強・学習を「テストのため」と思って行っていることである。子どもは、学習することそれ自体が楽しいがゆえに勉強するという姿勢で勉強するのではない。このような姿勢が欠ける場合、「真理の探究」への意欲は、育たない。

だから、シュタイナー学校ではテストはしないのである。

たしかにシュタイナー学校でも文化財・知識を授業で使用する。しかし、教師たちは、その習得を求めることを目的とはしないし、それを重視することもない。教師たちが、重視するのは、子どもに「真理の探究への意欲」が育っているかどうかである。別の言葉で言えば、教師たちは、実質陶冶の教育観ではなく、形式陶冶の教育観に立ってカリキュラムを編成し、授業を実践している、ということである。

既に第五章で記されているように、わが国の児童期・思春期の子どもたちは「テスト漬け」と言ってよいほど、テストの多い学校生活を送らされており、学習・勉強はテストでよい点数をとることを動機や目的として行われることが多い。純粋に「真理の探究」を動機とし、その探究への意欲に支えられ、またその探究をめざして学習・勉強に取り組む姿勢は乏しい。学習・勉強はテストのため、が当たり前のこととされている。

あえて書くまでもないが、シュタイナー学校の子どもには、こうした考え方は全くない。ないが、みな自主的に学習・勉強し、「真理の探究」へと向かっていく。真理の探究への意欲と能力には、目を見張るものがある。高校生段階になると、その意欲と力は「卒業論文」の作成というかたちになって現れる。「高校の卒業論文の三分の二は、大学生の卒論と同程度か、それをしのぐ。大学院の修士論文に匹敵するものもあった」と、朝日新聞の編集委員の一人、山岸駿介は、資料をもとに新聞（一九九四年、八月二九日付、朝日新聞）に、ウィーン・シュタイナー学校の高校生の姿を書いた。

この記事を記した山岸の見解には、注目すべきものがある。「シュタイナー学校では、知識の量を問題にせず、他人と比べないから、テストをする必要がない。画一的な教育を拒否するから教科書もいらない。テストがなく、他人と比較されなければ、子どもにとって、こんな幸せな生活はあるまい。当然、学習塾が入り込む余地などない」。(前掲新聞)

シュタイナー学校の生徒には、もちろん、進路保障も十分になされており、「真理の探究」に一段と磨きをかけた生徒は、ウィーン大学その他の高等教育機関へと進んでいく。

4 教育・学習内容に適した「時間割」

わが国の学校の教育課程の内容を具体的に示した『学習指導要領』には、小学校の一時限の時間は四五分、中学校では五〇分とすると定められている。各学校では、この規定に従って時間割を作成して、毎日、授業を行う。一時限目「国語」、二時限目「算数」、三時限目「社会」……といったかたちで、これらの科目は四五分きざみで設定され、子どもたちは、それらの科目を、教師の行う授業で学ぶ。

シュタイナー学校にも「時間割」はあり、登校する子どもたちは、その時間割に従って授業を受け、学びのときをもつ。時間割に沿った授業で驚いたことがあった。それは、授業が四五分間では終わらないことである。授業は一〇〇分間続けて行われる。日本の小学校では四五分間で授業が区切られ、それが終わると次の授業に移っていく。この短い時間の体験しかもたない筆者にとって、シュタイナー学校の授業の長さは、ゆったりとして、居心地のよいものであった。

ウィーン・シュタイナー学校の時間割

３学年の時間割

時刻	時限	月	火	水	木	金	土
8:00							
	1	主要授業（エポック授業）					
	2	主要授業（エポック授業）					
9:40		休けい					
10:00	3	ハンドアルバイト（手仕事）	英語	音楽	オイリュトミー	宗教	英語
10:50	4	ハンドアルバイト（手仕事）	フランス語	体育	音楽	英語	ヴァイオリン
11:50	5	フランス語	体育				
12:50							

〔主要授業で行われる科目〕
算数・国語・生活科（ランドバウ）・フォルメン線描
※ハンドアルバイトとヴァイオリンはクラスが２つに分かれる。
※また、宗教の時間は自分の家の宗教によって、キリスト教の中のカトリック、プロテスタント、自由宗教の３つに分かれる。

７学年の時間割

時刻	時限	月	火	水	木	金	土	
8:00								
	1	主要授業（エポック授業）						
	2	主要授業（エポック授業）						
9:40		休けい						
10:00	3	オイリュトミー	練習	英語	計算練習	オイリュトミー	ロシア語	
10:50	4	英語	ロシア語	ロシア語	練習		英語	クラスが２つに分かれる（反復練習）
11:50	5	木彫り	宗教	庭仕事	ハンドアルバイト			クラスが３つに分かれる（実習）
	6	木彫り	（昼食）	庭仕事	ハンドアルバイト			
13:20	7		体育					
	8		体育					

〔主要授業で行われる科目の一年間の順序〕
物理・国語・幾何学《冬休み》歴史・計算（数学）・化学《春休み》地理・物理・国語《夏休み》
※「練習」の時間は主要授業で不十分だったところなどを随時補充することに使われた。

（広瀬牧子『親子で学んだウィーン・シュタイナー学校』ミネルヴァ書房、1993年より）

すでに述べたように、シュタイナー学校で行われる一〇〇分間の授業は、朝、子どもが登校してすぐに開始され、「主要授業」または「周期集中授業」と呼ばれる。授業内容は、わが国の主要教科、つまり国語、算数（数学）、理科、社会、外国語と類似しているが、異なるものも多い。この授業の特徴は、授業に深く没頭でき、学ぶことの楽しさと喜びを十分に味わい、体験できることにある。わが国の学校の時間割に基づく四五分の授業では、それを味わい、体験することは難しい。日本では、コマ切れの時間割に基づく四五分の授業に対して異論を唱えたり、批判する教師・指導者はほとんどいないが、シュタイナー学校を担う指導者、とりわけその教育を担うリーダーであったシュタイナーは、コマ切れの時間割を強烈に批判した。もとより、かれが新しい学校を設立したときのドイツの学校の時間割は、一時限五〇分のコマ切れのものであった。かれはある教育講演会で、次のような言葉で聴衆に訴えた。「七時～八時……算数、八時～九時……言語（国語）、九～一〇時……地理、一〇時～一一時……歴史、が何を意味するかを一度考えてみてください！　七時～八時に高鳴った子どもの魂のすべては、八時～九時、そしてその後に消されてしまうのです」[5]。そしてかれは、このコマ切れの時間割を「呪われた時間割」[6]と呼び、「人間の諸能力の真の発達を妨げる殺人手段」[7]と名づけて痛烈に批判する。

コマ切れの時間割が流布しており、その問題が無視されている当時の状況を憂えて、シュタイナーはこう言う。「いまの時間割がほんとうの人間教育にとっては、殺人行為であることを、今日、どうして誰も考えないのでしょうか」[8]。このようにかれが述べる背後には、このような時間割で行われる授業では、子どもの魂の切なる欲求、つまり気高い道徳性である「真理の探究への欲求」がうち砕かれてしまう、との教育観があった。

筆者はウィーンのシュタイナー学校で、授業を受けているときは、そうしたシュタイナーの考え方を知らなかったが、帰国後、この学校が依拠する思想と実践を深く研究するなかで、当時の歪んだ教育を批判しつつ、真の教育を実現しようとするかれの思想と実行力を知り、希望と勇気を与えられたのであった。

思えば、シュタイナーが、新しい学校の設立に際して力を投入したのは、この学校のあるべきカリキュラムと教育・学習方法を、教師になる者に伝えることにあったが、その際、かれが重視したことの一つは、教育の目標、すなわち子どもの「真理探究への意欲の育成」をどのようにして実現するかであった。かれによれば、その実現を妨げる忌むべきものは、前述のコマ切れの時間割であった。この時間割は何としてでも廃止されなければならない。このかれの考えにもとづいてつくられたものが、一時限を一〇〇分とする主要授業を組み込んだ時間割である。

真理探究への意欲の育成は、時間割の作成のみならず、すべての教科の授業においてめざすべき重要な教育目標である。それゆえ、教育課程で示される教育内容を子どもに教える教育・授業の方法は、たえずその教育目標を十分に考慮して、工夫され、用いられなくてはならない。

一〇〇分の授業は、「主要科目授業」であり、「周期集中授業」によって行われるが、ここで取り扱われるのは、すべての科目ではない。英語やフランス語のように規則正しい練習を必要とする外国語やオイリュトミー、体操、手芸、音楽および絵画、図形素描などは、一週間の時間割の中に規則的に配分されている。主要科目に属するものは、「書き方」、「国語」、「文法」、「神話」、「歴史」、「算数・

数学」、「物理」、「天文学」、「幾何学」、「生活科」、「郷土誌・地理学」、「人類学」、「動物学」、「植物学」、「栄養学」、「化学」、「鉱物学」などである。[9] これらの科目の各々は、約三〜四週間単位の授業で一日一〇〇分の「主要科目授業」として行われる。つまり、「動物学」を四週間続けたら、次は「化学」を四週間、といった形式で行われるのである。

5　八年間一貫担任制――「敬愛」が育つ

シュタイナー学校では、日本の「学級」に相当するものは、クラス共同体（Klassengemeinschaft）と呼ばれ、この上なく大切にされる。温かさと豊かさと明るさに満ちたクラス。二五名の兄弟姉妹。日本の学校では味わったことのない、楽しい日々の生活だった。アッペル先生は、よく声をかけてくれた。クラスの友人たちも、みな私のことを何かと気づかってくれた。友人たちとの生活の中で、筆者は、驚くべきことを知った。クラスの友人たちは言った。「私たちは、小学校一年生のときからみなずっと一緒で、アッペル先生は、一年生のときから今日までずっと私たちの面倒を見てくれている先生です。私たちはみんな先生を尊敬し、先生が大好きです」。

七年間もみな一緒のクラスで、先生も七年間クラス担任として一緒。聞けば、クラス担任は、八年間、同一クラスの担任を務めるとのこと、筆者は、大きな驚きをもつと同時に信じられない気持ちだった。

シュタイナー学校では、教師は、前述した主要科目の授業を学年が上がるに応じて担当する。子どもに教える教育の内容は、月曜日から金曜日まで毎日違うので、また教科書はないので、教師の負担は、想像以上に重く大変である。特に六学年、七学年および八学年（日本の中学校の一学年および二学年に相当する）では、教科内容は、歴史、地理、化学、物理その他の主要教科では、レベルの高いものになり、教師は多くを学び研究しなければならない。このようななかで特筆されるべきことは、教師が自分の「精神」をたえず「初々しく」「新鮮で活発に」しておくことができることである。これによって、教師にありがちな傾向、つまりマンネリズムに陥ることは避けられる。

もとより、子どもは一〇歳、一一歳、一二歳、一三歳……と発達していくなかで、その精神もたえず新しくなっていく。これは、子どものリズムというべきものであり、教師は子どものこのリズムに呼応しなければならない。このリズムは、子どもの本性の欲求であり、教師は、この欲求を満たすことを心がけなければならない。

「欲求」という視点で見るならば、子どもは、発達段階の階段を登るに従い、さまざまな欲求をもつようになる。教師は、その欲求をしっかりと受けとめて取捨選択し、成長に必要な欲求を満たすことに力を尽くさなくてはならない。ときには、クラスの皆がグループに分かれて共同で絵を描きたいとの要求も出る。またクラス全員でスキーに行きたいとの要求も出る。あるとき、アッペル先生は生徒の要求に応じて五泊六日のスキー合宿を組み、クラス全員をスキー場に連れて行った。そこでの友人同士の交流や先生との交流は、いまでも楽しい思い出として残っている。

教師が一年、二年、三年……と担任を積み重ねるなかで目立って現れることは、子どもの、教師への「敬愛」である。わが国の『学習指導要領』にもこの「敬愛」が道徳教育の目標として、大きく掲げられているが、シュタイナー学校でもこの上なく重視される。この学校では、この道徳性が最も大事にされている、と言っても言い過ぎではない。シュタイナーは、この、教師への敬愛を、権威者を自分の側にもつことへの強い欲求という言葉で表現するが、児童期の子どもは、この欲求を最も強くもっている。だから、教師は、この子どもの欲求を満たすことをたえず心がけなくてはならない。

子どもが教師を権威者として心から尊敬し、深い敬愛の念を抱くようになると、子どものうちに眠っていた注目すべき愛、つまり誰にも分けへだてなく愛を注ぐ「普遍的な愛」がめざめる。この愛のめざめは、友人への愛、すなわち「友情」の育成を考えるとき、決して見過ごしてはならないことである。次にこのことについて書いておきたい。

6　友人への愛（友情）は教師への敬愛でめざめる

いま、「いじめ」問題がクローズアップされる状況の中で「友情」をどう育てるかに、大きな関心が集まっている。シュタイナー学校でもその育成を、重視してやまない。この学校では、その育成は、二つの「関係」の構築で推し進められる。「関係」の一つは、すでに述べてきた「子どもの教師への敬愛」の関係であり、もう一つは、「子どもと子どもとの関係」である。ここでは前者について一歩踏み込んで考察したい。後者については後の「クラス劇」の箇所で述べたい。

シュタイナーの人間学によれば、幼児期にしっかりと「感謝」が成長して小学校に入学する子どもには、「普遍的な愛」がまどろみの状態で育ってきている。しかし、この愛は、子ども一人では、まどろみの状態を脱して、めざめの状態に入ることができない。めざめの状態になるには、他者の存在が是非とも必要である。この他者が、敬愛する権威者としての教師なのである。子どものうちでまどろみの状態にある「普遍的な愛」をめざめの状態へと移行させる力、それは、子どもが心から敬愛する教師である。この教師なしでは、「普遍的な愛」、つまり友人への愛・友情をめざめさせることはできない。ここで確認しておくが、教師なら誰でもよいわけではなく、「敬愛する教師」なのである。

この敬愛する教師とは、子どもが心の底から「自発的に」敬愛する教師を言う。威圧的な力で強制的に自分に服従させる、いわゆる権力者としての教師ではない。シュタイナーの人間学では、このような教師は、厳しく批判され、排除される。

八年間、同一のクラスを担任し続ける教師は、子どもたちが自主的に心から敬愛する教師であるが、シュタイナー学校が、このような教師をクラス担任の教師として位置づけたことは、画期的なことであった。八年間一貫担任制をこの学校を導入した当時、他の学校では、担任は、一年～二年で交代するのが一般的だったからである。当時、ドイツでは、子ども同士のいさかい、学力不振などさまざまな問題が起こっていた。

子どもから敬愛される教師とは、別の言葉で言えば、子どもと厚い信頼関係を築くことのできる教師である。すでに本書の序章で指摘されるように、わが国では、このような教師は、年々減少の一途をたどっている。それゆえ、かつては二～三年であった担任制は、現在では一年～二年の担任制になっている。一年間担任という学校も多い。一年間担任で、教師が子どもと厚い信頼関係を築くのは難しい。八年間担任はないが、三年制の担任を行っている学校は、全国には、きわめて少ないが、ないわけではない。どうしたら、学校が子どもたちにとって魅力的なものになるか。この問題を考えるうえで、シュタイナー学校の担任制は大きなヒントになるかもしれない。

7　特別な活動としてのクラス劇——弾力性に富むカリキュラム

「演劇」は、シュタイナー学校の教育課程には位置づけられていない。にもかかわらず、シュタイナー学校では、毎年、一年生〜一二年生に至るまで、クラス全員参加のクラス劇を上演する。とりわけ八年間一貫担任制が終わる八年生では、「修了演劇」として、約三時間にわたるクラス全員参加の大規模なクラス劇を上演する。シュタイナー学校にとって、演劇は、台本、音楽、衣装、舞踊、舞台美術制作など、シュタイナー学校の最大の特色である芸術的な活動のすべてが盛り込まれた「総合芸術」であり、その意味で「特別な活動」である。

クラス劇の上演にあたっては、準備や練習に半年近くをかける。クラス劇の練習は、これまで述べてきた「主要授業」で行われるのではなく、一週間の時間割の中に規則的に配分された時間の中で行われる。この時間は、「練習（Übung）」の名称で、週二時間、時間割に組み込まれている。この時間は、クラス劇の練習だけでなく、外国語の復習を行ったり、日々の授業で不十分な箇所を補い、強化したりと、そのつど、教師の裁量で自由に展開できる。このような自由裁量の度合いの高い時間は、シュタイナー学校のカリキュラムに位置づけられている教育内容や教育活動を充実させ、深め、より豊かにする重要な時間である。シュタイナーは次のように述べている。「もし教育が、現実にとらわれすぎた時間割や制約のもとで行われるならば、教師の教育芸術（創造的な教育、筆者注）は不可能なものになってしまいます」[10]。科目や内容に縛られることなく、教師の自由な裁量で取り組める柔軟で弾力的なカリキュラムは、創造的な教育を生み出すうえできわめて重要である。

クラス劇すなわち「演劇」は、主要授業ではないが、主要授業と結びつけて行われることが多い。たとえば、「歴史」の授業で、大航海時代について学ぶ際には、クラス劇でもこれにちなんだテーマ、たとえば「コロンブス」を主人公にした作品などを上演する。コロンブスを取り巻く当時の人物を演じ、「歴史」の授業の中で学んだ当時の状況や時代背景などを、舞台上で追体験することによって、「生きた学び」にするのである。

配役やクラス劇の日々の指導は、すべて担任教師が行う。クラス担任として一年生のときからクラスの子どもたちを導き、成長を見守ってきた担任教師は、当然のことながら、子どもたち一人ひとりの個性や資質、能力をよく分かっている。配役にあたっては、その子どもに合った役柄であることが一番だが、同時に、普段の授業では見られないその子どもの秘めた力や、その子が自身の課題を克服するきっかけとなることも考慮されている。子どもたちは担任教師を信頼し、尊敬しているので、配役に文句や不満を言うことはない。長い時間をかけて育まれてきた信頼関係があってこそのことである。

このように、子どもたちとシュタイナー学校の教師のあいだには、深く厚い信頼関係が築かれている。ここで特筆すべきは、こうした子どもと教師のあいだの信頼・敬愛関係が、クラスの子ども同士の友情・友愛をめざめさせ、高めることである。教師に愛され大事にされた子どもは、その愛を、友だちやクラスの仲間に注ぐようになる。クラス劇の上演にあたっては、舞台で演じるだけではなく、舞台美術や、大道具や小道具の製作、チラシやポスター、パンフレットづくりなど、いわゆる「裏方」すなわちスタッフワークを同時並行して進めなければならない。このような作業もすべて子どもたちが分担して行うが、子どもたち同士が互いに協力しなければ、作業や準備はスムーズに進まない。子どものなかには、自分勝手で独りよがりな行動に出がちな子どももいる。クラス劇の練習や準備は、そうした態度や行動すなわち「エゴイズム」を許さない。お互いを思いやり、支えあい、皆で協力しなければ、演劇はできないからである。子ども同士の関係のなかで友情がしっかりと育つのである。みなが助け合って創り上げていくことの大切さは、言うまでもなく、舞台上で演じるにあたっても欠かせない。かつて筆者が、横浜シュタイナー学園八年生によるクラス劇（修了演劇）「夏の夜の夢」（W・シェイクスピア作）を見たときのことだった。上演中、公爵役の生徒が台詞を忘れ、会場はシーンと静まりかえった。緊迫した空気の中で、他の役を演じていたクラスメートが、アドリブで「おや、公爵さまは緊張されているようです」と言って助け船を出したのである。会場は一瞬にして笑いの渦に包まれ、温かい空気が流れた。舞台上の子どもたちは、友愛の関係で強く結ばれていると同時に、温かさと豊かさに満ちたクラス共同体そのものであった。

以上、わが国の子どもたちが学校から離れていく状況、いじめが多発している学校の状態を念頭に置きつつ、国際的な評価の高いシュタイナー学校の教育課程、カリキュラムと教育方法の実際の姿を、筆者の体験をまじえながら論述してきた。

《井の中の蛙大海を知らず》。筆者は、日本の学校に通っているときは、日本の学校の教育はすべて正しい、と思っていた。国の定めた教育課程と『学習指導要領』およびそれにもとづく教科書。教科書に記された数多くの知識。強制的に行われるテスト。つまらなくても受けなければならない数々の授業。四五分のコマ切れの時間割。あおり立てられる競争心。一年ごとに変わる担任制……これらは、すべて正しくあたり前のことだと思ってきた。それらのことは、日本のことしか知らない者にとっては、疑問を挟むことではないかもしれない。

しかし、日本を出て、海外の学校に通い、日本では得られない体験をすると、「日本の学校がすべてではない」との思いをもつようになる。明治以降、どれだけ多くの日本人がこうした思いをもったことだろう。海外での学びを積んだ人びとによって、日本に希望と夢を与える学術、医療、文化、技術その他が数多く生み出され、わが国は発展してきた。海外に学ぶことの意義はきわめて大きく、海外からは、実に多くを学ぶことができる。

教育・学校の領域はどうだろうか。子どもたちに夢と希望を与えるものになっているだろうか。残念ながら、この領域はそうなっていない。ウィーンのシュタイナー学校時代の友人に「不登校二四万件、いじめ六一万件、青少年の自殺五一四人」の話をしたところ、「信じられないことです。国民は何も言わないのでしょうか。教育関係者は何をしているのでしょうか」と嘆きの言葉が返ってきた。

思えば、シュタイナー学校は道徳教育の学校と言われるほど、この教育に力を入れているが、わが国の学校のように道徳の時間はない。この学校では、カリキュラムに組まれた各教科および特別の活動、クラス劇その他の活動全体で、子どもの道徳性の育成が行われている。それは、この学校の教師たちが、子どもの現在の生活と将来の生活を左右するのが「道徳性」である、と考えるからである。

真理の探究への意欲は、学び続けつつ生きることへの意欲と言い換えられるが、この意欲が減退していては、学校生活も大人になってからの生活も、充実したものにはならない。友情、つまり誰に対しても成長のために手をさしのべる愛を具備することなくしては、学校生活も将来の生活も豊かな人間らしいものとはなりえない。

このような意欲の育成と愛の力の具備を目標とし、その達成に向かっているシュタイナー学校は、まことに魅力的である。一〇〇年の歴史をもち、ドイツ、アメリカ、イギリス、スイス、オーストリアなど世界の六〇カ国以上に広がるこの学校から、私たちは、日本の抱える教育問題の克服への貴重なヒントが得られるように思われる。

第九章　舞台表現活動における道徳性の成長
――日本の小学校の「総合的な学習の時間」における実践

本章では、道徳性の育成を念頭に置いて行うオペラの創作と上演の活動、すなわち東広島市立西条小学校におけるオペラ『白壁の街』を取り上げたい。この活動は、クラス全員および学年全体で、半年以上の時間をかけて取り組むものであり、身体表現や歌、合奏など、子どもたちが身体を存分に動かす活動をメインに据えた舞台表現活動である。ここでは、パソコンやタブレット端末、デジタル教材はもとより、CDなどの音響機器は一切使用しない。すべて子どもたちのなまの歌声や楽器演奏および生身の身体表現である。序章でとりあげたB・ラッセルは、「演劇や合唱は、多くの子供や青年にとって楽しいものなので奨励されるべきである」[1]と述べる。また、長い時間をかけて、子どもたちが自らの身体を使って仲間とともに創り上げる演劇や舞台表現活動が、子どもの道徳性の育成に大きく寄与することについては、日本を代表する教育家の一人である小原國芳による演劇教育と道徳教育の理論にみてとれる。本章の後半では、かれによる演劇と道徳教育に対する見方、すなわち演劇の道徳性への寄与について明らかにしたい。

1　西条小学校六年生全員がオペラ『白壁の街』に取り組む

広島県東広島市立西条小学校におけるオペラ『白壁の街』は、道徳性の育成を念頭に置いて行われるものであるが、「総合的な学習の時間」の一環としてクラス全員および学年全体で、半年以上の時間をかけて取り組むものであり、四〇年の歴史をもつきわめてまれな実践である。この学校の実践は、四〇年間にわたって継続的に行われており、「総合的な学習の時間」や音楽教育の観点からもその意義が明らかにされ、適切さが実証されてきた。そして、NHKや新聞でも取り上げられ[2]、全国小学校国語教育研究大会（一九九二年）や全国生涯学習フェスティバル（一九九九年）で上演されるなど、教育界において高い評価を受けてきたものである。

(1) オペラ『白壁の街』について

二〇〇二年、朝日新聞に掲載された「総合学習　演劇を導入し、人格育てよ」（二〇〇二年四月一三日）との記事は大きな注目を集めた。演劇は「総合芸術」のみならず、コミュニケーション能力や他者と協働する力、主体性、創意工夫など子どもの人間形成や道徳性の育成に大きな役割を果たすことが指摘され、強調されたのである。「総合的な学習の時間」が導入されたことにより、演劇は、小原が「学校劇」を導入して定着させた学芸会や演劇クラブ、芸術鑑賞会などの限られた機会だけでなく、日常的に学校教育に入り込むこれまでにないチャンスと可能性を得た。脚本の選定や台詞の読み合わせなどの言語活動は国語、歌や楽器演奏は音楽、衣装は家庭科、大道具や舞台美術は図工といったように、演劇は「総合芸術」の側面を強くもつがゆえに、教科の枠を超えた総合学習の理念を実現するのにふさわしい活動である。それだけではない。近年では、演劇がいじめや不登校、引きこもりなどを解決する糸口になったり、コミュニケーション能力や非認知能力の育成に大きな力を発揮するとして注目を集めている。

西条小学校がある広島県東広島市西条は、兵庫県の灘、京都府の伏見とともに、酒造りに適した気候や水の恵みから「日本三大銘醸地」と称される酒造りで栄えた地であり、その歴史は約四〇〇年にわたる。西条駅東側には、赤煉瓦の煙突が立ち並び、白壁が続く酒蔵通りは、「日本の二〇世紀遺産二〇選」に選定されている。全校児童約一〇〇〇名が在籍する西条小学校では、このような歴史と伝統を背景に、毎年六年生全員約一八〇名が、「総合的な学習の時間」の一環として、半年以上の時間をかけて、オペラ『白壁の街』に取り組む。オペラ『白壁の街』は、酒都西条の酒造りを題材に、仕事に打ち込む杜氏や蔵人の苦労や努力、祈りや喜びを歌、合奏、踊り等で表現した創作オペラである。この取り組みは一九八一年に始まり、『白壁の街』を引き継ごうという児童・教職員・保護者・地域住民の情熱や支援、協力によって支えられ、以後、四〇年にわたって途切れることなく毎年継続して行われてきた。[3] 東広島市最大のイベント「酒まつり」で毎年上演を行い、二〇二一年度の六年生は、第四十一代目である。教職員、保護者、地域の協力や支援によって支えられ、学びの集大成として、東広島芸術文化ホール「くらら」で上演を行う。一二〇〇人以上を収容できる大ホールは毎年、満席である。

『白壁の街』の創作は、六年間にわたる、生活科（一・二年生）および総合的な学習の時間（三〜六年生）の集大成として位置づけられている。子どもたちは生活科や総合的な学習の時間を中心に、地域や学校の歴史を体系的に学ぶ。たとえば四年生では、酒造りの決め手となる水、すなわち酒の仕込み水である龍王山から生み出されるやわらかな西条の銘水について学ぶ。五年生になると、市内に七つある醸造場や酒蔵、酒造会社を訪ね、蔵の中を見学し、酒造りの方法や秘訣について杜氏、蔵人から話を聞く。六年間をかけて、郷土文化の理解や、ふるさと西条への誇りと愛着を育むのであるが、こうした学びの集大成として、六年生では全員がオペラ『白壁の街』の創作・上演に取り組む。『白壁の街』に全力で取り組む六年生の姿は、一年生から五年生のあこがれである。

オペラ『白壁の街』は、酒造りの仕事に打ち込む職人たちが、米を蒸し、麹をつくって仕込み、酒ができたら祭りで祝うという内容である。酒造りの工程や酒蔵で働く蔵人の姿を、歌やリコーダー、鍵盤ハーモニカ、アコーディオンなどを用いた合奏、語り、和楽器（和太鼓・樽太鼓・締太鼓）の演奏、日本の踊りなどを盛り込み、表現する。台詞ではなく、全編が歌や楽器演奏など音楽で貫かれているがゆえに「オペラ」である。歌や楽器演奏を導く指揮者も児童が担う。「オペラ」の名にふさわしく、楽器の生演奏をバックに、子どもがソロで高らかに歌う場面も多い。ＣＤは一切使用せず、楽器演奏や歌は、すべてなまの演奏や歌で構成されているが、それだけでなく、ダンスや身体表現など多様な表現活動が取り入れられている。たとえば、歌やリコーダーやアコーディオンの楽器演奏も、直立不動で歌ったり演奏するのではなく、全身でリズムを刻んで表現する。ダンスや身体表現は体育が専門の教師が指導を担うなど、教師も一丸となって、サポートを行う。『白壁の街』が始まった当初から、「学芸会」や「学習発表会」ではなく、「演劇」でも「ミュージカル」でもなく、「オペラ」であった。日本特有の伝統文化である「日本酒造り」を題材に、仕事歌や太鼓、楽器演奏など音楽で物語をつなぎ、西洋発祥の「オペラ」としたところに、この舞台を創作した当時（昭和五六年）の西条小学校の教諭たち（松原博子[4]、腰本悦二[5]など）の気概と誇りがひしひしと感じられる。

『白壁の街』の特徴は、「オペラ」の名にふさわしく、台詞や場面の説明（いわゆるナレーション）がすべて、歌のかたちで表現されていることにある。劇中には、何曲ものオリジナルの楽曲があるが、これらの多くは、酒造りの情景や蔵人たちの心情を繊細にイメージ豊かに描いた「仕事歌」や「祝い歌」である。仕事歌は、豆絞りをつけた蔵人役の子どもたちが、蒸米の包み（白い袋）をかついで運びながら歌い踊るのであるが、韻律に富みリズミカルで躍動感があり、心地よい響きである。「冬場の寒さは骨身にしみる　それをしのぐが蔵人気質　さあ よいしょ よいしょ」「夜明けの麹は　眠りを知らぬ　指で脈みる　杜氏の仕事」。このように、歌詞は、子どもにとっては難しい内容や表現も少なくない。そこで、オペラの指導の主軸を担う音楽専科の富樫真紀教諭が「その歌詞には、どんな思いがこめられているだろう?」と児童に問いかける。単に音程やリズムを正確に刻んで歌うことができればよいわけではない。職人たちの苦労や願いを感じながら、思いをはせながら歌うことができなければならない。それは簡単なことではないが、教科書を読んだり、話を聞いただけでは実感しがたい職人たちの喜びや悲しみ、良い酒を造るための蔵人たちの工夫や努力、願い、蔵人たちが歌うことで、労苦を和らげたり団結を強めたりすることを、子どもたちは全身を使って歌い、踊り、演じることで、実感することができる。

(2) 準備、練習、そして上演

オペラ『白壁の街』には、六年生全員が取り組み出演する。クラス単位ではなく、また「希望者」や「有志」でもなく、全員が参加することは特筆に値する。約一八〇名の子どもは全員が、杜氏(二名)や蔵人(三四名)、むろ(一二名)といった酒づくりの職人役をはじめ、楽器演奏(アコーディオン、シンセサイザー、木琴など)、踊り(リコーダーや鍵盤ハーモニカを兼ねる)、太鼓などの役割を担う。五月には配役や役割を決めるオーディション[6]が行われる。子どもたちはそれぞれ希望する役割に手をあげ、みなの前で歌ったり演奏をするのである。ソロで歌ったり、人前で身体を使って表現することが得意な子どももいれば、仲間たちとともにみなで楽器を演奏することを望む子どももいる。『小学校学習指導要領「特別の教科 道徳」』には、「みんなで協力し合ってよりよい学級や学校をつくるとともに、様々な集団の中での自分の役割を自覚して集団生活の充実に努める」[7]とあるが、「自分の役割」は、強制や教師によって割り当てられるのではなく、自分の意志で「やりたい役割を選ぶ」ことがこの時期の子どもたちにとってはとりわけ重要である。六年生ともなると、自分に適した役割は何か、自分は全体にどのように貢献できるのか、自らの意志で自覚的に取り組むことができるようになるからである。それゆえ、「強制」ではなく自分の意志で選んだものについては、子どもたちは、最

酒造りの場面を練習する児童たち

後まで自覚と責任をもってやり遂げる。

とはいえ、オーディション次第では、必ずしも希望の役割につけるとはかぎらない。希望の役割につけなかった子どもは、教師たちの手厚い指導やサポートにより、「挫折」を乗り越え、新たな役割で自分の力を発揮しようと前に進む。『白壁の街』は、誰もが主役になれるような構成となっていて、子どもたちの個性を活かせる場所が必ずある。それゆえ、六年生の児童数は一八〇名を超えるにもかかわらず、大人数の中に埋もれてしまったり、他人任せの子どもがおらず、一人ひとりが輝いている。

夏休みを前にした二〇二一年七月中旬、初めての全体通し稽古が体育館で行われた[8]。そこでは、子どもたち一人ひとりを大切にする姿勢が、子どもたちに向き合う教師たちに見てとれた。富樫教諭は、全校児童を前に次のように言った。「今日は、ここにいるみなさん全員で通し稽古ができる最初で最後の日です」。一八〇名の子どもたちは静まりかえる。本番まで二ケ月以上あるのに「最後の日」とはどういうことなのか。富樫教諭は続けた。「一学期をもって、転校する仲間が二人います。なので、今日は全員で通し稽古ができる最初で最後の日なのです」。通し稽古の最後には、転校する二人の児童がみなの前でそれぞれあいさつをした。「今日はみんなで通し稽古ができてよかったです。ぼくは本番に出ることはできませんが、みんながんばってください。ぼくも新しい小学校でがんばります」。一八〇名という大人数の中でも、この児童二人は、かけがえのない存在として教師や仲間たちに見守られ、見送られた。富樫教諭の働きかけには、子どもたちのうちに、ともに過ごした仲間を思いやり、大切に思う気持ち、すなわち子どもたちの道徳性を育みたいという明確な意図がこめられていたのである。

二学期が始まると、上演まで一ケ月となり、一人ずつに法被が配られる。法被は、地元の酒造協会より寄贈され、歴代の先輩児童によって代々受け継がれてきたものである。法被やはちまきなどの衣装を身につけると、練習にも一段と熱が入る。オペラ『白壁の街』は「第〇〇代」という冠が付く。二〇二一年度は開始から四一年目を迎えたので、「第四十一代」である。ストーリーや登場人物、歌や踊りなどは、基本的には代々受け継がれてきたものを踏襲するため、内容や演出が大きく変わることはない。先代や先々代の歌や踊りをコピーし、形にすることまでは比較的短期間でできる。しかしそこから先に大きなハードルが待っている。『白壁の街』の特徴の一つは、各代が「先代超え」をめざすことであり、その代ならではの『白壁の街』を創り上げることが伝統であり、目標となっている。富樫教諭はこのことを「毎年、グレードアップしていかなければならないから大変」ともらした。これに向けて、通し稽古の終了後には、子どもたちが各パートごとに集まり、パー

合奏や動きの練習に励む児童たち

トリーダーを中心に反省や課題、改善点を一人ひとりが出し合い、議論する姿は、目を見張るものがあった。「〝自分で課題を見付け、自ら進んで挑戦し、工夫し、追求し、徹底し、仲間と協働して新たな価値を創造する〟これが西条小学校の伝統です[9]」と西条小学校の校長である中嶋崇弘は述べるが、子どもたち自らが改善点を見つけ、課題を設定し、それに挑戦する姿は、まさに総合的な学習の時間の本質である。

二〇二一年は新型コロナウイルスの影響により、上演一〇日前まで緊急事態宣言が発令されていた。そのため、学校は午前中三時間だけの短縮授業となり、練習できる時間も限られていた。「もう不安しかない」と先生たちが嘆くなか、子どもたちは不思議なくらい明るかったという。「パートごとの練習では、今まで以上に細かい部分を指摘し合っていましたが、そこには笑顔があるのです。みんなで高めていくことに喜びを感じているようでした。今の自分に満足せず、より

西条樽踊りを踊る児童たち（上演）

高みをめざして徹底して取り組む子どもたちの全力の姿が見えました[10]」と中嶋は語る。子どもたちは、現状に甘んずることなく、よりよい表現をめざして、教師に言われずとも自ら目標を立てはじめる。その目標の実現をめざして、粘り強く練習や努力を重ねる強い意志や実行力が育まれる。自己を高めようとする意欲や態度[11]の出現である。その背後にあるのは、子どもたちが本来もっている「自分自身を人間としてより高めたいという思いや願い[12]」である。練習の際には、困難や失敗に直面しても、投げ出さずあきらめず、自らを奮い立たせようとする子どもの姿が随所に見てとれた。自分の弱さを乗り越え、よりよく生きていこうとする強さや気高さが自己の内に備わっていることに気づき、これを存分に活動させることで、子どもたちは夢や希望を見出すことができる。

いよいよ上演の日である[13]。東広島市では、毎年一〇月の第二土・日曜日の二日間に、中央公園と西条酒蔵通りを中心にして「酒まつり」が行われるが、上演はこの日に、東広島芸術文化ホール「くらら」大ホールで行われる。大ホールは、四階席まであり、一二〇〇席を誇る市内随一の大きなホールである。舞台装置は地元の酒造協会から寄贈されたもので、舞台セットの搬入・搬出や設置は、PTAの保護者が中心となって担う。教師、保護者、地域の三者が一体となった取り組みである。広いステージ、華やかな照明、そして、客席は、保護者や卒業生、地域住民、地元の新聞社・テレビ局などの報道関係者で満員である。本番を前に中嶋は、「悔いを残さないように、みんなの力を出し切って！」と子どもたちを激励した。子どもたちには、緊張感とともに、気合と覚悟がみなぎっている。オープニングは、校歌の演奏・合唱から始まり、「第一場　蔵入りの場」「第二場　蒸し米造りの場」「第三場　麹室の場」「第四場　仕込みの場」「第五場　新酒祝いの場」「第六場　祭りの場」と続く。息の合ったのびやかな歌や合奏、迫力ある太鼓の演奏、躍動感あふれる生き生きとした身体表現と踊り……。子どもたちは、練習の成果を如何なく発揮した。最後は、祭りの太鼓とともに、「西条踊り」そしてよりエネルギッシュな「西条樽踊り」で締めくくられる。子どもたちが全身を使ってダイナミックに踊る姿は圧巻である。客席は熱気に包まれ、祭りの一体感で満ちあふれる。割れんばかりの鳴りやまない拍手で幕を下ろしたあとも、舞台と客席にはいつまでも余韻が漂っていた。

2　オペラ『白壁の街』で育つ道徳性

オペラ『白壁の街』の創作と上演の取り組みは、子どもの道徳性の育成にどのように寄与しているのだろうか。以下、四つの観点から述べたい。

一つ目は、オペラ『白壁の街』の創作と上演の取り組みが、「郷土の伝統や文化の尊重、郷土を愛する態度」「向上心、個性の伸長」「集団生活の充実」「希望と勇気」など、多様かつ多面的な道徳的諸価値を育むことである。周知のように、道徳教育は、「学校の教育活動全体」を通じて行うことが強く求められ、とりわけ「総合的な学習の時間」と連携することが求められている。オペラ『白壁の街』は、すでに述べてきたように、「総合的な学習の時間」の一環として行われるが、練習の際には、子どもたちは、あいさつや規律についても学んでいた。練習を始めるときには、全員で元気よくあいさつをすること。練習に遅れることのないよう時間を守ること。法被をきちんとたたみ、楽器とともに整理整頓して舞台袖に置いておくこと。子どもたちは礼儀や規律を守ることの大切さを体得していた。このように「総合的な学習の時間」の特質でもある横断的・総合的に学習に取り組むことで、子どもの道徳性をより深く豊かに発展的、調和的に育むことができる。

二つ目は、オペラ『白壁の街』の創作と上演が、家庭や地域社会との深い連携による道徳性の育成を可能にすることである。『白壁の街』の創作・上演では、家庭や地域の人びととの協力が欠かせない。

『白壁の街』を創り上げていくにあたっては、酒造りに携わる職人や地元で活躍する太鼓や踊りの専門家たちが「白壁名人」として、西条小学校にやってくる。一人目は、市内に七つある醸造場の一つ、亀齢酒造株式会社の第六代目社長であり、西条酒造協会の理事長でもある石井英太郎である。石井は二〇二一年七月に来校し、「酒造りのプロ」として、子どもたちを前に、杜氏や蔵人の動きや表現の指導を行い、「自分たちが今している動きは、酒造りの何を表現しているのかを考えて」と問いかけた。二人目は、すでに述べた松原博子である。松原は、「初代白壁指導」として、毎年、西条小学校を訪れ、子どもたちに「歌っている歌詞の意味を考えながら表現してほしい」とアドバイスを行い、演奏や歌唱指導を行っている。三人目は、太鼓指導の西谷勝彦である。西谷は、和太鼓・樽太鼓・締太鼓のそれぞれの特色を子どもたちに教えたうえで、「しっかり腰を落として、力みすぎないように」と太鼓の演奏の指導を行った。四人目は、杜氏の石川達也（広島杜氏組合長、日本酒造杜氏組合連合会副会長）である。石川は二〇二一年一〇月に来校し、子どもたちに日本酒造りの精神すなわち「和醸良酒」（和が良い酒を造る）を分かりやすく伝え、職人たちが一体となって力を合わせて酒造りをすることの大切さを説くと同時に、日本酒造りと舞台創りは同じだと強調した。すなわち、一人ひとりが自分の役割に責任をもち全うすること、自分さえよければいい、という考えが日本酒造りや舞台創作をダメにすること、誰一人欠けてもうまくいかない、失敗してもみんなでお互いをフォローすること、思いを一つにすることの大切さなどである。それらはすべて、子どもたちが日々取り組んでいる練習に通じるものであった。子どもたちは、自分たちの日々の言動や練習を省みて、二週間後に迫った上演を前に、石川の言葉に深くうなずき、熱心にメモをとっていたのである。このように、伝統文化の継承者として活躍する専門家による指導は、子どもたちの目を輝かせ、伝統文化やそれを担う人間に対する敬意と誇り、そしてこれを受け継いでいこうとする意志をより一層、子どものうちに育むのである。

オペラ『白壁の街』の創作と上演にあたっては、上述のような地域との連携だけでなく、家庭との連携を重視している点も特筆に値する。保護者のなかには、西条小学校の卒業生もおり、親子二代にわたってオペラ『白壁の街』に取り組む家庭もあり、子どもは当時の様子を保護者に聞いたり、助言をもらうこともある。こうしたなかで、子どもは、家族の支えあいや助けあいの大切さを実感するが、このことは「家族愛」[14]や「家族への敬愛」の念を育むことにもつながっていく。上演前日には、PTAの保護者が、大道具やキーボード、大太鼓などの楽器を小学校から芸術文化ホールへと搬入し、建て込みやセッティングを行う。また、上演終了後には、手際よく大道具を搬出し、子どもたちの健闘をたたえ、円陣を組んで労をねぎらった。子どもたちはこのように、家族や保護者の支えや協力なくしては、『白壁の街』の創作と上演は成り立たないことを身をもって実感するのである。

三つ目は、子どものうちで実感を伴って、道徳的諸価値を体得できること、すなわち道徳性が醸成されていくことである。子どもたちは、劇中で職人となって行為し、歌い、笑い、喜び、怒り、苦悩する。そのことで日本酒造りの工程やこれに携わる職人の仕事やその醍醐味と苦労、工夫や努力、団結や連携することの大切さなどを深く実感することができる。そして、その人物の核心や行為の本質に迫ることもできる。それはまさに、『小学校学習指導要領「特別の教科 道徳」』で示されている「我が国や郷土の伝統と文化を大切にし、先人の努力を知り、国や郷土を愛する心をもつこと」[15]を、子どもたちが体得することにほかならない。日本酒造りというわが国の伝統と文化に対する親しみや愛着、誇りをもたせ、郷土のすばらしさを実感させるとともに、これを継承し発展させていく責務についても自覚させることができる。また、職人たちの苦労や喜びを、子どもたちが歌い演じて実感することは、「働くことや地域社会に貢献することの喜びや充実感を味わう」[16]ことにもつながる。このような道徳性の育成は、道徳の「特別教科」化に伴い推進されている「考える道徳」や「議論する道徳」すなわち机上の学習のなかで行うことは難しい。オペラというかたちで頭、心、身体のすべてを用いて全身で追体験することによって、子どもたちは実感を伴って、日本酒造りというわが国ならではの伝統と文化の奥深さを体得することができるのである。またそれらは、一回限り四五分程度の「道徳の時間」あるいは細切れの「道徳の時間」で一朝一夕に形成されるものではなく、長い時間をかけて、徐々にそして着実に子どものうちに育まれるものである。

四つ目は、皆で協力して演劇を創り上げることで、子どもの人格形成、人間形成に不可欠な思いやりや助け合い、支えあい、協力、友愛といった道徳性が育まれることである。一九八八年にオペラ『白壁の街』に取り組んだ西条小学校卒業生の中川知恵は、筆者の同級生であるが、当時を振り返り、三〇年以上経ったいまでも、歌詞のひと言ひと言、何度も練習した踊りや動き、仲間と支えあい、共に創り上げていくことの楽しさや喜び、感動を鮮明に覚えている、と力強く語った。ここで重要なことは、演劇を皆で創り上げ、上演することが、子どもの道徳的感情を強く喚起することである。それは以下、児童が上演後に記した感想に見てとることができる。

初舞台で得た学び

まず、大切なオープニングの映像の仕事だ。次は、鍵盤ハーモニカの演奏。いつでも誰かが見ているということを意識して演奏した。最後は踊り。自分に残っているすべての力を出し切って踊った。幕が下りたとき、私たちの胸には、言葉では表すことのできない感動が広がっていた。観客席からの拍手は、練習の喜びや大変さ、仲間とともに助け合い、協力しあった日々を思い出させてくれた。初舞台を終えて、三十六代目という伝統の重みを感じるとともに、ふるさと西条の素晴らしさを改めて実感し、誇りに思っている。また、自分たちにしかできない「白壁」を創り上げるために挑戦し続けてきたことは、私たち自身の誇りだ。これからも今の自分に満足せず、より高いものを目指して頑張っていきたい。[17]

この児童の感想からは、『白壁の街』への取り組みが、子どもの心を深く揺り動かし、困難を乗り越えてやり遂げることの大切さ、仲間と助け合い、協力しあうことの大切さや素晴らしさ、そして、ふるさと西条の素晴らしさを誇りに思う気持ちを強く沸き立たせたことが見てとれる。すなわち、道徳的感情の喚起である。

演劇の創作と上演では、このような道徳的感情の喚起がとりわけ重視される。というのも、道徳性の育成への過程で重要なのが、道徳的感情の喚起だからである。道徳的感情が喚起され、強く深くなればなるほど、それを体験する個人の内で、思考活動や「道徳的実践意欲と態度」が促されるからである。すでに述べたように『白壁の街』では、通し稽古終了後、子どもたちが各パートごとに集まり、自分たちの表現により磨きをかけるため、パートリーダーを中心に反省や課題、改善点を一人ひとりが出し合い、話し合い議論する姿があった。これはまさに、道徳的感情の喚起によって促された「思考活動」である。また、上述の児童の感想には、道徳的感情の喚起が子どものうちに、より高みをめざして挑戦する意欲や意志の力、すなわち「道徳的実践意欲と態度」をも出現させたことが見てとれる。道徳的感情の深い喚起なしでは、道徳を深く考える思考や意欲は十分に生まれず活動しない。思えば、コールバーグは「道徳的判断に関連する情動や感情の発達は、道徳的発達の重要な側面である」[18]と言って感情を重視した。コールバーグが指摘するように、道徳性の育成への過程で重要なのは、道徳的感情の喚起である。それによって、道徳的思考および実践意欲と態度の出現が促されるからである。

以上、東広島市立西条小学校におけるオペラ『白壁の街』の創作と上演の活動を取り上げ、この取り組みがいかなるものか、そして道徳性の育成にいかにして寄与するのかを明らかにした。子どもたち全員が皆で演劇を創り上げ、上演することが子どもたちの道徳性を育むことの妥当性および理論的根拠は、演劇を創り上げ、上演することそのものが道徳教育である、との見方を主張した小原國芳の『学校劇論』に見てとることができる。以下、小原による、演劇と道徳教育に対する見方、すなわち、演劇による道徳性の育成への寄与についての見方を、小原の主著『学校劇論』にもとづき、明らかにしたい。

3　演劇の道徳性の成長への寄与に関するわが国の先人の叡智
――小原國芳の『学校劇論』

小原國芳（一八八七年―一九七七年）は『道徳教育論』（一九五七年）ならびに『道徳教授革新論』（一九五七年）などにおいて、道徳教育について多くを述べ、また『学校劇論』（一九二三年）においては、わが国で初めて演劇教育を体系的に明らかにした。『学校劇論』はわが国の児童演劇に対して理論的根拠を与え、日本の児童演劇・学校演劇に大きな影響を与えたとして高い評価を得ているものである。周知のように小原は、わが国の学校教育に、「学校劇」のかたちで演劇を導入し、学芸会として定着させた。そこでかれは、「学校劇と道徳教育とは、実に偉大な関係がある」[19]と述べ、演劇を創り上げ、上演することそのものが道徳教育である、との見方を主張したのである。小原は、学習の補助手段として演劇を導入するのではなく、演劇創造の過程のなかで子どもの情操を豊かにし、自主性や協調性、道徳性を育むことを重視した。かれは、広島高等師範学校附属小学校をはじめ、かれが創設した玉川学園などで、自ら学校劇の実践を行い、その意義や成果、すなわち子どもたち全員が皆で演劇を創り上げ、上演することが子どもたちの道徳性を育むことを明らかにし、「演劇」そのものを学校教育および道徳教育に導入する意義と必要性を主張したのである。

新教育の理念を発展させ、「全人教育」を提唱した小原國芳は、全人教育の観点から芸術教育ならびに演劇教育の必要性を述べた。小原によれば、全人教育とは、ペスタロッチーによる3Hの教育すなわちHead（頭）、Heart（心）、Hand（手（身体））の三つが調和した教育であり、真・善・美・聖の諸方面にわたって調和し統一ある人格を養うことである。小原はさらに、『学校劇論』において、演劇教育と道徳教育の関係についても明確に述べた。かれは自ら、広島高等師範学校附属小学校や成城小学校で「天の岩戸」「桃太郎」などの学校劇の創作と発表を行い、そのなかで、子どもたちが時間をかけて創り上げ、舞台に立って演じる「学校劇」が、子どもの「情操陶冶」すなわち「自制、進取、協力、勇気、公正、正直」などの徳性の涵養に大きな力を発揮することを見てとったのである。

小原は『学校劇論』のなかで、「学校の道徳教育たるや卒業後三カ月も効力はないというも極言ではない。その力や微々たるものである。私は道徳的に日本人を救済するのは実に芸術教育でなければならぬと信ずる」[20]と述べ、「生命に触れぬ言説」[21]すなわち机上の概念や観念の教授を中心とした道徳教育のあり方を批判した。かれは「道徳訓育には芸術の力が大きい」[22]と述べ、美と徳、すなわち芸術教育と道徳教育を一致させる調和的教育を提唱したシラーの「美的教育論」に教育の理想を見出した。小原は、道徳教育に芸術教育を取り入れることを推奨し、芸術教育のなかでも「芸術の頂点は劇である」[23]、「劇そのものは実にすべての芸術を打って一丸としたものである」[24]と述べ、とりわけ演劇を重視した。それはまた、演劇が、かれがめざした「全人教育」にかなうものだからでもあった。かれは、演劇が全人教育であることを次のように述べる。

ただジッと聴いたり、観たり、話したり、読んだりだけよりも、自ら舞台に立ち、その一員として演じ行為することがいかに、実感が強く、全身的な、内部的なものが表現され、かつ自分にも感受されるか、いうまでもない。（中略）ただ歌い、ただ読み、ただ話す時よりも、或る大きな一戯曲の一役を務め、自らがオフェリアに、オセロに、桃太郎に、舌切雀に、花咲爺になった時に、真に歌い、真に笑い、真に怒り、真に喜び、真に想像することが出来ると思う。すなわち、真の芸術的表現の発露を見ることが出来ると思う。……（中略）……この芸術的収穫は貴いことで、内容的な道徳的な収穫よりも遥かに高い価値を有するものと思う。[25]

小原によるこの叙述からは、次の二つのことを見てとることができる。一つ目は、演じることが「全身的」すなわち頭、心、身体のすべてを用いて行う活動であり、そのことが子どもの全面的、調和的な成長や発達を促す、すなわち全人教育を可能にするとの見方である。二つ目は、演じることによって、子どものうちで実感を伴って「内部的なもの」すなわち道徳性が醸成されるとの見方である。小原の言う演劇による全人教育とは、このような二つの見方を含有している。言うまでもなく小原の言う「演じる」とは、練習を積み重ね長い時間をかけて取り組むものであるが、かれの見解には、さらに注目すべき見方が存在する。それは、演じることが道徳的感情を喚起する、との見方である。このことは次のような小原の言葉に見てとれる。

ウィリアム・テル父子も、村上義光も小楠公とその母も、劇化することによりて、どれくらい、子供に強く印象づけ、かつ、真にピッタリ、人物の心を理解せしむることよ。[26]

周知のように、ウィリアム・テル父子は、弓の名手テルが、悪代官による権力に屈せず、息子の頭上のリンゴを見事に弓矢で射落とすという自らの息子の命をかけた闘いを制し、圧政に苦しめられていた民衆を救い、自由を勝ちとる物語である。また、村上義光は、親王の身代わりとなって自害し、壮絶な最期を遂げ、その義勇の精神が語り継がれている武将である。「小楠公とその母」では、『太平記』に示されるように、南北朝時代の武将、小楠公（楠正行）が、自身の自害を思いとどまらせた母の諭しを終生忘れることなく心に抱き、活躍したことが描かれている。ウィリアム・テルの物語では、正義や真理を追究することのすばらしさが説かれ、村上義光および小楠公とその母では、忠実であることや親孝行の大切さが説かれている。そして小原によればこのような心情は、その人物になって振る舞ったり行動すること、すなわち演じることで喚起されるのである。道徳的感情の喚起である。このことを小原は次のような言葉でも述べる。「人物の行為の価値を了解することは、単に第三者として或る人物を眺めるときよりも、自らその人物になり了せるときに、特に痛切（に感じられる、筆者注）であることはいうまでもない[27]」。

ところで、演劇は総合芸術であるがゆえに、演劇を創り上げるうえでは役割分担や協力しあうこと、責任をもつことなどが不可欠であるが、小原は、この協同作業のなかにも道徳性育成の鍵を見てとった。小原は子どもたちが互いに助け合い、協力して劇を創り上げることを「全くすばらしい協同作業[28]」と述べる。子どもたちは、劇の上演の際は、舞台上では息やタイミングを合わせ、何度もくり返し練習をする。舞台裏では大道具や小道具係、衣装係が、苦労しながらコツコツと舞台装置や背景、衣装などを製作している。このような協同作業が子どもたちの人間形成に不可欠な思いやりや助け合い、支えあい、協力、友愛といった道徳性を育むが、小原によれば、それらはきわめて「尊い」ものである。かれは、このような道徳性の育成にあたっては、カリキュラムを構築したり、題材を探したりするより、演劇を行うことの方がはるかに大きな成果をもたらすと述べるのである。[29]

以上、小原による、演劇が子どもの道徳性の育成に大きな役割を果たすとの見方を明らかにした。その見方は、以下の四点に集約される。①演劇は、頭、心、身体のすべてを用いて行う活動であり、それは子どもの全面的、調和的な成長や発達を促すこと、すなわち全人教育を可能にする、②演じることで子どもの道徳的感情が喚起される、③子どものうちで実感を伴って、道徳性が醸成される、④皆で協力して演劇を創り上げることで、子どもの人格形成、人間形成に不可欠な思いやりや助け合い、支えあい、協力、友愛といった道徳性が育まれる、である。

日本全国の小学校に目を向けると、わずかではあるが、他にも、学校や学年全体で取り組む演劇や舞台表現活動が存在する。たとえば、兵庫県赤穂市立城西小学校における地域の特色を生かした六年生全員参加の学年劇「子ども義士物語」はそのうちの一つであるが、ここでも「総合的な学習の時間」の一環として一年間をかけて行う創作劇の取り組みと上演が、子どもの道徳性を育むことが明らかにされている。[30] 小原と深いかかわりがあった、かつての文部大臣、沢柳政太郎は、成城小学校を創立したが、この成城小学校では、現在、特色ある教科として「劇」が設けられ、演劇を上演することやさまざまな「劇活動」を通して、子どもたちの人間関係を深め、豊かな創造力を育んでいる。また、海外に目を向けると、道徳教育の分野で世界的に名高いシュタイナー学校では、道徳性育成の方法として、クラス全員によるクラス劇の上演が必須である。

道徳性の育成に大きな役割を果たす演劇の創作と上演の活動は、小原が「演出者（=教師、筆者注）は、絵画も、服装も、音楽も、踊りも、文学も、詩歌も、脚本も……それらの一切を理解せねばならない」[31]と述べるように、教師は、演劇を指導できる幅広い教養や高い見識を備えていなくてはならない。このような教養・見識や指導力をもった教師の育成はきわめて重要であり、諸外国の大学には、演劇教育学科があり、演劇を指導できる教員の養成が盛んに行われている。一方、わが国では演劇の創作や上演を指導できる教師の養成はほとんど行われておらず、演劇教育学科を有する国立大学すら存在しない。このような教員養成の課題についても忘れてはならない。

結章　教育者・教師に必要な道徳の哲学・思想
――カントに学ぶ

戦前・戦後の長野県では、小学校をはじめとした教師によって各地域で哲学会が結成され、講師として京都学派等の哲学者が招かれカントの著作が読書会で読み合わされるなど、学びの場が設けられていた。たとえば『下伊那教育会七十年史』によると、下伊那教育会では、一九三二年に哲学同好会として下伊那哲学会が会員一六六人で結成され、第一期（一九三二～一九四〇年）には、カントの主著『純粋理性批判』の読み合わせが行われ、講師として哲学者の務台理作（一九三三年）、下村寅太郎（一九三四～一九四〇年）が講師として招かれている[1]。戦後も同様にカントをはじめ、哲学者の著作が読み合わせられている。なぜ小学校の教師が、カントの著作を読んでいたのだろうか。日々子どもとの関わり合いのある日常にただ埋没していては、下卑た人間になってしまいかねない。カントは日常に忙殺されている教師の心に、日常とは異なる純粋さと尊き理想の新鮮な風を吹き込んでいたのではないかと思われる。そのようなカントとは、いったいどのような哲学を生み出していたのだろうか。

カントの哲学の特徴をひと言で表現するならば、現実を成り立たせている認識や道徳の可能性の条

カント（1724～1804）

件としての原理を探究している、ということである。この原理は、現実の中に直接あるのではなく、現実を支えているものであるため、現実（日常的に見たり聞いたり、また利用したりするもの）から離れた人間と世界の根本に関係している。しかしここで言う原理は、決して机上の空論ではない。この原理は現実を成り立たせているため、現実をたえず動かし、影響を与える原理であり、それゆえにむしろ現実を深く理解し、かつその現実を根本から改革する力を有している。それゆえ、長野県の教師にとって、カントの哲学は、人間と世界の根本に触れるだけでなく、自分たちの教育を根本的に考え、よりよいものにしていくうえでも、重要な意味をもっていたと考えられる。

そのように教師を鼓舞していたカントの哲学は、さらにより具体的な教育学も生み出している。カントの教育学は、三つの要素から成り立っている。第一に、カントの哲学、特に道徳哲学であり、部分的にはルソーをはじめとする哲学・教育思想からの影響もある。かれの哲学は世界市民的哲学と呼ばれ、その影響によりその教育学も世界市民的教育学と特徴づけられている。[2] 第二に、自らの教育経験である。カントは大学卒業後、家庭教師をしていたとともに、大学では若者の学生のみならず一般受講者、すなわちイギリス商人やロシア将校、また東プロイセンの役人に対してまでも、講義において教育活動を行っていた。そのような自らの教育経験が教育学に影響を与えている。[3] そして第三に、自らの人間形成そのものである。カントは世界最大の哲学者と目されるほど、深い思索を展開しているが、同時にかれの、人間の尊厳をどこまでも尊重し永遠平和を求める温かく誠実な倫理学は、国際連盟、国際連合を生み出す原動力になっている。そのような多大な功績を残したかれの知的・道徳的形成・成長・発展は、どのようなものであったか、また自らの成長を振り返って、どのようなことが教育において重要であると思われるか、教育学においてしばしば語られている。[4] これらの三つの要素が統合されて生み出されたのがカントの教育学である。ドイツから遠く離れた日本の長野県の教師を励まし続けたかれの哲学、ヘルダーをはじめ多くの優れた弟子を育て、同時に国籍を超えて人びとを高めたカントの教育活動、そして世界屈指の哲学者かつ人類をより善き方向へと導くかれ自身を形成した教育、この三つに思いをはせるとき、カントの教育学から学ぶことは決して小さくないのではないだろうか。

したがって本章では、この本を締めくくる章として、教育者・教師に学ぶことが求められる哲学・思想の一つとしてカントの道徳哲学に基づく教育学を考察したい。ここでは、カントの教育学の中心が道徳教育であること、そしてその道徳教育にとって最も重要となるのが幼児教育であること、さらにそこでは保育者・教師の洞察力のある人間観・教育観と絶え間ない自己鍛錬が大きな意味をもつことを明らかにする。そしてそれを保育者・教師が学ぶことの意義について考察を試みたい。

1　道徳とは何か

（1）神聖な道徳の原理

カントは、道徳の原理は、人間の生を根本的に支えるものとして神聖でなければならないととらえる。神聖であるとは、何かの手段になり条件的に利用されるにすぎないのではなく、そのものとして尊厳をもつことを意味する。つまり目的そのものとして比類なき存在である、ということである。それゆえ、道徳の原理は、別の目的を達成する手段や目的であってはならない。たとえば、「もし人から信頼されたければ、誠実に行為すべきである」や、「自分が幸せになるために、他者に親切にしなさい」といったことは、条件や目的があるため、その条件や目的が変われば行うべきとされる道徳的行為も変化してしまい、相対的で、ときには消失しかねず、ゆえに重要性も神聖さももたない。それに対してカントは、そのものの他に条件や目的をもたない原理こそ、道徳の原理にふさわしいと考え、次のように定式化する。

あなたの人格の内にも、あらゆる他の人格の内にもある人間性を常に同時に目的として必要とし、決して単に手段としてのみ必要とすることのないように行為せよ。（Ⅳ４２９）

この道徳原理は、二重の意味で目的そのものとしての比類なさを備えている。すなわち、人間自体を単に手段としてとらえるのではなく、それ自体他に置き換えることのできない目的自体としての尊厳を備えているということであり、かつそのような人間である自分も他者も何か別の目的のための手段としてのみ利用するのではなく、そのものとしてかかわることを端的に求めている、ということである。カントはこの道徳の原理を、定言命法と呼んでおり、この原理にもとづく行為を、人間がなすべき道徳的な善であるととらえている。この道徳の原理にもとづく行為は、当為であり、つまりこのように行為すべきであるという性質を帯びている。このことは、裏を返せば、人間はそのように行為していないからこそ、そのように行為すべきであることを示している。それゆえ、長野県の教師を鼓舞した、日常の手段－目的、利害－損得の関係を超えたカントの道徳の原理は、実のところ、現実の人間の直視からきている。

(2) 現実の人間と世界を直視する地理的体験

カントは、研究をはじめた初期から、世界、さらには宇宙への関心を強くもっていた。いったい世界は、また世界を取り巻く宇宙はどのようになっているのだろうか、そしてそこに生きる植物や動物、また人間はどのようにして生を保持しているのだろうか。これはカントにとっては、哲学や倫理学以前になくてはならない考察であった。それゆえ、大学で私講師として教鞭をとるやいなや、いままで大学ではなされていなかった「自然地理学」の講義を開始する。

この講義でカントは、地球はなぜ太陽の周りをまわっており、そもそも地球はどのようにでき、さらに今後どのようになるかという考察からスタートし、世界の大陸や海洋、さらに大気圏を地域の差異にも注意してくまなく検討している。さらにかれは世界のそれぞれの地域には、具体的にどのような植物や動物、そして人間が生きており、他の地域には見られない「注目すべきもの」、ただ心惹かれるものは何かを丹念に考察している。カント自身も世界中を旅行して見たかったと思われるが、学者として研究を続け、考えを深めるなかで自分が旅行する時間がとれなかったために、自分では旅行はせず、旅行してきた人物を昼食に招いて話を直接聞いたり、旅行記などで知見を拡げたりして、世界と人間についての考察を深めていった[5]。それぞれの地域の景色の美しさから、馬の特殊な強さ、また火山の噴火のありようまで、カントの目は世界を駆け巡っているが、そこでは同時に、言葉も人種も異なる人間の営みに注意を払っている。

世界で目にする人間は、たえず争い、自分たちの国の利益を守り、かつ増大させるように行為している。また個別的な人間を見ても、嘘をついたり、怠惰であったりすることがしばしば見受けられるが、それは自分の利益や幸福を求めて行う人間の行為であるととらえられている。つまり、社会的な人間・国家も、個人的な人間も、ともに自らの利益や幸福を最優先して行為する結果、争いや対立といった敵対関係をひき起こし、戦争までもするようになるのである。これは、地域や文化が違えど、地球上あらゆる場所で、共通して見られる現象であるという。さらには、そのような利己主義的な行為は、現在だけでなく、時代を超えて行われてきたことが指摘されている。つまり、社会、個人が現在、過去において、利己的主義的な行為を追い求めてきていることを踏まえれば、人間はさまざまな振る舞いや行為をするにせよ、例外なく自分の利益や幸福を最優先して行為する利己主義的な存在なのではないか、と理解されるのである（Ⅵ133－134）。これが、カントが根本的に洞察する、現実の人間の姿としてのエゴイズムである。

（3）エゴイズムという悪と向き合う

エゴイズムとは、ただ自分の利益や幸福を追求するだけでなく、その追求を最優先する考え方と行為を意味する。自分の利益や幸福を求めるにあたって、他者に損害を与えたり、傷つけたりしなければならない場合、エゴイズムは、その他者を配慮することなしに、自分の利益と幸福を求めることをよしとする。つまりエゴイズムにもとづいて行為する人は、他者が悲しもうが、他者の生きようとする願いや希望が踏みにじられ、命を失おうが、自分の利益と幸福の追求の方が大切であると考えるのである。ここでは他者が否定されることが容認されている。他者も自分と同じ人間である。そのような人間である他者が、自分の目的である幸福を追求するために、利用され、手段化され、否定されているのである。利用され手段化される道具としての存在の代表は、モノである。モノは利用され、手段化されることでその効果を発揮している。そのモノと人間が同一になるように仕向けること、それがエゴイズムにほかならない。

このように、エゴイズムは、単に人に迷惑をかけるだけではない。むしろエゴイズムは、人間をモノとみなすことであり、つまり手段化されたり道具化されたりしない目的自体としての人間の尊厳を否定することである。人間の尊厳を否定するということは、人間である自分の尊厳をも否定することであり、つまり自分という存在自体を否定することである。自分も人間も存在しなければ、道徳も、善も悪もなくなってしまう。それは根本的に悪である。

カントによれば、道徳は、どうすれば善いことを行うことができるか、ということから出発する以前に、子どもも含めた人間が実際にどのように行為しているのか、という現実の直視から始めなければならない。目の前の子どもや人間のみならず、他の地域や国に住む人間の行いを考慮すると、日常の人間対人間の関係から、国と国の関係に至るまで、このエゴイズムというあり方が至るところに潜んでいることが見出される。自分の利益になるからと他者の物を盗むことも、むしゃくしゃしているため憂さ晴らしに他者をいじめることも、また自国の領土を拡げ莫大な利益を得ようと他国を侵略し植民地化することも、すべてエゴイズムの原理によって成り立っている。このエゴイズムは、しょうがなくあるものなのではなく、あることで自分を含めた人間の存在自体が根底から否定される切実な問題である。それゆえにこそカントの道徳は、このエゴイズムという悪と対峙し、乗り越えることを基点にしている。

2 道徳教育の実践

(1) 教育者・教師という特異な存在——聖なるイエス・キリストという教育者・教師

前節で、人間の根本を支える道徳の原理の内実について考察した。それでは、そのような道徳の原理を備える人間を育てる教育は、カントにおいてどのようなものなのだろうか。カントにおいて教育を考えるにあたってまず何よりも重要となるのは、教育を行う教師という存在である。というのも、人間(子ども)は人間(教育者・教師、大人)によってのみ、教育されるからである(IX443)。子どもを道徳的に教育するには、教師が道徳的でなければならない。このように道徳性を完全に体現する存在、それはカントにとって、イエス・キリストである。

イエスは道徳的完全性を純粋に体現した神の志操をもちながらも、人間としても同時にこの世界に生きる存在である。それゆえにイエスという存在を通して、人間は自分も苦難を受け入れながらも道徳的完全性へと近づくことができるという希望をもてるようになる(VI60-61)。イエスは自身が聖なる存在であるのに、受難を耐え忍び世界の最善を体現するだけでなく自ら促進する存在であった。そのようなイエスは、エゴイズムの克服という困難な行為を、それでも行うことが求められる人間にとって、まさに模範であり、かつ困難に打ちひしがれても自らを鼓舞する希望そのものである。イエスとは、このように「神的志操をもちながら、まったく本来的に人間的な教育者・教師（derselbe göttlich gesinnte, aber ganz eigentlich menschliche Lehrer）」（VI 65）である。

このようなイエスを模範とし、かつ希望とする教師は、もちろんイエスと同じ教師ではない。むしろイエスとは異なり、ときにかけ離れた存在であるとして、自らを責め、苦しむこともあるだろう。しかしそれでも、そのような状況に陥っても教師は、人間はしょせん利己主義的でエゴイストだと開き直ることなく、自らを鍛え直し、奮い立たせて、人間の尊厳をどこまでも尊重する道徳性に近づくことができるように自らを形成するとともに、人間になろうとする子どもにも、そのような道徳的な存在となることができるように教育するのである。こうして教師は、イエスという生きた理念を自らの内に住まわせているのであり、だからこそ利害損得に巻き込まれて子どもを教育するという誘惑にかられながら、その誘惑を拒み、次項以降で見る具体的な教育実践を行うことができるようになる。換言すれば、教師は人間を道徳的に教育するうえで、道徳的な生きた哲学と理念を自ら保持していなければならないのである。

教育者・教師とは実のところカントそのものでもまたあった。知識ばかりをこねくり回している学生を目の当たりにし、カントは自然地理学を教育的な科目として講義することを始めた。「大学で教えはじめてすぐに分かったが、学ぶ若者たちが非常におろそかにしていることはとりわけ、経験の立場を代表することのできる十分な歴史的な知識をもつことなしに、早くから理屈をこねくり回すことを学ぶということである。したがって、私が抱いた計画は、大地の現状についての歴史、つまり広い意味での地理学を、若者たちに実践理性に対して準備し仕えることのできるような心地よく近づきやすい模範とし、そこで伸びはじめた知識をさらにますます広げようとする意欲をかきたてるようにさせるというものである」（Ⅱ312）。この自然地理学講義は、以後講義義務がなくなっても四〇年間にわたって終生行われた。ここでは子ども時代に地理にかかわることのなかった若者に対して、地理教育が行われているが、子どもへの地理教育とは若干異なるにせよ、人間を道徳的に形成するという意図のもとでの地理教育としては同じ意図のもとになされている。このように自らが学生の道徳的な実践理性にも寄与する地理教育を行うことを実行しているという姿勢が、教師は十分な哲学をもちながら、さらに子どもや学生を放っておくのではなく、できるだけかれらを奮い立たせることができるように丁寧に働きかけるべきであることを体現している。絶え間なく道徳的に自らを鍛え続け、かつ自らの生きた哲学を実践へと結びつけて教育する手腕が、教育者・教師には求められている。

（2）道徳教育は幼児期から始まる

カントにとって教育の要は、人間の根本を作り上げる道徳教育であるが、しかしそれ以外にもわれわれは教育というと知的教育を考えることができる。人間は考える葦であると言われるが、人間が独自にもつ知的思考力の育成は、人間を教育するうえで、重視されることであり、そこに異論を唱える人はいないだろう。何もしゃべることのできなかった子どもが言葉を話すようになり、少しずつ難しい表現を学ぶようになり、また言葉の発達とともにさらに計算などの知的活動もできるようになって、自分で知的に考え行動することができるようになることは、時代を超えて、また洋の東西を問わず、求められてきたことである。問題は、そのような知的思考力の育成を「いつ行うか」、また「その他に行うことはないか」ということである。カントは次のように興味深い文章を書いている。

子どもはその年齢にふさわしい事柄のみを教えられなければならない。多くの両親はその子どもが早い頃から大人びた話を口にすると喜ぶものである。しかし一般的にはこうした子どもからは何も生まれてこない。子どもはただ子どもらしく賢明でありさえすればよい。……子どもは子どもの悟性だけをもつべきであって、あまり早熟に見られる必要はない。そうした早熟な子どもは、洞察力と明解な悟性をもった人間には決してならないであろう。(IX485)

子どもには発達の段階があり、特に早期に知的教育を行っても、まったく効果がないことをカントははっきりと述べている。子どもにはその発達段階に合ったかたちで、丁寧に教育をすることが求められている。それでは子ども、特に幼児、児童の教育には何が語られているのだろうか。カントはルソーの発達段階的教育論を吸収しながら、子どもの発達段階に即した五つの教育段階を構想している。すなわち、(1)訓育以前の自然的教育(養護・養育)、(2)訓育(規則に従うなど基本的なしつけ)、(3)教化(知的訓練)、(4)市民化(友だちや他者とのかかわり)、(5)道徳化、である。ここで重要なことは次のことである。

道徳的な人間形成は、それが共通の人間悟性のみにもとづいているかぎりでは、まさに最初の段階か

ら、また自然的な教育の場面で考慮されなければならない。(Ⅸ455)

五つの教育段階の最終段階で道徳化が言われていながらも、カントは最初の段階から道徳教育が行われる必要があることに注意を促している。つまり、幼児教育から道徳教育はなされなければならないのである。最終段階の道徳化は、対話による理性的な反省にもとづいてなされるものであり、かなりの成熟の果てになされるものにすぎない。それでは、どのようなことが幼児教育においてなされるべきなのだろうか。

(3) エゴイズムをつけあがらせない
――欺瞞と嫉妬と競争を廃し、友だちとともに世界を楽しむ場を保障する

幼児期で何よりも重視されることは、子どもの本来もっている性質や欲求、意志を尊重し、それらを教師や大人の勝手な論理で壊さないようにするということである。なぜか。その欲求や意志が満たされないと、満たしたいのに満たされないことを我慢しなければならず、心で深く思っていることと、現実にはそれが実現されないので受け入れざるをえないという外面的行為が、異なってしまい、子どもは偽装的、欺瞞的になってしまうからである。「子どもは…その意志や願望に反して取り扱われるならば、まったく悪く育てられていく」(Ⅸ479)のである。また教育者の振る舞いにおいても、子どもはさらに欺瞞的になっていく。例えばカントは、気まぐれな教育者が非のない子どもをしつけと

称して身体的・精神的に痛めつけながら、同時にそのようにしつけてくれたことに子どもは教育者に感謝するように仕向けるという場面を取り上げる（IX ４６１）。子どもは心ではこの教育者を嫌悪しつつも、心で思っていることとは異なることを態度では示すことを強いられる。こうして、子どもは表面的偽装および欺瞞の習慣を身につけてしまう。そしてさらには、子どもは嘘をつく人間へと徐々になってしまう。なぜ嘘がいけないのか。嘘は、自分が思っていることと異なる言葉を発することで、自分の言葉の真実性を損なわせ、かつその自分の言葉を信じようとする他者を欺くことである。これは、他者を自分の意図の手段とすることであり、そのことによって自分の利益を最優先することを意味している。それゆえ、嘘は、人間の尊厳を根本的に毀損するエゴイズムの代表的なものであるがゆえに、嘘は悪なのである。子どもが嘘をついたとき、単に叱責することが道徳教育なのではない。むしろ、子どもを、嘘をつくような存在にしてしまった教師の振る舞いや働きかけを改め、子どもが本来もっている欲求や意志を十分に満たすことができ、子どもがのびのびと心から自分を生きることができる環境を整えることこそが道徳教育として何より大切である。

次に幼児期でとても重要となるのは、子どもを他の子どもと比較して、また子どもを競争させて、このように行為すべきである、このようにしなければならない、などと指導することを控える、ということである。教師は態度の悪い子どもに向かって、あのまじめで善良な子どもを模範にしなさいと言うべきではない。なぜなら、この子どもは善良な少年との比較で不利益を被るため、このような注意はかれにとってこの少年を憎む原因となるだけだからである。つまり、ある他人（あるがままの）との比較ではなく、いかにあるべきかという理念（人間性の）との比較、つまり法則との比較こそが、教育にとって不可欠の規準を教師に提供するのでなければならない。（Ⅵ480）

子どもの模範となりうるのは、比較され優劣をつけられた他の子どもではなく、人間性という理念であり、その理念を体現した「教師自身の示す善き実例（態度が模範的であること）」（Ⅵ479）である。他の子どもと比較すると、比較された子どもは競争心によって他の子どもに嫉妬するとともに、自分の不利益の元凶である他の子どもを憎むようになってしまい、自分の行為を改善する方向へは向かわなくなってしまう。「悪意をもった競争心によっては、嫉妬が生じるだけである」（Ⅸ491）。こうして他の子どもとの比較と競争は、より子どもの利益追求を反転させて助長させてしまい、つまりはエゴイズムへとより陥りやすくなってしまうのである。

それではどのようなことを保障することが、子どもをエゴイズムから守ることにつながるのだろうか。カントが提案することは、友だちとのつながりであり、そこで友情を育むにあたって特に必要となるのは比較や競争をしない環境を整えることである。

子どもは他者とも友情を保持しなければならず、つねに一人だけでいるようではいけない。たしかに多くの教師はこの反対のことを学校で行っているが、しかしそれはまったく間違っている。子どもは社交という人生の最も甘美な楽しみへと誘われるべきである。したがって教師はいかなる子どもでもその才能ゆえに特別に大切にするのではなく、まさにその品性ゆえに引き立てなければならない。というのも、そうでなければ嫉妬が生まれて、友情の妨げになるからである。（Ⅸ484－485）

このカントの言葉は重い。日本の幼稚園教育要領や学習指導要領でも、友情の大切さは述べられている。[6] しかし比較や競争は日常茶飯であり、テストで点数をつけられ順位づけられることは決して少なくない。このような状況では、たとえば漢字テストで一位になったらお小遣いをあげると言われた子どもが、二位となったとき、一位になった子どもとそれでも仲良く友だちとして遊ぶことができるだろうか。かれのせいで自分はお小遣いをもらえなかった、と悔しがり、ともすればその一位となった「友だち」を憎むことすらあるのではないか。翻ってシュタイナー幼稚園でも、学校でも比較や競争が極力避けられている。これは子どもにとって、友だちをつくるうえでとてもよい環境である。比較や競争がないために、ここでは子どもは相手のよいところを見ることができるようになり、さらにお互いを認めあって尊重することができるようになる。シュタイナー幼稚園、学校の卒園・卒業生には、昔からの友情をずっとあたためて、深い結びつきをもつとともに、新たに他者を受け入れる人が少なくない。このことは、友人をつくることの大切さを、人間形成の文脈でどこまで洞察できているかという、教師の哲学が問題であることを示しているように思われる。

(4) 深い感動が子どもを動かす——道徳的な人間に震える

子どもは、行動範囲の狭さや他者とかかわる機会の少なさといった点で、実際の人間に出会い、かかわることが多いわけではない。そのような意味で、人間を学ぶためには、物語やお話に登場する人物に触れることがさらに重要な役割を担うこととなる。たとえば次のような人物が出てくるお話を子どもに聞かせることは、子どもが尊い人間の姿に触れるうえでこの上なく大切になるとされる(V156、以下では主意をもとに具体化している)。

マットは、ポールが仕事がよくできるので気に食わず、いじめ、仲間外れにしている。マットはジョンにも自分たちの仲間に入るように誘う。仲間に入れば、ポールを追い出し、自分たちが仕事にありつけることができ、ジョンの利益にもなるとささやく。しかしジョンはポールを追い出してまでして自分が利益を得てもうれしくないとして断る。それならとマットは、ジョンが自分たちの仲間に入らなければ、ジョンも気に食わない者として、これから危害が及んでもよいのだなと脅す。それでもジョンは、自分が損をすることになっても、ポールをいじめ、仲間外れにして、グループから追い出すことは、自分の生きがいとしての仕事を懸命に誠実にしているポールをないがしろにすることであり、自分はそのようなことはできないと断り、自分の生き方を貫き通す。

さて、子どもはこの物語を聞いてどう思うだろうか。ポールをいじめるマットに共感し、心を動かされるだろうか。むしろ、自分の利益になるとしても釣られることなく、また不利益を被ることになるという苦しい状況になってさえも、人間であるポールを傷つけるわけにはいかないと誠実さを貫いたジョンの思いと行動に、驚き、賛嘆し、感嘆するようになるのではないだろうか、とカントは考えている。自分の損得とは関係ないところで、人間として行うべきことがあるのであり、それを行っている人間は、なんと気高く、美しい存在であることだろうか。ここではジョンは、利害損得の感情では生きていないことが示されており、そこにはそのような感情を超えた人間としての気高く善い「意志」が行為を支えていることが分かる。子どもたちは、このようなジョンの姿に、人間は単に得か、損か、というそろばん勘定を超えて生きることができるし、そのように生きる姿は、自分の利益のために他者を蹴落とし否定するエゴイストとしての悪者を倒す力強さをもっていることを体感し、心震えることになる。「年少の聞き手は、単なる是認から感嘆へ、感嘆から賛嘆へ、そしてついには最大の尊崇へと段階的に高められ、自らもこうした人間になることができたら（もちろんその人物の境遇にではないが）という生き生きとした願望をもつまで高められるであろう」（Ｖ１５６）。

ここでカントは、子どもがこのように深い感動を覚えるようになることは、子ども自身なぜ自分がそのように苦しい状況になってもそれでも大切なことを守り通し自分の生き方を貫くジョンに惹かれるのか、という不思議な体験をすることであるととらえる。自分の得なことを行い、損なことをしないことが、大人も子どもも共有している日常の行為だからである。しかしこの物語の登場人物ジョンは、そうではない生き方を示し、そしてなぜか子どもは深い感動を抱くようになる。その損得で理由づけられない行為は、カントにおいては、人間の理解を超えた宗教的なものへのかかわりの入り口を意味している。つまり子どもは、ジョンのように現実の利害損得を超えた行為、そしてそのような行為に深く感動を覚える自分自身に「神聖さ」を感じるようになるのである（Ⅵ４８３）。なぜそのような利害損得を超えた行為に感動するのかは、現実を超えた人間の性質、そして世界の性質を示してはいないだろうか。

カントの道徳教育においては、このように、人間が利用される単なる手段であったり、利害損得の道具であったりするのではなく、ただそれ自体目的として尊厳があるということ、このことを子どもに体感できるようにすることが何よりも重要となる。そのためには、このような道徳的な人間が登場する物語やお話など、子どもにとって入り込みやすいものを通して、たっぷりとそのような人間に触れることのできる場を作る配慮が、教師、大人には求められる。誠実さを貫き通した人間にたっぷりと触れた子どもは、現実世界の日常の利害損得を超えた、気高く美しい世界が存在することを体で知っており、後年、現実世界がどんなに醜いか目の当たりにすることになろうとも、それでも人間と世界を信じて、勇ましく行為することができるようになるのである。

（5）世界のおもしろさに没入する——地理的営みの大切さ

前項で見た道徳的な人間は、決して現実には存在しないユートピアに生きる、もともと完成された人間ではない。むしろ現実に生きる人間だからこそ、利害損得をちらつかされながら、それをも跳ね除け、自分の道を切り拓き、その道に進むことを貫き通すことが意味をもつのである。つまり、現実世界における道徳的人間こそが、真の道徳的人間なのであり、そのような人間に触れ、体感するには、現実世界を十分に生き、そして知らなければならない。

カントにとって、現実世界を知ることは、地理を知ることと同義である。それゆえにこそ、カントは教育を考えるにあたって、地理を比類ない位置に据えている。地理を学ぶことは、現実世界における道徳的人間のあり方を考えることであり、つまり道徳教育の基底になるのである。

それではカントにおいて地理はどのように問われており、そこで地理教育はどのような特徴を備えているのだろうか。地理は、どこまでも現実を直視する。動物学で牛と言えば、哺乳綱偶蹄目ウシ科の動物である。しかしそのような牛は、論理的な類別ではどこの牛も同じ牛と分類されるが、現実世界では、スイスのアルプスに生きる牛と、インドのガンジス川の岸辺にたたずむ神聖視された牛は、同じ牛ではない。これらの場所的・地域的差異を考慮に入れながら現実の場所に即して事物をとらえるのが地理である。地理においては、牛以外にも、あらゆるこの世界に存する事物、陸や川、海から、そのような場所に生きる植物、動物、そして人間、さらにはそのような場所に生きる人間が営む文化、経済、政治、芸術、倫理、哲学、宗教などが現実の場所（各地域、各国、各大陸等）に即した独自なものとして考察される。

子どもならば、どのように地理的な体験をするだろうか。渓流で自ら釣ったゴギの美しさに心を奪われるかもしれない。ゴギとは島根県や広島県などの山間部に生息するイワナの固有種であり、さまざまな虫を育む広葉樹が生い茂り、人家も少しあり人影も多少見えるきれいな渓流に生息する。地理的な体験とは、有機的な連関をもっているその土地固有の事物に出会うことである。それは抽象的な事物ではなく、現実の具体的な事物とのかかわりである。このゴギは世界中のどこを探しても他には見当たらない、まさに日本の中国山地にしか見られない渓流魚である。地理的な体験とは、大地の現実の事物の固有な独自性や美しさに入り込むことである。カントは『自然地理学』において、地理的な体験は、純粋な好奇心、知識欲からくると述べている（IX231）。つまり、地理的な体験をする者は、世界の「いたるところで注目すべきもの、風変わりなもの、美しいものを追求する」（II3）のである。

子どもは、外の世界で出会う事物に興味津々である。なぜか。純粋におもしろいからである、不思議だからである、心惹かれるからである。子どもは山に登って、遠くに見える地平線と夕焼けに、言葉を失って見とれる。あるいは、自分が取ったクワガタのなんとも言えない美しさに心を奪われる。そこに何か、理由はない。利害損得の理由は一切ない。取ったクワガタが、何円で売れるだろうかと考えるのであれば、クワガタの美しさにほれぼれと見入ることはない。きれいな夕焼けを写真に収めることができれば、理科の宿題の課題点が一〇〇点アップするということで山の頂で夕焼けの写真を撮るとき、そこに夕焼けの、注目すべき風変わりな美しさの喜びはない。これは何点の夕焼けだろうか？　と考えて、もう少し赤みがかかってくれればいいのになと考えると、喜びは消失する。このように、地理とかかわる独自性は、世界のおもしろさ、注目すべきもの、美しさに没入することである。それゆえ、日常の利害損得をもち込んで世界を眺めることは、地理にかかわっているように見えて、実はその地理的現実そのものではなく、大人という人間が作った特定の利害関係のみに閉ざされた世界にかかわっているにすぎない。それは、地理的な体験ではない。

もちろん、地理的な世界においては、身近の役に立つことにつながることは多々ある。この野草は、ケガしたときに塗ると効果があるとか、この蚕の糸で釣り糸が作れる、などである。子どもたちは、そのように日常生活に役に立つ事物がこの世界にあふれていることにも、楽しさと喜びを感じるであろう。そしてさまざまな異なった地域や国には、自分とは別の言葉を話し、肌や髪、また目の色の異なる人間が生きていることに驚くこともあるだろう。人間は、各地域や各国で異なったものを食し、さらにそれぞれ独特の習慣をもっていることも子どもは学ぶことになるだろう。そこでしかし人間は同じように生活をするために仕事をしたり、働いたりしており、しかしそこでも単に日常生活を営むだけでなく、そこから脱して勇ましくまた気高く生きる人たちもいることを目の当たりにするようになるだろう。

こうして、地理とかかわることを促す地理教育は、子どもに世界の固有のおもしろさや特異さ、美しさに没入することを促すことで、利害損得の生き方を超えた世界とのかかわりがどれだけ心躍るような楽しいものであるかを子どもに示す。そして同時に地理教育においては子どもは、この世界の日常の利害損得や、自分たちのためになる事物の存在も十分に認識し、そこに生きる人間存在が現実の人間であることを合わせて、体験するようになる。こうして子どもは、利害損得なしに、人間と人間が生きる世界の尊さを体で感じることができるようになる。地理的な体験とは、現実世界のみずみずしい豊かさを体で感じることであり、そのような現実世界に生きる人間と出会うことであり、そのような世界と人間とのかかわりを通して、それでは独自な場所である現実世界に生きる自分という人間は、これからどのように生きていくべきか、考えるように促すのである。

3　世界市民になるということ

(1) 世界市民になるという希望

カントの道徳教育は、エゴイズムを克服して、つまり他者を自分の利益のためにいじめたり、傷つけたり、また利用したりするのではなく、他者も自分も含めた人間を目的それ自体として尊厳をもった存在としてとらえ、そのように行為するように子どもに促すことであった。この道徳教育は、さらにどのような意味をもっているのだろうか。

教育を行う主体は、はじめは両親をはじめとする保護者であり、また学校教育となれば国家が直接・間接にかかわることになる。しかしたとえば保護者は、子どもが道徳的存在として育ってほしいと思っているだろうか。つまり、他者を目的として尊重して親切にしたり、利害損得を抜きに行為したりすることを望んでいるだろうか。もちろん、そのような保護者も多くいるだろう。しかし、なかには、そのように他者に親切にするお人よしに育つのではなく、他者を蹴落とし、ときに他者を利用することを優先してでも、競争社会で勝ち抜き、良い学校、良い就職先で仕事を見つけ、あわよくば自分が年老いたときには自分の世話などしてもらえないかと思う人もいるかもしれない。国家はどうだろうか。国家が行う教育は、国家の維持と発展という利益にかなった人材の育成を目的としている。つまり国家は、たとえば敵対する国の他者であれば、そのような他者を必ずしも尊重するのではなく、むしろその他者を打ち負かしてでも自国の利益を求めることのできるような愛国的な国民を形成しようとすることもある。これらはともに、人間を目的として尊厳をもつ存在と見ておらず、家族や国家という隠れ蓑をまとったエゴイズムにもとづいた行為と言わざるをえず、これでは、しまいには自分の家族も、自国も、そしてついには自分までも崩壊してしまうことになりかねない。なぜなら、人間を手段化する行為は、自分も手段化されることを受け入れなければならないからであり、手段化される自分は、一つの道具として擦り減らされ、抹殺されてしまうからである。このような家族にも国家にも回収されない道徳教育、それがカントにとって、世界市民的教育である。

両親は家庭を気遣い、君主は国家を気遣う。両者はともに、世界の最善および人間性がその使命としているると同時に、そのための素質をもっているような完全性を究極の目的とはしていない。しかしながら、教育計画のための構想は世界市民的に立てられなければならない。（Ⅸ４４８）

もちろん両親は家庭のために、為政者は国家のために教育を行うものであるし、行うことが求められる。しかし問題は、それら「だけ」をめざすということ、世界の最善や、人間の尊厳をないがしろにして教育を行うということである。このことは、家庭も国家も世界と人間に密接に結びついていることを踏まえると、結局のところ、家庭や国家のためにもならないことになる。たとえば、自国の経済発展ばかり考え、環境問題に無頓着である国家は、国境を超えた世界の問題である環境問題の悪化をもたらし、ひいては自国に環境被害が及び、結果として自国の経済発展のみならず、自国自体壊滅状態になってしまう、ということである。人間の尊厳を、そしてそれは子どもの尊厳でもあるのだが、その尊厳をどこまでも追求することは、家庭や国家を超えた、世界市民として人間をとらえ、そのような世界市民を形成していくことなのである。

したがって、カントの現実的な道徳教育の核心は、世界市民の形成である。単に人間を尊重しようというだけでは、いつのまにか家庭や国家のための教育にすり替わり、人間を手段として行為することを助長することになってしまう。道徳教育は、世界市民的教育としてとらえることによって初めて、現実的に十全な道徳教育として構想することができる。世界市民とはカントによれば、さらに以下のように特徴づけられる。

世界で起こっている事物に抱いている関心に関して、人は二つの態度を取ることができる。すなわち地上の子と世界市民の立場である。前者においては、仕事や自らの幸せに影響を与えるかぎりでの事物に関係があるもの以外、いかなる関心ももたれない。後者においては、人間性や世界全体、事物の根源やそれらの内的価値、また究極目的が、少なくともそれらのことについて好んで判断するのに十分なほど関心がもたれる。……世界市民は世界をその住居とみなし、異質なものとみなしてはならない。世界観察者ではなく、世界市民でなければならない。（XV－2、517－518）

仕事や自分の幸福のみを考える人間はエゴイストである地上の子であるのに対して、人間や世界自体、またその究極目的を考えるのが世界市民である。世界市民とはそれゆえ、閉じられた自分ではなく、多様で豊かな世界に生き、世界に常に開かれ、その世界を切り拓く存在である。この世界市民は、何よりも、エゴイズムに対峙し、それを乗り越えようとする人間の姿勢を問うている。「エゴイズムに対置されうるのは、複数主義だけである。すなわち、自らを全世界を自らの自己の中にとらえる存在とみなして振る舞うのではなく、一人の単なる世界市民とみなし振る舞うという考え方である」(Ⅶ130)。そしてもう一つ、重要となるのは、現実の具体的な世界に開かれ、ときにそこに没入し、世界を体験することが求められる、ということである。それがカントにとって、地理的な体験となる。地理を顧みずして世界を語るとき、世界は現実とはかけ離れた、空虚な概念としての「世界」になり、それは自分の都合のよいように意味づけられたイデオロギーとしての世界となる。戦前の日本は、自国の拡大を正当化するために、そこには世界史的使命があると喧伝していた。しかしその「世界」は、日本を中心にした大東亜共栄圏という地域であった。現実の地理は、私たちを、たえず世界へと出航させ、そこで自らのあり方を吟味し、さらに自らの生を力強く切り拓くことを後押ししてくれるのである。

カントの道徳教育は幼児教育からはじまる世界市民的教育である。幼児が世界市民になるなど、あまりに空想的であると考える人もいるかもしれない。しかしエゴイズムと対峙し、乗り越えるということは、自分のエゴイズムとつながっている家族や国家という枠ではない、世界にたっぷりとつかり世界を体験することを子どもに求めているのである。その世界体験はまた、子どもが地理的な現実世界の事物に心惹かれて入り込むことからして、子どもの本来のあり方ではないだろうか。子どもは、肌が黒い子どもとも、目が青い子どもとも、分けへだてなく友だちになる本質をすでに有している。さらにまた世界の人間や動物、植物、事物と友だちとなり、ともに生きる性質を保持している。教育者・教師である大人は、そのような子どもの世界市民性を大切に保護し、あたため、育てる使命を有しているのではないだろうか。

(2) カントの道徳哲学が具現化された、幼児期からの道徳教育を学ぶことの意義

このようなカントの道徳哲学を具現化した道徳的な幼児教育を、保育者・教師が学ぶことは、どのような意義があるのだろうか。目の前の子どもにかかわる保育者・教師は、たえずその瞬間の子どもの状況に対応することが求められる。しかしながら、子どもはその瞬間に生きて終わるわけではない。むしろ、子どもは、これからの成長と変容の可能性を常に現在に含み込みながら生きているため、どのような成長・変容することが求められるかの洞察を教師が有することは、きわめて重要なことである。子どもが行うことの人間形成的理解、また子どもへの応答的な働きかけには、子ども・人間が、どのようにこれから成長し変容することになるか、またそうなるべきであるか、という包括的かつ総体的な人間観・子ども観、そして世界観をもたらす哲学・思想の保持が不可欠である。

このような哲学・思想をもつことをめぐって問題となるのは、子どもをどのように見るか、ということである。とりわけ現在と能力という二つの基準から子どもを見るか、それとも現在を過去とさら

には未来が浸透・想定されたものとしてとらえ、また子どもを世界という無限の総体に開かれた多様かつ総体的な存在という理解の基準から子どもを見るか、ということである。前者では、子どもは、大人である教育者・教師と比較されて「劣った未熟な存在」と対象化され扱われる傾向にある。これから成長し変容していくという未来の可能性を意識することの弱いこの子どもに対する見方は、現在できないこと、つまりより顕著には成人の通常の人間よりも劣っている能力に焦点が当てられ、教師は子どもを操作し矯正すべき対象としか見ないという状況が生まれてしまう。しかしながら、後者の子どもに対する見方では、子どもは無限に世界へと開かれ、これから多様かつ自由に成長し変容する存在としてとらえられるがゆえに、教師は子どもに尊敬と畏敬の念をもって、接することへと促される。子どもの成長と変容は、因果連関でとらえきることのできない神秘的な動的力をわれわれに見せてくれるためである。このように、教師が哲学・思想を学ぶことの意義は、そのことが自らの子どもに対峙する根本的かつ具体的な姿勢を、根底から支えることになるということである。子どもへの尊重と畏敬の念をもった教育的働きかけは、保育・幼児教育のカリキュラムの枠組み自体を問い直すことを促し、また子どもへの瞬間的な接し方においてすら、たとえば子どもが発する言葉を未熟な言葉とみなすのではなく、それ以前とは異なる大きな変容を示していることに注目し子どもの無限の可能性を尊重してその言葉を受けとり聴き入れる、といった姿勢を促すことにまで通ずる。

しばしば哲学や思想は、保育や幼児教育の実践とはかけ離れており、それよりもより実用的な方法論を修得すべきであるということが言われる。しかし哲学と思想は、決してそのようなものではない。教育や人間形成を含み込む哲学と思想は、われわれの根本的かつ具体的な姿勢を現実的に鼓舞する、ダイナミックで豊かな源である。近視眼的な方法論がますます幅をきかせる効率を重視した現代資本主義社会において、むしろ哲学や思想は、保育者や幼児教育者の根本的な子どもへの姿勢を力強く支える鍵として、ますます重要性を帯びるようになってきているのである。

4　力強い道徳教育の実践を生み出す哲学・思想の学び

道徳教育の出発点は、現実の直視である。カントにかぎらず、キリスト教や、イスラム教、そして仏教など、多くの宗教は現実に存在するエゴイズムを人間にとって望ましくない罪、悪、煩悩、色欲・我欲ととらえている。哲学でも同様である。エゴイズムを完全に肯定した倫理学はいまだ見当たらない。もちろん、自分の利益や幸福は大切である。しかしそれは、あらゆることをさしおいて最優先すべきものではない。そこに、人間存在の不思議さと、神聖さが見られる。人間という存在を、そして世界という存在を肯定するには、エゴイズムと対峙し、乗り越えなければならない。道徳教育を考えるには、この現実の直視によるエゴイズムとの対峙の重要性を、しっかりと認識する必要がある。

カントの道徳教育は、利害損得で動くエゴイズムを脱して、人間そのもの、そしてその人間も生きる世界そのものすら目的として尊厳あるものとしてとらえることを子どもに促すものである。現実世界の利害損得を超えて、気高い世界を、崇高な世界を、美しい世界を求めること、それがカントの道徳教育である。そしてその世界とは、現実の世界であり、つまり地理的な多様で豊かな大地という世界である。このように世界に開かれている道徳教育は、世界市民的教育として、さらに現実的な推進力をもつ。シュタイナー教育をはじめ、日本の教育実践にも、すばらしい道徳教育の実践がある。この実践と理念をさらに結ぶ合わせることで、力強い道徳教育の新たな創造がなされると思われる。このように教師にとって、哲学と思想を学ぶことは、理念に裏打ちされた実践のダイナミックかつアクチュアルな遂行を促すがゆえに、かつてないほど重要な意義を有していると考えられる。

あとがき

日本の子どもは、オランダ、フランスなど先進38カ国のなかで、37位。これは、ユニセフ（国連児童基金）の研究所が二〇二〇年にまとめた報告書で、日本の子どもが心に抱く「精神的幸福度」について示した衝撃的なデータだ。朝日新聞は、このデータを取り上げこう記した。「……先進38カ国で37位とされた。各国の子どもの生活の満足度や自殺率を比較した結果だった。大人にとって目をそむけたくなるデータかも知れない。子どもと若者が年々、厳しい状況に追いやられていることは、国内のデータも物語る」（朝日新聞、二〇二三年四月六日付、朝刊）。

先進38カ国のなかで37位とされた、精神的幸福度の低いわが国の子どもの状況は、言い換えれば、日々の生活に「楽しさ」を実感することが少なく、満足感を味わうことが少ないということであろう。多くの「不満」を抱き、深い楽しさを味わうことなく、なんとなく生活し、そのなかで、わずかにおもしろさや楽しさ・喜びを見出して生きているのが、わが国の子どもの現状ではないだろうか。

子どものそうした状況は、小・中学校の時期に多く見られるが、一歩踏み込んでみてみると、幼児期に始まっていることが分かる。幼稚園・保育所等に通う幼児も、口には出さないが、多くの「不満」を抱えている。そこでは、ともすれば、教師・保育士の目線で行われがちなこと、即ち、給食やお昼寝の強要・強制、暴言や罵声、暴力的な行為、仕置、一年交代の担任、十把一絡げの誕生日会、等が見られるからである。こうした保育に、幼児が強く不満を抱くようになると、幼児期の道徳性で大切な「感謝の心」の成長は、妨げられてしまう。また「善への快感」や「悪への不快感」にひたることへの欲求を強くもちつつも、その欲求が十分に満たされることは、少ない。

子どもは、幼児期に満たされるべき欲求が満たされないことに「不満」を抱きつつも、年月が経つと、小学校に入る。そして中学校へと進む。小・中学生になると、子どもの欲求は、友愛（友情）、教師との厚い信頼関係の構築、真理の探究、協調性の体験などへと広がっていく。しかし、小・中学校の生活でこれらの欲求が満たされることは、少ない。それどころか、嫌気をひき起こし不快にさせる事態、すなわち「知育中心の楽しくない授業」「頻繁に行われるテスト・点数競争」「多すぎる宿題等」が、子どもを苦しめ不満を増幅させる。そのなかで「友情への欲求」「教師への敬愛の欲求」「真理探究への意欲」は、抑圧される。子どもは学校に通うが、それは、「しぶしぶ」であることが、多い。このような状態を放置したままで、決まりだからと言って、教師がどれほど熱心に「道徳」の授業を行っても、徒労に終わってしまうことが少なくない。

いま、幼児教育施設の保育士・教師たちのなすべき大切なことは、幼児の心の奥にまで目を向け、そこに宿る気高い精神的、道徳的な欲求に注目し、それを満たす実践を展開することである。また、小・中学校などの教師たちが力を入れるべきことは、不満の増大の原因、つまり多すぎる宿題、楽しくない授業、過度のテスト・点数競争の軽減・除去に努めることである。子どもが嫌がることは避け、心底から打ち込んで深い感激・喜びをもたらす楽しい学習活動を導入することは、必須のことがらであるといってよい。

本書の特徴は、考え方・理論だけではなく、それを具体的な実践に移した実践例を示していることにある。考え方の基本は、ごく単純化して言えば、「子どもがもつ気高い欲求」をどこまでも尊重する、という立場である。

本書で示した実践例は、すべて長年にわたって行われ、その適切さ・有効性が検証されたものである。シュタイナー幼児教育で重視される「語り聞かせ（ストーリーテリング）」「人形劇」「生まれたその日に行われる誕生日会」「人形づくり」等はみな一〇〇年もの長期間の検証をもつ。またシュタイナー学校の教育実践、すなわち、「二コマ続きの授業形態」「絵画活動を存分に取り入れた授業」「テスト・競争のない授業」「クラス劇」「卒業論文の作成と発表会」等も同じく長期間の検証によって、その適切さが証明されたものである。また、本書で紹介した日本の教育実践、つまり「京都女子大学での人形劇教育」も長年の検証を有するものである。さらに「西条小学校におけるオペラ『白壁の街』の教育実践」も長年の検証によってその適切さが証明されたものである。

本書を読了した読者は言うかもしれない。「この書に記された実践例をもって、執筆者の方々は革新の道を拓くための指針を示しているのですね」。その通りである。本書は執筆者たちが「本書に記した実践のような力強い確かな実践を取り入れたら、子どもの道徳性の成長は目を見張る様相を呈します。そのような実践を、私たちは、心から願っています」との願いをこめて記した書である。本書は、単なる解説や紹介の道徳教育書ではない。ある意味では、本書は指針の書である、と言ってもよい。

指針は、単なる思いつきや根拠に欠けたものであってはならない。それは、長期間の実践によって、適切さと有効性が検証されたものでなくてはならない。その検証された適切さと有効性は、指針に際しての必須の前提である。筆者が、本書の公刊にあたって、そこに重きを置くゆえんである。

本書は、筆者を含め、松崎行代、広瀬綾子、本間夏海、広瀬悠三の五名の執筆者が、道徳教育の革新の思いを抱きつつ、相互に連携し、力を合わせて書き上げた書であるが、五名には、共通した特記すべき点がある。それは、執筆者が、みな研究論文を書き、著書を出版すると同時に、保育・教育の現場に足を運び、教育実践とかかわっていることである。執筆者たちは、幼児教育施設、小学校、中学校、高等学校、特別支援学校、大学、公民館等で、多くの子どもや学生の教育に実際にかかわりながら、かれらの道徳性の成長のあり方を学び、自己の道徳教育観の構築に努めてきた。

本書の表紙および裏表紙は、ウィーンに留学し研鑽を積まれた画家・江副公子氏による「乾かし絵」である。快く提供してくださった江副氏に心からの謝意を表したい。

本書の出版にあたっては、新曜社の方がた、とりわけ編集部の塩浦暲氏には、多大なご配慮をいただいた。深く感謝する次第である。

二〇二四年九月

執筆者を代表して
広島大学名誉教授
広　瀬　俊　雄

注

序章　いまこそ道徳教育の革新が必要である

［1］平成二十九年告示『幼稚園教育要領』（文部科学省）、『保育所保育指針』（厚生労働省）、『幼保連携型認定こども園教育・保育要領』（内閣府・文部科学省・厚生労働省）チャイルド本社、二〇一七年、一七頁、二六頁、三二頁、四五頁、六四頁。

［2］松居和著『ママがいい！――母子分離に拍車をかける保育政策のゆくえ』グッドブックス、二〇二二年、一四〇頁。

［3］Bertrand Russel, *On Education*, 2010. B・ラッセル著／堀秀彦訳『教育論』角川文庫、一九七一年、一〇〇頁参照。

［4］Rudolf Steiner, *Die Erziehung des Kindes vom Gesichtspunkte der Geisteswissenschaft*, 1978, S.53.

［5］朝日新聞、二〇二三年一月二五日（朝刊）。

［6］前掲新聞、二〇二三年一月二七日（朝刊）。

［7］Heinrich Pestalozzi, Lienhard und Gertrud, Ein Buch für das Volk, 1785. in: Heinrich Pestalozzi, *Gesammelte Werke in zehn Bänden*, Herausgegeben von E.Bosshart, E.Dejung, Lothar Kempter, und H.Stettbacher. Zweiter Band, 1945, S.57. 広瀬俊雄著『ペスタロッチーの言語教育思想』勁草書房、一九九六年、参照。

第一章　危うい日本の道徳教育

［1］文部科学省『小学校学習指導要領（平成二九年告示）「特別の教科　道徳」』二〇一八年、一六六～一六七頁、参照。

［2］広瀬俊雄著『ウィーンの自由な教育――シュタイナー学校と幼稚園』勁草書房、一九九四年、一八～一三一頁、参照。

［3］文部科学省『幼稚園教育要領』（平成二九年告示）、チャイルド本社、二〇一七年、一七頁。

［4］文部科学省『小学校学習指導要領（平成二九年告示）「特別の教科　道徳」』二〇一八年、一六五頁、参照。

［5］文部科学省『幼稚園教育要領』（平成二九年告示）、チャイルド本社、二〇一七年、八頁。

第二章　道徳教育は、幼児期から始めるべきである

［1］R・シュタイナー著／高橋巖訳『子どもの教育』（シュタイナー・コレクション）筑摩書房、二〇〇三年、一一二頁。

［2］佐々梨代子・野村泫訳『子どもに語るグリムの昔話①』こぐま社、一九九〇年。

［3］Rudolf Steiner, *Die Erziehung des Kindes vom Gesichtspunkte der Geisteswissenschaft*. 1978, S.22. R・シュタイナー著／新田義之監修・大西そよ子訳『精神科学の立場から見た子供の教育』人智学出版社、一九八〇年、三〇～三一頁、参照。

［4］Bertrand Russel, *On Education*, 2010, p.60. B・ラッセル著／堀秀彦訳『教育論』角川文庫、一九七一年、一〇〇頁。B・ラッセル著／安藤貞雄訳『ラッセル教育論』岩波文庫、一九九〇年、一〇二頁、参照。

［5］Rudolf Steiner, *Die pädagogische Praxis vom geisteswissenschaftlicher Menschenerkenntnis* (Nr. 306) 1956, S.115.

第三章　幼児期の道徳教育

［1］Bertrand Russel, *On Education*, 2010. B・ラッセル著／堀秀彦訳『教育論』角川文庫、一九七一年、一〇〇頁、参照。

［2］Rudolf Steiner, *Die pädagogische Praxis von Gesichtspunkte geisteswissenschaftlicher Menschenerkenntnis* (GA306), 1975, S.115-116.

［3］GA306, S.116.

［4］Helmut Ganser, Elisabeth Gergely, Tobias Richter (Hrsg.) *Das Wagnis Erziehung*, 1985, S.63.

［5］広瀬俊雄著『ウィーンの自由な教育――シュタイナー学校と幼稚園』勁草書房、一九九四年、三一～三五頁、

参照。本書の中では誕生日会の他に前述の人形劇についても詳述した（四〇〜五二頁）。

［6］Bertrand Russel, *On Education*, 2010, p.96. B・ラッセル著／堀秀彦訳『教育論』角川文庫、一九七一年、一六一頁、参照。

［7］Rudolf Steiner, *Anthroposophische Pädagogik und ihre Voraussetzungen* (GA309), 1924, S.36.

［8］GA309, S.37.

［9］GA309, S.35.

［10］GA305, S.71. R・シュタイナー著／新田義之訳『教育の根底を支える精神的心意的な諸力――オックスフォード講演』人智学出版社、一九八一年、一〇四頁〜一〇五頁。

［11］GA306, S.115.

［12］広瀬俊雄著『子どもに信頼されていますか？――心と学力を育む十二の法則』共同通信社、二〇〇九年、一三八頁〜一四一頁、参照。

［13］広瀬俊雄他編『シュタイナー教育100年――80カ国の人々を魅了する教育の宝庫』昭和堂、二〇二〇年、一六三頁〜一六四頁、参照。

［14］広瀬俊雄・広瀬綾子他著『幼児・児童の成長を支える「お話」の教育（Ⅰ）』同志社女子大学学術研究年報第六一巻、二〇一〇年、三二頁〜三四頁、参照。

［15］佐々梨代子・野村泫訳『子どもに語るグリム童話①』こぐま社、一九九一年。

［16］前掲訳、前掲書③、一九九一年、参照。

［17］前掲訳、前掲書③、一九九一年、一八〇〜一八一頁。

［18］前掲訳、前掲書⑤、一九九二年、参照。

［19］前掲訳、前掲書①、一九九〇年、参照。

［20］『ブレーメンの音楽隊』（まんが世界昔ばなし16）、国際情報社、一九八二年、参照。

［21］佐々梨代子・野村泫訳『子どもに語るグリムの昔話⑥』こぐま社、一九九三年、参照。

［22］前掲訳、前掲書③、一九九一年、参照。

［23］前掲訳、前掲書②、一九九一年、参照。

［24］前掲訳、前掲書③、一九九一年、参照。

［25］前掲訳、前掲書②、一九九一年、参照。

［26］前掲訳、前掲書④、一九九二年、参照。

［27］前掲訳、前掲書⑥、一九九三年、参照。

［28］B・ベッテルハイム著／波多野完治・乾侑美子共訳『昔話の魔力』評論社、一九七八年、二四頁。

［付記］本章のシュタイナー幼児教育における「道徳教育」の理論については、筆者は、これまで①『シュタイナーの人間観と教育方法——幼児期から青年期まで』（ミネルヴァ書房、一九八八年）、②『未来を拓くシュタイナー教育』（ミネルヴァ書房、二〇〇六年）、および③『シュタイナー教育100年——80カ国の人々を魅了する教育の宝庫』（昭和堂、二〇二〇年）などで明らかにしてきた。シュタイナー道徳教育の理論は、宗教教育とも密接に関係しており、奥が広く深い。本章では、わが国の道徳教育の理論のぜい弱さを明確にするために、シュタイナー幼児道徳教育の理論の骨格を簡略に叙述することにとどめた。その理論の奥深さと広さに関心のある方には、とりわけ②を読んでいただければと思う。

第四章　人形劇で育つ子どもの道徳性

［1］松崎行代著『地域社会からみた人形劇フェスタ　飯田市民2500人が参加する背景を探る』晃洋書房、二〇一九年、二六～四八頁、参照。

［2］松崎行代著「地域の文化活動に取り組む女性たち——アマチュア人形劇団の活動を事例として」京都女子大学発達教育学部紀要第一八号、二〇二二年、一五五～一六六頁、参照。

［3］川北典子・村川京子・松崎行代編著『子どもの生活と児童文化』創元社、二〇一五年、五四～五七頁、参照。

［4］広瀬俊雄著『ウィーンの自由な教育——シュタイナー学校と幼稚園』勁草書房、一九九四年、一八～一三一頁、

参照。

［5］Bertrand Russel, *On Education*, 2010, p.96. B・ラッセル著／堀秀彦訳『教育論』角川文庫、一九七一年、一六一頁、参照。

第五章　多難な児童期の道徳教育

［1］広瀬俊雄他編『シュタイナー教育１００年――80カ国の人々を魅了する教育の宝庫』昭和堂、二〇二〇年、一四五～一五五頁、参照。

［2］広瀬俊雄著『ウィーンの自由な教育――シュタイナー学校と幼稚園』勁草書房、一九九四年、二六〇～二六五頁、参照。

［3］福田誠治著『競争やめたら学力世界一――フィンランド教育の成功』朝日新聞社、二〇〇六年。「フィンランドには、テストがほとんどない」（八〇頁）、「一六歳まで、他人と比較するためのテストはない。市販テストも偏差値も流通していない」（八三頁）。

［4］Bertrand Russel, *On Education*, 2010, p.198-201. B・ラッセル著／安藤貞雄訳『ラッセル教育論』岩波文庫、一九九〇年、三二二頁、参照。

［付記］本書では、「児童」を、原則として学校教育法の「学齢児童（満六歳から十二歳まで）と児童福祉法の「児童（満十八歳未満）」を含む子どもの総称として用いるが、章によっては（第五章と第八章）、十八歳に達した子どもが含まれることもある。

第八章　道徳性を育む教育課程と教育方法

［1］R・シュタイナー著／松浦賢訳『シュタイナー先生、こどもに語る。』イザラ書房、一九九六年。

［2］Caroline von Heydebrand, *Vom Lehrplan der Freien Waldorfschule*, Verlag Freies Geistesleben,1990 (9.Auflage).

［3］C・リンデンベルク著／新田義之・新田貴代訳『自由ヴァルドルフ学校』明治図書出版、一九七七年、八六頁。

［4］文部科学省『小学校学習指導要領（平成二九年告示）「特別の教科　道徳」』二〇一八年。
［5］Rudolf Steiner, *Die Erziehungsfrage als soziale Frage*, Rudolf Steiner Verlag, 1919, S.50.
［6］Rudolf Steiner, a.a.O.
［7］Rudolf Steiner, a.a.O.
［8］Rudolf Steiner, a.a.O., S.51.
［9］C・リンデンベルク著／新田義之・新田貴代訳、前掲書、七一頁、参照。
［10］ギルバート・チャイルズ著／渡辺穣司訳『シュタイナー教育――その理論と実践』イザラ書房、一九九七年、三五八頁。

第九章　舞台表現活動における道徳性の成長

［1］Bertrand Russel, *On Education*, 2010, p.86. B・ラッセル著／安藤貞雄訳『ラッセル教育論』岩波文庫、一九九〇年、一四六頁。

［2］日本教育新聞「六年児童が四〇年続くオペラ上演」二〇二一年二月八日付。

［3］オペラ『白壁の街』は、開始当初（昭和五六年）、音楽部をはじめとするクラブ活動の発表会である「クラブ活動統合発表会」として始まった。当時の教職員は、オペラ『白壁の街』の創作に情熱を燃やし、音楽や脚本、美術や照明まですべて手作りの舞台を創り上げたという。主要スタッフ（西条小学校の教職員が分担）として、音楽監督を筆頭に、作曲、指揮、演出、照明、衣装、着付け、製作、舞台監督、盆踊り振り付け、大道具、映像・テロップなどが配置されており、本格的な上演体制、指導体制をとっていたことが分かる。五部会六〇名前後の児童が出演したが、内容的には「科学的要素あり、歴史的要素あり、音楽的要素あり、体育的要素ありと盛りだくさん」であった。演じる子どもたちは踊ったり照明に回ったりと、一人三役までこなした児童も多かったという。（「東広島学校通信 ガッツ!」Vol.6（令和元年五月二七日発行）、「東広島学校通信 ガッツ!」Vol.9（令和二年六月一日発行））。

［4］昭和四九年四月〜昭和五九年三月、東広島市立西条小学校に音楽専科の教諭として勤務。昭和五六年よりオペラ『白壁の街』の創作に携わる。音楽監督を務め多くの曲を作曲し、『白壁の街』創作の主軸を担った。その後、東広島市の小学校教諭を経て呉市立郷原小学校校長を務める。郷原小学校を退職後は、毎年、西条小学校に出向き、子どもたちにオペラ『白壁の街』ができた当時のエピソードや、これまで引き継がれて来た思いを語るともに、合奏や合唱の指導を行っている。

［5］昭和五〇年四月〜昭和五七年三月まで、東広島市立西条小学校の教諭を務める。昭和五六年よりオペラ『白壁の街』の創作に携わる。台本や大道具を担当し、松原とともに、『白壁の街』創作の主軸を担った。第三六回広島文化賞受賞（平成二七年度）。

［6］配役や役割は、子どもたち同士によるオーディションによって決定するが、最終的には、音楽専科の教師や担任教師が決める。

［7］文部科学省『小学校学習指導要領（平成二九年告示）「特別の教科　道徳」』二〇一八年、一六九頁。

［8］筆者は、たびたび西条小学校に足を運び、この日は、全体通し稽古の様子を体育館で見学した。（二〇二一年七月一六日、西条小学校）

［9］上演当日、配布されたパンフレットにおける中嶋崇弘校長のあいさつ文「未来へと光り輝く 第四一代オペラ『白壁の街』」より。

［10］前掲あいさつ文「未来へと光り輝く 第四一代オペラ『白壁の街』」より。

［11］文部科学省『小学校学習指導要領（平成二九年告示）「特別の教科　道徳」』二〇一八年、三五頁。

［12］前掲書、七一頁。

［13］YouTube：https://www.youtube.com/live/M0qbYJc1x6o?app=desktop

［14］文部科学省『小学校学習指導要領（平成二九年告示）「特別の教科　道徳」』二〇一八年、一〇一頁。

［15］文部科学省『小学校学習指導要領（平成二九年告示）「特別の教科　道徳」』二〇一八年、一六九頁。

［16］前掲書、一六八頁、参照。

［17］西条小学校六年生児童が、オペラ『白壁の街』を振り返って記した感想（二〇一六年）。https://www.kobun.co.jp/Portals/0/resource/dataroom/magazine/dl/tnavi_plus08_07.pdf
［18］L・コールバーグ、C・レバイン、A・ヒューアー著／片瀬一男・高橋征仁訳『道徳性の発達段階――コールバーグ理論をめぐる論争への回答』新曜社、一九九二年、一二四頁。

［19］小原國芳著『道徳教授革新論』（『小原國芳選集5』所収）、玉川大学出版部、一九八〇年、一一八頁。

［20］小原國芳著『学校劇論』（『小原國芳選集5』所収）、玉川大学出版部、一九八〇年、二五六頁。

［21］小原國芳著『道徳教授革新論』（『小原國芳選集5』所収）、玉川大学出版部、一九八〇年、一八〇頁。

［22］小原國芳著『学校劇論』（『小原國芳選集5』所収）、玉川大学出版部、一九八〇年、三六四頁。

［23］鰺坂國芳著「学校劇について」『学校教育』第六巻第六九号、広島高等師範学校教育研究会編、一九一九年、四七～四九頁。

［24］前掲書。

［25］小原國芳著『学校劇論』（『小原國芳選集5』所収）、玉川大学出版部、一九八〇年、二八三頁～二八四頁。

［26］前掲書、二八九頁。

［27］前掲書、二九〇頁。

［28］前掲書、三六七頁。

［29］前掲書、参照。

［30］押谷由夫編著『自ら学ぶ道徳教育――「特別の教科 道徳」対応』保育出版社、二〇一六年、一三八～一四〇頁。

［31］小原國芳『学校劇論』（『小原國芳選集5』所収）、玉川大学出版部、一九八〇年、三二六頁。

［付記］本章は、「「総合的な学習の時間」における道徳性の育成――東広島市立西条小学校におけるオペラ「白壁の街」と、小原國芳の『学校劇論』を中心に」『新見公立大学紀要』第四二巻第二号（二〇二二年）に加筆・修正を加えたものである。

結章　教育者・教師に必要な道徳の哲学・思想

※　カントの著作からの引用については、アカデミー版カント全集からのものとし、引用に際してはアカデミー版カント全集の巻数とページ数を示す。引用するにあたっては、岩波書店版カント全集の翻訳を基本的に使用しつつ、必要に応じて訳の変更を行っている。

Immanuel Kant, *Kant's gesammelte Schriften: Herausgegeben von der Königlich Preußischen Akademie der Wissenschaften.* Berlin, Walter de Gruyter, 1902-.

カント、坂部恵・有福孝岳・牧野英二（編）『カント全集1－22』岩波書店、一九九九～二〇〇六年。

［1］下伊那教育会『下伊那教育会七十年史』信濃教育会出版部、一九六〇年、四七六頁。

［2］広瀬悠三著『カントの世界市民的地理教育――人間形成論的意義の解明』ミネルヴァ書房、二〇一七年。

［3］Thomas Mikhail, *Kant als Pädagoge*, Paderborn, Ferdinand Schöningh, 2017.

［4］カントは、不必要な知識を無理やり詰め込まれた「陰気で不毛な少年時代」の経験をもとに、少年時代の早期教育の否定を説くルソーに特に共感を覚えたとともに、厳格で陰鬱な宗教教育の無意味さを自ら『教育学』でも考察している（Ⅸ495～496）。

［5］M・キューン／菅沢龍文・中澤武・山根雄一郎訳『カント伝』春風社、二〇一七年、四二六～四三三頁。浜田義文著『若きカントの思想形成』勁草書房、一九六七年、四六頁。

［6］『幼稚園教育要領』（二〇一七年改訂）の第2章の「人間関係」では、「先生や友達とともに過ごすことの喜びを味わう」、「友達と積極的にかかわりながら喜びや悲しみを共感し合う」、「友達との関わりを深め、思いやりをもつ」ことの重要さが示されている。文部科学省『幼稚園教育要領解説』フレーベル館、二〇一八年、一六八頁、一七三頁、一七八頁。

また『小学校学習指導要領』（二〇一七年改訂）の第3章「特別の教科　道徳」では、内容について、主として人とのかかわりに関することとして、友情と信頼が項目としてあげられている。文部科学省『小学校学習指導要領（平成二九年告示）「特別の教科　道徳」』二〇一八年、四六～四七頁。

執筆者紹介

広瀬俊雄（ひろせ としお）
一九四二年生まれ。東北大学大学院博士課程修了。教育学博士。一九九〇〜九一年、ウィーンに留学し、シュタイナー幼稚園・学校の研究に従事。職業訓練大学校助教授、広島大学教授、同志社女子大学教授を経て、現在、広島大学名誉教授。
主要著書：『シュタイナーの人間観と教育方法――幼児期から青年期まで』ミネルヴァ書房、一九八八年。『ウィーンの自由な教育――シュタイナー学校と幼稚園』勁草書房、一九九四年。『ペスタロッチーの言語教育思想』勁草書房、一九九六年。『生きる力を育てる――父親と教師のためのシュタイナー教育講座』共同通信社、一九九九年。『シュタイナー教育100年――80カ国の人々を魅了する教育の宝庫』（共著）昭和堂、二〇二〇年、その他。
主要論文：「J・G・フィヒテにおける言語哲学と教育方法の思想」『教育学研究』第四八巻第一号、日本教育学会、一九八一年。*Die Rudolf Steiner Schulen in Österreich* (H.Knierlinger との共著)、『広島大学学校教育学部紀要第Ⅰ部第一三巻』一九九一年、その他。
二〇一八年、第六七回読売教育賞優秀賞受賞。
本書まえがき、序章、第一章、第二章、第三章、第五章、第七章、あとがきを担当。なお第三章の作成にあたっては、広瀬綾子が幼児教育に関する多くの知見を提供し、論考内容の充実化に努めた。

松崎行代（まつざき ゆきよ）
一九六七年生まれ。京都女子大学大学院現代社会研究科公共圏創成専攻博士後期課程満期退学。博士（現代社会）（京都女子大学、二〇一七年）。飯田女子短期大学幼児教育学科教授を経て、現在は京都女子大学発達教育学部児童学科教授。専門は、児童文化学、地域社会学。
主要著書：『子どもの生活と児童文化』（共著）創元社、二〇一五年。『地域社会からみた人形劇フェスタ――飯田市民2500人が参加する背景を探る』晃洋書房、二〇一九年。『こどものみらい叢書④ 遊びからはじまる』世界思想社、二〇二〇年。
主要論文：「保育要領への『人形芝居』導入の背景と幼稚園の実態」（共著）、『飯田女子短期大学紀要』第二九集、飯田女子短期大学、二〇一二年。「地域の文化活動に取り組む女性たち――アマチュア人形劇団の活動を事例として」『京都女子大学発達教育学部紀要』第一八号、京都女子大学発達教育学部、二〇二二年、その他。
第四章を担当。

広瀬綾子（ひろせ あやこ）
一九七七年生まれ。一九九〇～一九九一年、オーストリア・ウィーンのシュタイナー学校（Rudolf Steiner-Schule Wien–Mauer）の第七学年に編入学・在籍。大阪大学大学院人間科学研究科博士後期課程修了。博士（人間科学）。
兵庫県立ピッコロ劇団劇団員を経て、現在、大阪キリスト教短期大学幼児教育学科准教授。小学校、中学校や公立の演劇学校などで、演劇指導を担当する。私立のこども園、公立小学校における「総合的な学習の時間」、京都教育大学附属特別支援学校高等部などで、弦楽器「バンドーラ」制作と演奏の指導を行う。
主要著書：『演劇教育の理論と実践の研究――自由ヴァルドルフ学校の演劇教育』東信堂、二〇一一年。『シュタイナー教育100年――80カ国の人々を魅了する教育の宝庫』（共著）昭和堂、二〇二〇年。藤川信夫編著『人生の調律師たち――動的ドラマトゥルギーの展開』（共著）春風社、二〇一七年、その他。
主要論文：「自由ヴァルドルフ学校の演劇教育」『教育学研究』第七二巻第三号、日本教育学会、二〇〇五年。Drama Erziehung an der Waldorfschule als Beitrag zur Reform der Drama Erziehung der japanischen Schule（共著）『大阪大学教育学年報』第一一号、二〇〇六年、その他。
第三章、第八章、第九章を担当。

本間夏海（ほんま なつみ）
一九七六年山口県生まれ。日本経済大学准教授。女子美術大学非常勤講師。広島大学大学院教育学研究科修了。

神奈川県公立小学校教諭を十一年務め、日本大学大学院文学研究科博士後期課程満期退学を経て、二〇一八年四月より現職。専門は教育方法学。一九九八年、二〇一五年スイス留学、ルドルフ・シュタイナー学校シーラウ校（チューリッヒ）にて研究調査を実施。
主要著書：『シュタイナー教育100年――80カ国の人々を魅了する教育の宝庫』（共著）昭和堂、二〇二〇年。『自ら学ぶ道徳教育』（共著）保育出版社、二〇一九年。
主要論文：「学習社会における資質・能力を育成する教育のあり方――アンドラゴジーの視点からシュタイナー教育を読み直す」『日本学習社会学会年報』第一三号、二〇一七年。「教科化された『道徳』、小学校の現場で起こっていること」『季刊教育法』第二〇一号、エイデル研究所、二〇一九年、その他。
第六章を担当。

広瀬悠三（ひろせ ゆうぞう）
一九八〇年生まれ。一九九〇～一九九一年、オーストリア・ウィーンのシュタイナー学校（Rudolf Steiner-Schule Wien-Mauer）の第三学年に編入学・在籍。京都大学大学院教育学研究科修士課程修了後、ロンドン大学教育研究所、ドイツ・ヴュルツブルク大学大学院（DAAD長期奨学生）への留学を経て、京都大学大学院教育学研究科博士課程研究指導認定退学。博士（教育学）。現在、京都大学大学院教育学研究科准教授。
主要著書：『カントの世界市民的地理教育――人間形成論的意義の解明』ミネルヴァ書房、二〇一七年。*Bildung als (De-)Zentrierung-(De-)Zentrierung der Bildung*（共著）Juventa Verlag GmbH, 2023. 小山虎（編）『信頼を考える――リヴァイアサンから人工知能まで』（共著）勁草書房、二〇一八年。矢野智司・井谷信彦（編）『教育の世界が開かれるとき――何が教育学的思考を発動させるのか』（共著）世織書房、二〇二二年、その他。
主要論文：The Spatial Nature of Trust in Cosmopolitan Education, *Philosophical Inquiry in Education*, 30(1), 2023, pp.42-55; Innerhalb und jenseits des Raums: Kosmopolitische Erziehung im Spiegel der deutschen und japanischen Erziehungsphilosophie neu gedacht, *Vierteljahrsschrift für Wissenschaftliche Pädagogik*, 99(2), 2023, S.164-179. その他。
結章を担当。

新曜社
幼児と児童の道徳教育の革新

初版第1刷発行　2025年1月10日

著　者　広瀬俊雄・松崎行代・広瀬綾子・
本間夏海・広瀬悠三
発行者　堀江利香
発行所　株式会社　新曜社
〒101-0051　東京都千代田区神田神保町3-9
電話 (03)3264-4973(代)・FAX (03)3239-2958
e-mail : info@shin-yo-sha.co.jp
URL：https://www.shin-yo-sha.co.jp/

組版所　Katzen House
印　刷　星野精版印刷
製　本　積信堂

ISBN978-4-7885-1845-2 C1037